팜 파탈
Femme fatale

펠릭스 발로통 | 검은 모자를 쓴 여인 | 1908년 | 캔버스에 유채 | 상트페테르부르크 에르미타슈 미술관

유혹하는 여성들

팜 파탈

요아힘 나겔 지음 | 송소민 옮김

차례

프롤로그	치명적인 그녀가 온다	6
성서의 악녀들	릴리트, 델릴라, 유디트	14
살로메	죽음을 부르는 일곱 베일의 춤	30
아프로디테의 자매	헬레나, 키르케, 사이렌, 메두사	42
스핑크스	수수께끼의 반인반수	62
클레오파트라	영원한 동방의 여왕	72
마녀의 축제와 베누스의 덫	중세의 악녀 판타지	86
붉은 르네상스	유혹의 불꽃	100
검은 낭만주의	카르멘, 운디네, 로렐라이	112

악의 꽃을 파는 소녀	라파엘전파, 보들레르, 상징주의	132
벨 에포크	호랑이를 거느린 사라 베르나르	150
사탄의 딸	뱀파이어, 룰루, 롤리타	168
요부 혹은 디바	스크린 속의 악령	188
초/현실의 뮤즈	1920년대의 여성 예술가들	208
환상의 여인	그리고 신은 여자를 창조했다	226
현대의 신화	그녀들의 시선	246
에필로그	어느 팜 파탈과의 티타임	258

인명 찾아보기	263
참고 예술작품	269
도판 저작권	271

프란츠 폰 슈투크 | 살로메 | 1906년 | 캔버스에 유채 | 뮌헨 렌바흐하우스
살로메가 세례 요한의 잘려나간 머리를 보고 의기양양한 미소를 짓는다. 세례 요한의 처형은 살로메가 헤로데 왕 앞에서 적나라한 춤을 춘다는 조건으로 내놓은 요구이다. 이 사건에서 남자의 치명적인 실수는 성적 탐닉이 아니라 박탈에 있었다. 즉 세례 요한이 살로메의 아름다운 입술에 입맞추기를 거부했기 때문이다. 살로메는 팜 파탈의 전형이 되고, 그녀가 춘 일곱 베일의 춤은 그림과 문학에서 인기 있는 소재가 되었다.

프롤로그

Einleitung

맨살 위에서 어스름한 불빛에 어른거리는 아름다운 장신구. 비단결 같은 칠흑의 속눈썹 아래 살쾡이 같은 시선. 황홀하게 아름다운 여인이 교묘하게 몸을 가리는가 싶더니, 곧 매혹적으로 드러낸다. 여인이 짙은 향기를 풍기며 애교스럽게 달라붙자, 남자는 그 아름다운 목소리와 달콤한 말에 넘어가고 만다. 하지만 온갖 매력과 쾌락의 끝에 불행이 도사리고 있다. 그녀가 부리는 유혹의 기교처럼, 치명적 위험도 그는 피할 수 없다. 그녀, '팜 파탈'이 숨기고 있는 것이 바로 그것이다.

팜 파 탈

단테 가브리엘 로세티 | 모나 반나 | 1866년 | 캔버스에 유채 | 런던 테이트 미술관
단테와 보카치오의 문학에서 영감을 얻어 르네상스 시대에 많이 나타났던 붉은 머리카락의 팜 파탈은, 이 '화려한 부인'에서 볼 수 있듯 영국 라파엘전파 화가들의 그림에서 새로운 전성기를 누렸다.

이 불가사의한 여성 유형이 프랑스에서 유래한 것은 물론 우연이 아니다. 프랑스 문학에서는 일찍부터 치명적인 여성 유형이 유난히 자주 나타나다가, 샤를 보들레르의 악명 높은 시집《악의 꽃》에서 문학의 한 유형으로 완성되었다.

팜 파탈이라는 개념은 스핑크스·사이렌·뱀여인과 같은 아득한 고대의 상상 속 존재들과도 연관되어 있는데, 때로 그들은 절반만 인간이고 절반은 괴물인 반인반마의 존재이다. 그리고 어떤 이름은 극단적으로 상반된 평판을 듣기도 한다. 팜 파탈 중에 살로메·유디트·키르케·클레오파트라·카르멘은 매우 오래된 이야기 속의 여주인공들로서 오늘날에도 그 매력을 잃지 않고 있다.

여성의 아름다움은 예로부터 예술과 문학에서 중요한 주제가 되었으며 구약성서의 아가서로부터 중세의 연가 '민네장'을 지나 영화의 디바에 이르기까지, 대리석 그리스 여신상의 우아함으로부터 고딕 양식의 마돈나와 르네상스의 가냘픈 처녀들의 매력을 지나 현대 사진 속의 모델들에 이르기까지 그 폭이 매우 넓다.

이때 여성의 아름다움은 양성간의 영원한 싸움에서 무기 역할을 하기도 한다. 여성의 아름다움은 거부할 수 없는 유혹적 힘 또는 가차 없이 쌀쌀맞은 태도가 덧붙여지는 즉시 남자에게 (종종 치명적인) 비극이 된다. 그리고 여성의 아름다움은 때로는 단호한 처벌 의지와, 때로는 냉정함 또는 성적 탐닉과 같은 특성과 짝을 이루기도 한다. 팜 파탈 중에는 여군주나 대제사장과 같이 지배자의 특징을 가진 유형 외에도 몽유병적인 지배력을 행사하는 유형도 있다. 다시 말해 '어린애 같은' 여성과 '넋 나간 공주들'이다. 이들은 자신도 모르는 사이에 희생자들을 적잖이 치명적인 파멸로 몰아넣곤 한다.

팜 파탈의 외모에도 이 같은 다양성이 나타난다. 육감적이고 풍만하거나, 당당

팜
파
탈

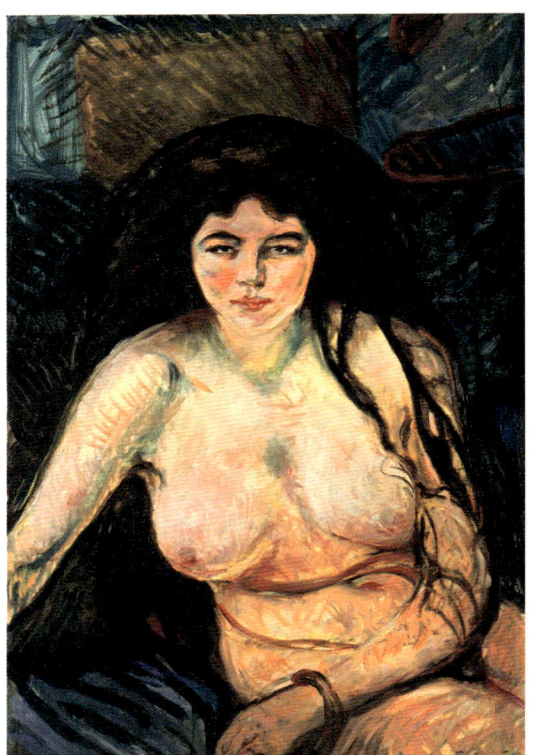

에드바르 뭉크 | 야수 | 1902년 | 캔버스에 유채 |
하노버 슈프렝겔 미술관
이 풍만한 나체 여인에게서는 공격적인 관능이 뿜어져 나온다. 관람자를 똑바로 바라보는 악의적인 여인의 시선이 팜 파탈을 암시한다.

<수잔 레녹스>의 그레타 가르보 | 1931년
"그리고 영원히 여자는 유혹한다." 이는 문학과 예술에서뿐만 아니라 영화에서도 마찬가지다. 가르보는 사라 베르나르가 연극무대에서 세운 프리마돈나의 전통을 새로운 장르에서 계속 이어가며 수많은 역할들을 통해 그야말로 악마적인 특성을 보여주었다.

하고 건장하거나, 꺼질 듯 연약한 모습까지 매우 다양한 체격을 지닌다. 물론 그중 다수가 날씬한 몸매지만 말이다. 머리카락 색에 있어서는 (영화에 나오는 매혹적인 금발 스타를 제외하면) 새까맣거나 불같이 빨간색이 우세하다.

이 책은 수백 년에 걸쳐 나타난 팜 파탈의 다양함을 독자들에게 펼쳐보이려 한다. 먼저 아담과 이브 이야기에서 릴리트라고도 불리는 아담의 첫 번째 아내부터 시작할 것이다. 이후 팜 파탈은 고대 초기의 궁전에 사는 여군주나 외딴섬에 사는 여자 마법사 또는 사이렌으로 나타나고, 중세에는 마녀로 변화하며, 르네상스와 상징주의 시대에 이르면 붉은 머리의 스핑크스로 화한다. 낭만주의에서는 카르멘이라는 정열적이고 변덕스러운 캐릭터로 모습을 드러내고, 현대에 이르러서는 그레타 가르보 같은 영화배우들을 통해 디바와 뱀프vamp로 살아간다.

팜 파탈은 특히 문학과 예술에서, 그리고 사람들이 어디서든 퇴폐와 악덕을 만끽하고 오스카 와일드의 《살로메》가 전형적인 팜 파탈을 연극무대에 올렸던 벨에포크의 화려한 거리와 규방에서 전성기를 누렸다. 그녀만을 위한 희곡이 창작되기도 했던 프랑스 연극배우 사라 베르나르는 사생활에서도 비밀에 둘러싸인 프리마돈나의 연기를 하며 클레오파트라처럼 뱀 장식을 즐겨 달고, 길들인 표범을 줄에 매어 데리고 다녔다. 그런데 팜 파탈의 계보에서 일어나는 이 모든 변화들은 과연 무엇과 관련이 있을까? 오로지 불행한 운명뿐일까? 또 여기서 남자는 어떤 역할을 할까? 그러니까 남자는 실제로 위협의 희생자가 되는 것일까, 아니면 다만 환상에 쫓길 뿐일까? 혹시 이 모든 신화의 배후에 여성의 원형이 숨겨져 있는 것은 아닐까?

이런 여러 의문에 대해 우선 아쉬운 대로, 사랑에 관한 한 이성은 결코 지상명령이 될 수 없기에 남성이 (그리고 여성도) 한때의 열정에 사로잡히며 두 눈을 뜬 채 파국으로 뛰어드는 것이라는 언급으로 만족하자. 때문에 옛 공포소설의 남주

팜
파
탈

인공은 악마 같은 여성의 매력에 사로잡힌 나머지 간절한 애원을 불쑥 내뱉기도 하는 것이다. "나는 더 이상 버틸 수 없소! 마법의 여인아, 여기서 지내시오! 내 파멸과 함께 해주오!"

막스 클링거 | 사이렌 | 1985년 | 목판에 유채 | 피렌체 빌라 로마나 컬렉션
바다에 표박하는 오디세우스를 위협한 수많은 것들 중 하나가 바로 사이렌이었다. 여성의 상반신에 물고기 꼬리를 한 사이렌은 마법의 노래로 노획물을 꾀어 꽉 끌어안고는 바다의 깊은 심연으로 끌고 들어간다. 이를 심리학적으로 풀이하면, 여성이 지배하는 낯선 영역으로 급격하게 뛰어듦으로써 생겨나는 남성의 정체성 상실을 뜻한다. 이후 중세의 운디네 전설에서 사이렌 신화와의 유사성이 발견된다.

에드바르 뭉크 | 재 | 1896년 | 석판화 | 오슬로 뭉크미술관
"동침을 한 직후에 악마의 웃음소리가 울려 퍼졌다." 성경의 원죄에 대한 철학자 아르투어 쇼펜하우어의 언급을 뭉크는 이 그림에 간접적으로 적용했다. 여인은 득의만만한 유혹자가 되어, 의기소침하게 등을 돌리고 있는 남자를 지배한다. 지옥의 불처럼 새빨간 머리카락과 의상이 그녀가 악마적인 존재임을 암시한다.

존 콜리어 | 릴리트 |
1887년 | 캔버스에 유채 |
사우스포트 애트킨슨 미술관

윤기가 반지르르한 뱀에 휘감긴 나체. 물결치는 머리카락은 남자를 옭어매는 사슬이다. 빅토리아 여왕 시대의 그림에서는 아담의 첫 번째 아내를 이렇게 보았다. 릴리트가 성경과 고대 유대교 문헌에 강력한 힘을 가진 악녀이자 원죄를 저지른 죄인으로 등장한 지 2천 년 후의 일이다. 이 그림의 릴리트는 신화로 위장한 살롱 미술 취향의 범위에서, 다만 매력적이고 살짝 위험스러운 젊은 여자로만 표현되었다.

성서의 악녀들

Biblischer Beginn

수백 년 전, 수도원 도서관에 앉은 수도승들이 어른거리는 촛불로 밤을 밝히고 성서와 커다란 책들을 읽느라 몸을 굽히고 있노라면 그들의 눈앞에는 늘 여인의 이미지도 나타났다. 그 여인들은 숭고하고 평화로운 성모 마리아, 격렬하게 몸부림치며 후회하는 마리아 막달레나 그리고 물론, 세상에 죄악을 불러온 이브였다. 수도승들은 각각의 여인들이 지닌 아름다움을 상상하거나, 구약의 아가서에서 여인의 매력을 읊는 찬가의 축제를 정열적인 구절로 경험했던 것이다. 그럴 때면 수도승들의 얼굴이 붉어지기도 했다. 그리고 간계와 폭력행위가 결합된 유혹일수록 한층 더 자극적이었다. 예를 들어 델릴라가 삼손을 배반하고 머리카락을 잘라 마법의 힘을 빼앗거나, 살로메가 음란한 춤을 춘 대가로 세례 요한의 목을 요구하는 대목 말이다.

구약과 신약성서에 나오는 매혹적이면서 이중적 의미를 지닌 여인의 형상은 단순히 외로운 가톨릭 성직자들의 환상에 날개를 달아주기만 한 것이 아니라, 기독교 문화권의 회화예술에서 가장 대중적인 모티브 중 하나이기도 하다. 이 여인들은 문학작품과 연극무대에도 다양하게 수용되었고, 세월이 흐르는 동안 종종 모습이 크게 변화하기도 했지만, 적어도 상징주의와 세기말의 예술가들에게는 팜 파탈의 표본으로 통했다. 이 예술가들 중에 어떤 이는 심지어 아담의 첫 번째 아내 릴리트를 유혹하는 여성 악마의 원형으로 여기기도 했다.

릴리트

릴리트라는 인물은 원래 수메르와 바빌로니아 신화에서 폭풍을 관장하는 악마이자 저승의 신으로서 존재를 드러냈다. 그러다 기원후 초기의 히브리어 문헌에서는 신이 아담과 마찬가지로 흙으로 만들어낸 첫 번째 여성이라고 나온다. 릴리트는 첫날밤에 남편과 다툰 후 곧 천국에서 달아났으며, 그때부터 악녀로 살아가면서 끊임없이 자신과 비슷한 존재와 짝을 이루고 날마다 수많은 아이들을 낳았다.

한 문헌에 따르면, 릴리트가 폭발하게 된 원인은 신이 그녀에게 남편과 동침할 때 '섬기는' 태도를 취하라고 명령한 것이었다. 다른 문헌에서는 릴리트가 간계로 창조주를 꾀어 창조주의 성스러운 이름을 얻음으로써 불멸의 존재가 되고 날개를 얻어 도망갈 수 있었다고 한다. 그럼에도 불구하고 릴리트는 안식할 수 없었는데, 신의 천사가 끊임없이 그녀를 추적했기 때문이다. 때문에 성서에서 릴리트가 언급된 곳도 단 한 군데뿐이다. 이사야서(34장 14절)에서 에돔의 멸망과 관련된 부분이다. "들짐승이 이리와 만나며 숫염소가 그 동류를 부르며 릴리트가 거기 거하며 쉬는 처소로 삼는다."

성서의 해석에 따르면 릴리트가 영원한 생명을 얻은 데에는 또 다른 이유가 있다. 릴리트는 선악과를 먹은 적이 한 번도 없기 때문이다. 하지만 몇몇 문헌에서는 이브가 금지된 일을 하게끔 꾀는 장면에서 사악한 뱀과 릴리트가 동일시된다. 원죄에 빠지는 순간에, 관능적으로 우세한 릴리트의 여성성이 이브로 표현된 모성적 여성성을 완전히 제압한다. 보다 더 후대에 나온 탈무드에서는 릴리트가 심지어 요람에 부적을 달아서 막아야 하는 무서운 영아살해자로 등장한다. 그로 인해 릴리트는 괴테의 《파우스트》 1부[1808] '발푸르기스의 밤' 장면에 나오는 마녀와 악마 중 하나가 되고, 그레첸(파우스트에게 버림받고 절망으로 인해 신생아를 살해한)의 모형으로도 등장한다.

파우스트　저기 있는 게 누구지?
메피스토　자세히 보세요!
　　　　　릴리트입니다.
파우스트　누구?
메피스토　아담의 첫 번째 아내죠.
　　　　　릴리트의 아름다운 머리카락을 조심하세요.
　　　　　그게 그녀가 유일하게 자랑하는 장신구지요.
　　　　　아름다운 머리카락으로 젊은 남자를 낚아채자마자
　　　　　다시는 놓아주지 않으니까요.

　괴테가 이 문헌에 사용한 옛 원전으로 특히 요하네스 프레토리우스의 《블로케스 산의 행사》[1668]를 드는데, 이 작품은 릴리트를 발푸르기스의 밤 마녀 모임에 늘 참여하는 마녀라고 하며 릴리트의 성적 매력을 강조한다("아름다운 여인의 모습을 하고"). 릴리트는 더구나 "비늘이 있는 뱀"의 모습을 하고 있어서 원죄의 순간에 그녀가 한 역할을 떠올리게 하고, 그리스 신화의 뱀여인과도 관계된다. 때문에 파우스트가 악마적인 행위를 할 때 곧바로 만나는 여성이 뱀을 머리카락처럼 늘어뜨린 메두사[58쪽 참조]라는 것은 우연이 아니다.

　시간이 흐르면서 릴리트는 신에 대한 반항을 통해 얻은 초인적인 특성, 다시 말해 여성 루시퍼나 프로메테우스와 같은 특성을 잃었다. 하지만 릴리트는 자의식 있고 유혹적인 팜 파탈의 원형으로 미술과 문학에서 언제나 살아 있다. 그래서 영

18

팜
파
탈

휘호 판 데르 후스 | 천국에서의 원죄 | 1470년경 | 목판에 유채 | 빈 미술사박물관

종종 뱀의 하체를 가진 것으로 여겨진 릴리트는, 이브에게 지식의 나무에 매달린 금단의 열매를 맛보라며 유혹했다고 한다. 흰 피부와 '음부 가리개'로 사용된 백합은 중세의 관념으로는 순수의 상징이었다. 이브는 이미 사과를 한입 베어 먹었고, 유혹당한 남자에게 주기 위해 사과를 또 하나 따려고 손을 들어올렸다. 남자는 이미 사과 쪽으로 손을 뻗고 있다.

국의 상징주의자 단테 가브리엘 로세티는 1868년에 〈레이디 릴리트〉[20쪽]로 그녀를 칭송하고, 이 그림에 유명한 14행 소네트까지 붙여놓았다.

릴리트의 풍성한 머리카락은 비단 남자의 시선만 사로잡는 게 아니라 몸과 영혼을 치명적인 힘으로 옭아매기도 한다. 이런 상상은 고대 유대교 문서에서도 이미 발견되며, 메피스토가 파우스트에게 특히 릴리트의 머리카락에 대해 경고한 것도 바로 이 때문이다. 릴리트의 모티브에 지속적인 관심을 두었던 시인이자 화가 로세티는 〈레이디 릴리트〉보다 몇 년 전에 이미 릴리트 모티브를 베누스 모티브와 한데 섞어 〈베누스 베르티코르디아〉[42쪽]를 탄생시켰다.

두 그림 모두 아름다운 붉은 머리채, 도톰한 입술, 도자기처럼 하얀 피부가 어우러져 라파엘전파 취향에 맞는 '은밀하게 유혹하는 미녀'의 이상적 이미지가 되었다. 당시의 고전적 살롱 미술 또한 릴리트를 붉은 머리카락으로 묘사하곤 했고, 노골적인 성적 매력을 강조했다. 그래서 존 콜리어의 그림에서는 릴리트가 뱀과 더불어 외설적인 2인조를 이루었다[14쪽].

여기서 몇몇 문화사에 전형적으로 보이는 팜 파탈 원형의 이력을 볼 수 있다. 즉 처음에는 신화적 뉘앙스가 담긴 모습이 존재하다가, 서서히 신화적 뉘앙스가 줄어들면서 오직 섹스심벌로서 남아 남성들의 환상을 충족시키는 것이다. 하지만 수천 년이나 된 여성인물들은 자주 그 반대의 길을 가기도 했다. 처음에는 별로 중요하지 않은 주변적 사건의 여주인공이었다가, 사람들에게 모범으로 추앙되면서 점차 다양한 면모를 지닌 캐릭터가 형성되는 것이다. 이런 경우로는 성서에 등장하는 두 배반녀, 유디트와 델릴라를 예로 들 수 있다. 이 여인들은 도덕적으로 완전히 상반된 평가를 받지만 말이다.

단테 가브리엘 로세티 | 레이디 릴리트 | 캔버스에 유채 | 윌밍턴 델라웨어 미술관

처음에 화가는 화장하는 여성을 일반적으로 묘사하려고 했을 것이다. 그런데 여성 모델의 화려한 머리카락을 본 그는, 더 나아가 순결한 <시빌라 팔미페라>와 대립되는 그림의 아이디어를 떠올렸다. 시빌라 팔미페라가 '영혼의 아름다움'을 상징하는 반면, 릴리트는 '육체의 아름다움'을 상징한다.

육체의 아름다움

아담의 첫 번째 아내 릴리트를 두고 사람들이 말하네.

(아담이 이브를 얻기 전에 사랑했던 마녀)

뱀 이전에 그녀가 먼저 달콤한 혀로 아담을 꾀었다고.

그리고 그녀의 매혹적인 머리카락이 최초의 황금이었다고.

그녀는 아직도 젊은 모습으로 앉아 있다네, 세상은 오래 전에 늙어버렸는데도,

자신 속에 침잠해서,

그리고 남자들은 그녀의 찬란한 그물에 끌려들어가,

몸과 마음과 생명까지 사로잡힌다네.

장미와 양귀비가 그녀의 꽃이라네.

오, 릴리트여, 그대 향기의 올가미와 부드러운 키스의 강에서

과연 그 누가 빠져나올 수 있으리오?

아! 청년의 눈이 그대의 눈동자 속에서 불타오를 때

청년은 고개를 떨구고 그대의 매력에 굴복하네

이제 한 가닥 금빛 머리카락이 사슬이 되어 그의 심장을 휘감네.

_단테 가브리엘 로세티

델릴라

삼손과 델릴라의 이야기는 여성의 간계에 무력해지는 남성의 힘이라는 화젯거리의 예로서, 구약성서에서 가장 인기 있는 소재로 발전했다. 왕이 존재하기 전 시대의 옛 이스라엘에서 판관 삼손은 신에게 봉헌된 인물(고대 그리스 신화의 헤라클레스와 유사하다)로 엄청난 힘을 타고났다. 삼손은 맨손으로 사자를 목 졸라 죽이고, 수천에 이르는 적을 일격에 물리쳤다. 어느 날 강가에서 아름다운 델릴라를 우연히 만난 삼손은 불타오르는 사랑에 눈이 멀어, 비록 그녀가 적의 민족 블레셋 사람임에도 불구하고 델릴라와 결혼했다. 그러자 블레셋의 권력자가 협박 또는 매수로 델릴라에게 남편이 가진 강력한 힘의 비밀을 빼앗으라고 사주했다. 심중에 의심을 품은 삼손은 거짓말로 델릴라를 세 번 속여 넘겼지만, 이후 델릴라의 거짓 눈물에 마음이 움직여 자신에게 힘을 주는 것이 정수리에 난 머리카락이라는 진실을 알려주었다. 잠이 든 사이에 머리카락이 잘려나간 영웅 삼손은 이어 또 하나의 무력화로서 눈마저 잃게 되고, 그에 더해 한낱 여인들의 일인 곡식 빻기를 해야 하는 굴욕을 당한다. 그러나 삼손은 머리카락이 자라면서 다시 힘을 얻어 복수를 한다. 연회가 열려 3천 명의 블레셋인들이 한자리에 모인 날 연회장 기둥을 무너뜨려 건물의 잔해 속에 적들을 모조리 파묻어버린 것이다.

  삼손이 가진 육체적인 특출함은 예술사에서 큰 반향을 얻었으며 특히 조각의 모티브로 선호되었다. 그러나 수많은 그림들 또한 삼손의 영웅행위와, 삼손이 힘을 빼앗기는(일종의 거세행위인) 순간을 묘사했다. 이 거세의 순간은 사사기(16장 18~20절)에 다음과 같이 묘사되었다.

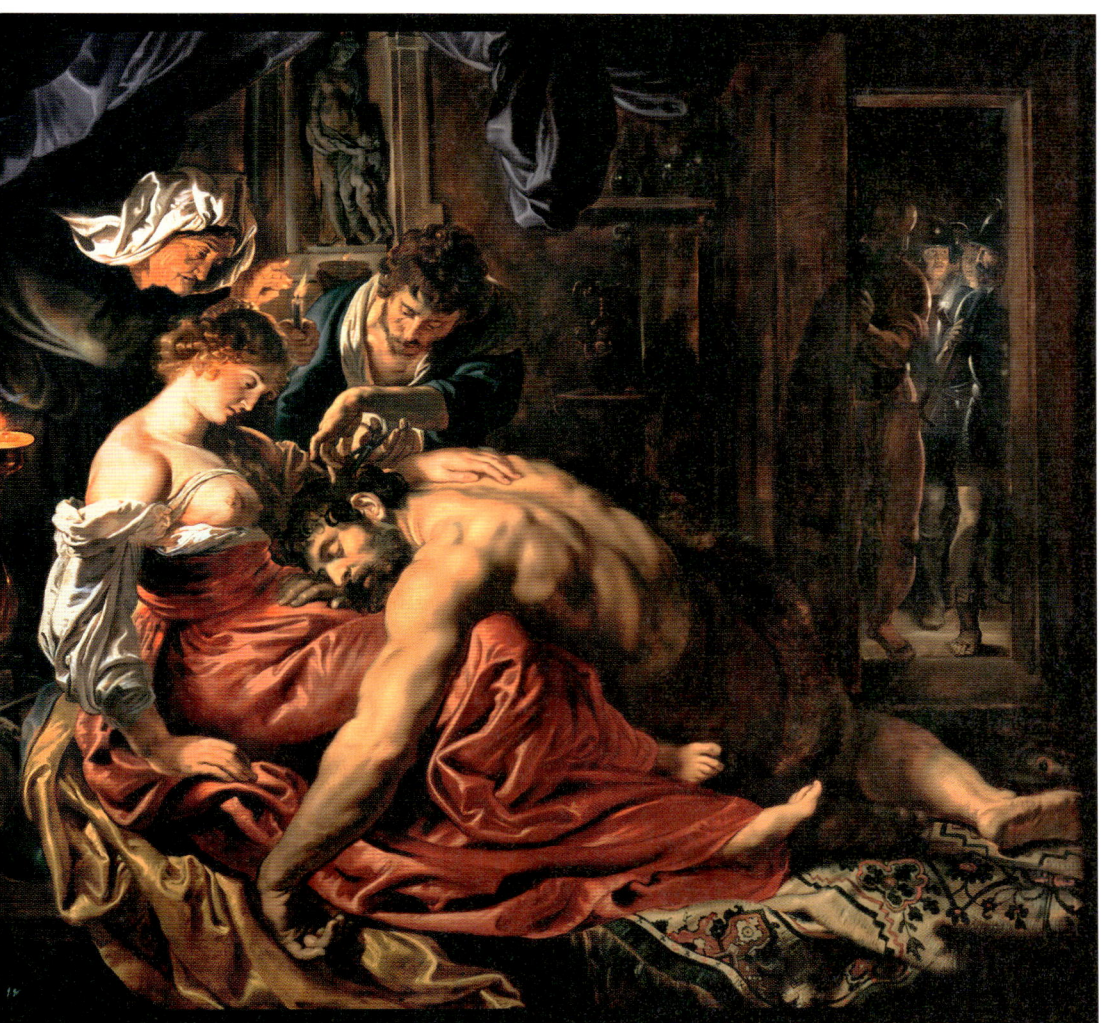

페테르 파울 루벤스 | 삼손과 델릴라 | 1609년경 | 목판에 유채 | 런던 국립미술관
반다이크와 렘브란트 외에 루벤스도, 블레셋인들이 들이닥치기 전에 델릴라가 제 역할을 마친 순간을 매우 인상적인 버전으로 창조했다. 델릴라는 삼손을 깊이 잠들게 하고서, 손을 삼손의 등에 올려놓고 쓰다듬는 척하며 안심시키고 있다(동시에 잠이 들었는지 살핀다). 화가는 정교하게 주름 잡힌 옷의 화려함, 삼손의 우람한 근육과 델릴라의 생생한 표정을 통해 바로크 양식의 역동성을 유감없이 살려내고 있다.

이제 델릴라는 삼손이 완전히 그녀에게 마음을 열었다는 것을 알고 전령을 보내 블레셋의 지도자를 불러 말했다. '한 번 더 때가 왔어요. 이제 삼손이 내게 완전히 마음을 열었으니까요.' 그러자 블레셋의 지도자가 나타나 델릴라의 손에 돈을 쥐어주었다. 델릴라는 삼손을 무릎 위에 잠재우고 나서 사람을 불러 머리에 난 일곱 가닥의 곱슬머리를 잘라냈다. 이어 델릴라는 삼손을 학대하기 시작했다. 그의 힘이 사라졌기 때문이다. 그녀가 삼손에게 말했다. '삼손, 블레셋 사람들이 당신 위에 있답니다!'

남편에 대한 델릴라의 악행이 일반적인 모욕으로 설명된 것(신에게 봉헌된 자의 머리카락을 자르는 것은 금기다) 또한 곧 이 사건을 묘사할 때 범죄를 저지른 여인의 육체적 매력에 효과를 더하기 위한 배경으로 쓰이게 되었다. 특히 바로크 시대의 화가들은 이 장면에서 델릴라가 띤 표정, 때로는 의기양양하고 때로는 골똘히 생각하는 듯한 표정의 유희에 매우 세심한 공을 들였다. 델릴라의 행동이 사사기(14장 15절)에서 말하듯 "남편을 구슬려라. 그러지 않으면 너를 비롯해 네 아버지 집을 불태워버리겠다"는 강요에 못 이긴 것인지, 아니면 돈에 대한 탐욕 때문인지는 알 수 없지만, 델릴라는 무엇보다 자신의 전형적인 무기를 이용해 순진한 남성을 배반하는 교활한 여성의 상징적 인물이 되었다. 다음에 나오는 이야기에서는 상황이 더욱 극적으로 전개되어, 여자가 남자의 머리카락을 잘라 힘을 빼앗는 데 그치지 않고 여자에 의해 남자의 머리가 잘려나간다.

유디트

유디트가 나오는 경은 구약성서 외전에 속하기에 개신교도보다는 가톨릭교도에게 친숙한 경전이며, 루터 성서에는 빠져 있다. 그런데도 모든 시대의 예술에서 거듭 그 여주인공이 묘사되었기에 이 이야기는 널리 알려졌다. 그리고 홀로페르네스의 머리를 전리품으로 들고 그에게 휘두른 칼을 여전히 쥐고 있는 유디트의 모습, 더 나아가 피가 낭자한 처형 행위 장면으로 이야기가 굳어졌다.

이야기는 당연히 드라마틱하다. 아시리아 군대가 유대의 국경도시 베툴리아에 주둔하고 정세가 위험해지자, 아름다운 과부 유디트는 화려한 옷에 온갖 장신구로 치장하고 적의 주둔지에 들어가서 곧 적장 홀로페르네스의 마음을 사로잡는다. 나흘째 되는 날 밤에 홀로페르네스는 유디트를 유혹할 생각으로 술자리를 마련하지만 너무 취해 깊은 잠에 빠지고 만다. 무방비 상태의 적장과 홀로 남는 이 같은 상황이 오기만을 고대했던 유디트는, 홀로페르네스의 칼로 그의 머리를 자르고 하녀를 시켜 머리를 자루에 넣게 한 후 몰래 도시 안으로 돌아갔다. 다음 날 아시리아 군대는 처형당한 지도자를 발견하고 사기가 꺾여 주둔을 포기하고 철수했다.

유디트는 살인행위로 도시를 구했고, 차후에 있을 아시리아의 공격까지는 피할 수는 없겠지만 당분간은 나라도 구한 셈이다. 이렇게 해서 유디트는 유대 전승에 긍정적인 인물이자 독실하고 순결한 민족영웅으로 기록되었으며, 기독교 전통에서도 아홉 성녀에 들게 되었다. 홀로페르네스라는 인물이 역사적으로 증명되지 않았고, 문헌에서는 그가 아시리아의 왕 네부카드네자르(실제로는 바빌로니아의 왕)이라 일컬어진 것도 전혀 문제가 되지 않았다.

아르테미시아 젠틸레스키 | 유디트가 홀로페르네스의 목을 자르다 | 1612~13년 | 목판에 유채 | 나폴리 카포디몬테 국립미술관
바로크 시대의 여성화가 젠틸레스키는 극적인 명암법으로 목을 자르는 행위를 극명하게 드러나게 하고, 성경에서 덕행을 행한 여성 인물을 광포한 여자로 바꾸어놓았다. 젠틸레스키는 눈을 내리깔고 있는 유디트의 공격적인 인상을 강화하는 동시에, 희생자의 시각도 묘사했다.

유디트의 이미지는 근대 초기에 이르러 변화를 겪었다. 그녀의 행위가 점차 여성의 매력을 유혹의 목적으로 이용한 교활한 기만술로 간주되었던 것이다. 때문에 유디트는 돌연 델릴라와 유사한 인물로 취급되었다. 둘 사이에 차이가 있다면 델릴라의 경우 선량한 남편에 대해 양심의 가책을 가져야 했지만, 유디트가 죽인 홀로페르네스는 잔혹한 학살자로 악명이 높았다는 것이다.

크라나흐·조르조네·티치아노·베로네세의 그림에서 유디트는 무엇보다 여성적 우아함의 화신으로 나타나며, 중세에 찬양되었던 모범적인 여성 영웅과는 한참 거리가 멀다. 유디트가 팜 파탈로서 용도변경된 것은 그로부터 수백 년이 더 지나 카라바조나 젠틸레스키 같은 화가가 명암법을 이용해 야만적인 머리 절단 장면을 연출했을 때였다. 바로크 시대의 여성화가 젠틸레스키는 유디트를 그리면서 아마 개인적인 트라우마도 끼워 넣었을 것이다. 스승 타시로부터 강간을 당한 경험이 있는 그녀의 유디트 그림에는 복수에의 환상이 포함되어 있다.

19세기에 이르러 유디트 이야기는 마침내 본질적인 변화를 겪는다. 성서에서는 유디트가 홀로페르네스에게 교태를 부리는 내용만 나오는데, 어느새 그가 살해당하기 전 그녀가 동침을 하자고 유혹하는 내용으로 변한 것이다! 독일의 극작가 프리드리히 헵벨은 비극 〈유디트〉[1840]에서 한술 더 떠, 죽은 남편의 성적 무능력으로 인해 처녀나 다름없는 과부 유디트가 강건한 적장의 풍채에 성적으로 이끌리게 만들어놓았다. 적장은 그녀를 거칠게 취한 후 차갑게 무시해버린다. 그러자 유디트의 원래 동기가 욕정의 모티브 뒤로 숨어들어가, 이제 홀로페르네스 살해는 사적인 복수 행위가 된다("내 자신에 대한 생각 외에 아무것도 나를 움직이지 못한다").

이처럼 성서 이야기를 대담하게 성심리학적 입장에서 본 새로운 해석은 지그문트 프로이트의 관심을 일깨운 한편(〈처녀성의 타부〉[1917]) 음란한 여성의 악마적

아이콘이 되는 유디트의 변화를 암시하며, 1900년 이후 구스타프 클림트의 그림이 등장할 기반을 마련한다. 클림트의 유디트를 두고 비평가 펠릭스 잘텐은 이렇게 평한다. "몸이 유연하게 휘어진 날씬한 여인. 어두운 눈빛에 색정적인 불꽃을 담고, 잔인한 입과 열정으로 파르르 떨리는 콧방울을 지닌."

잘텐의 평은 유디트 모티브에 대한 클림트의 첫 번째 그림에 대한 것이다. 8년 후에 새로운 버전이 나왔는데, 이 그림의 관능성은 인물이 장식 속으로 녹아들어감으로써 비교적 미묘하고 세련된 느낌을 자아낸다. 클림트의 첫 번째 유디트에서 보이는 농염한 미소가 두 번째 유디트에서는 음험하게 찌푸린 표정으로 굳어졌다. 이 그림에서는 재앙이 더 많이 표현되었고, 첫 번째 그림에서는 유혹이 더 많이 표현되었다. 이 두 그림을 보는 사람은 곧 유디트 외에 또 다른 성서의 인물, 즉 세례 요한의 머리를 든 살로메를 떠올리게 된다. 19세기 말 예술가들에게 대표적인 팜 파탈로 통했던 살로메 말이다. 그러니 다음 한 장은 살로메에게 바치기로 하자.

구스타프 클림트 | 유디트 I | 1901년 | 캔버스에 유채와 금박 | 빈 벨베데레 미술관
유디트는 세기말에 음탕한 유혹의 상징인물로 최종 변화를 겪으며, 성경에 나오는 또 다른 위험한 여성인물 살로메와 혼합되기에 이른다. 금빛 배경 속의 이 귀족 여인은 마치 신성모독적인 음란의 아이콘처럼 외설적인 눈빛, 화려한 금 장신구, 스르르 흘러내리며 허리춤까지 벌어진 검은 의상을 갖추고 있다.

구스타프 클림트 | 유디트 II | 1909년 | 캔버스에 유채 | 베네치아 카페사로 현대미술관
유디트일까, 살로메일까? 이 그림에서는 잔혹한 여인이 한 남자 때문에 양심의 가책을 받는다. 8년 전과 다르게 클림트는 금빛을 테두리에만 제한하고 이미지를 장식 속에 해체함으로써 장식적이지만 답답한 느낌을 주는 유겐트슈틸의 경고 표시판으로 만들었다.

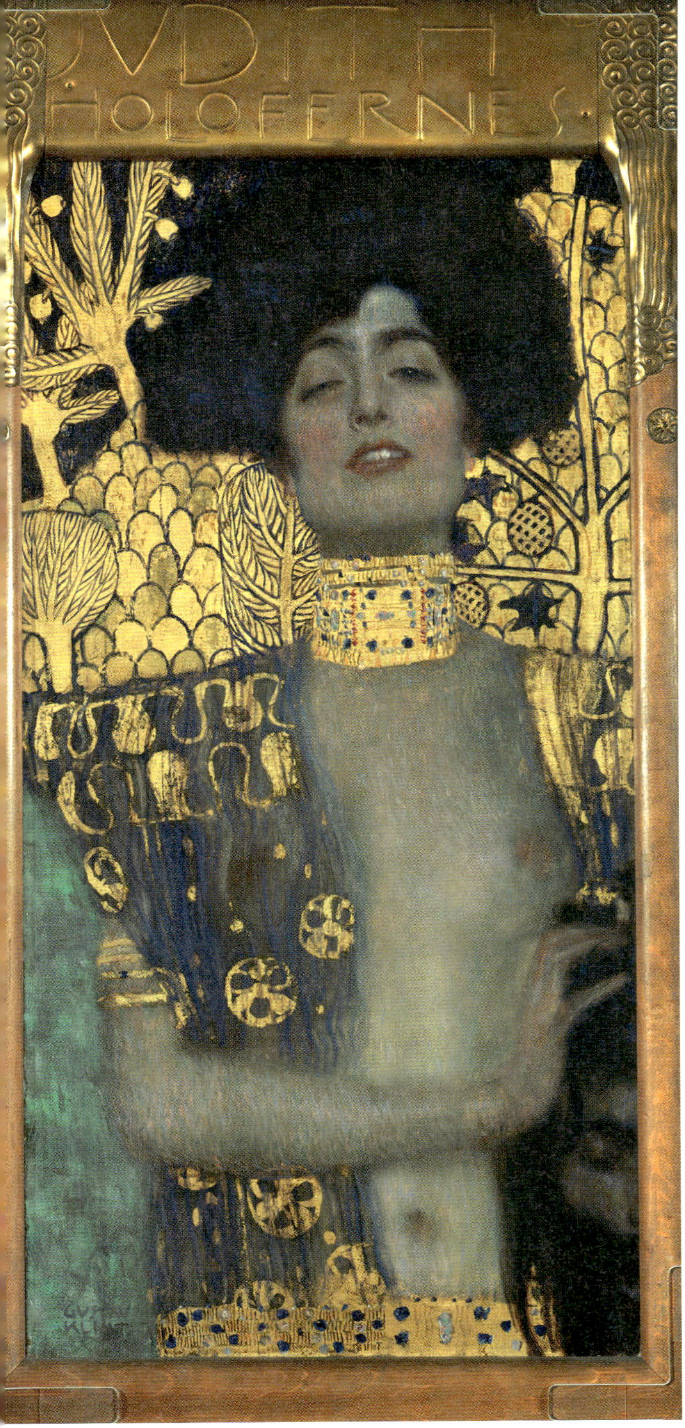
VDITH
HOLOFERNES

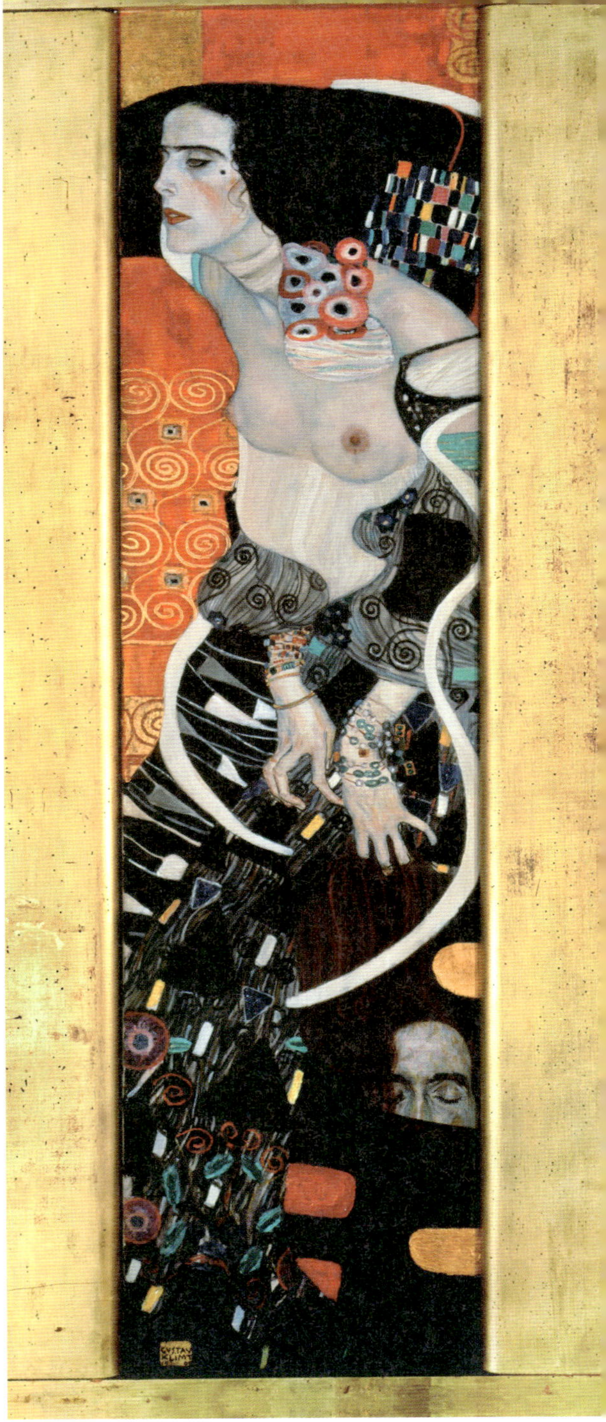

베르나르디노 루이니 | 세례 요한의 목을 받쳐 든 살로메 | 1500년경 | 포플러 목판에 유채 | 빈 미술사박물관
살로메가 손에 오싹한 내용물이 담긴 쟁반을 들고 있지 않았다면 그녀의 순수한 미소는 마치 꿈에 잠긴 듯한 느낌을 주었겠지만, 사실 그 미소에는 어렴풋한 조롱이 어려 있으며 살로메가 끔찍한 소원을 성취한 순간 느낀 승리감이 감춰져 있다. 살로메는 매혹적인 춤을 춘 보상으로 세례 요한의 머리를 얻었다. 비웃는 듯한 살로메의 곁눈질은 그녀에게 혹해 성자의 처형을 막지 못한 헤로데 왕을 향한 것이리라. 당대에 유행한 의상, 부드러운 피부, 정교하게 매만진 붉은 머리카락이 살로메를 전형적인 르네상스의 팜 파탈로 만든다.

살로메

차가운 달빛이 내리는 옛 왕궁의 테라스에서 지금 막 떠들썩한 연회와 처형이 벌어졌다. 이제 기이한 독백을 들어보자. 그것은 한 여성이 잘려나간 남자의 머리에 대고 퍼붓는, 열정적이고도 비난에 찬 조롱이다.

> 하! 당신은 내게 입 맞추려 하지 않았지, 요한. 잘했어! 이제 내가 당신의 입술에 입을 맞추어주지. 당신의 입술을 꽉 깨물어주겠어. 잘 익은 과일을 베어 물듯이 말이야. 그래, 내가 당신에게 입을 맞춘다고, 요한…… 당신은 날 가지려 하지 않았어, 요한! 날 거절했지. 감히 내게 욕을 했어. 날 음탕한 여인네처럼, 창녀처럼 취급했어. 나 살로메, 헤로디아의 딸, 유대 왕국의 공주를! 자, 이제 보라고, 난 살아 있지만 당신은 죽었어. 그리고 당신의 머리는 내 거야.

어쩌면 춤의 무아경지에서 여전히 숨을 헐떡이며 땀으로 반짝이는 몸으로 이 말을 내뱉었을 여인은, 성서의 여성인물 중에 그 누구도 이보다 더 미모와 유혹과 범죄가 어우러진 매혹적인 조합을 이룰 수 없을 인상 깊은 인물로 구현되었다. 적어도 수백 년 후의 시각에 따르면 말이다. 오스카 와일드의 유명한 희곡 <살로메>에서 인용된 위의 구절과는 너무도 달리, 복음서에서는 살로메라는 이름이 전혀 언급되지 않고 개인의 이력도 찾아보기 어려울 만큼 그녀에 대한 묘사가 부실하다.

세례 요한의 머리를 헤로데 왕에게 가져가는 살로메 | 모자이크 | 베네치아 산마르코 대성당
중세의 묘사에서는 대체로 연회 전체의 광경이 전개된다. 연회에서 살로메가 춤을 추어 그녀의 매력을 노골적으로 내보이자, 헤로데 왕이 춤의 대가로 그녀가 바라는 것을 무엇이든 들어주겠노라고 약속한다. 이 베네치아 모자이크도 위와 같은 원칙을 따라 살로메를 사건의 소소한 조역으로 만들었다.

성서의 스캔들

◆ ◆ ◆ ◆ ◆

그녀가 어머니에게 가서 말했다. 제가 무엇을 달라고 할까요? 어머니가 말했다. 세례 요한의 머리를 달라고 해라. 그러자 그녀는 서둘러 왕에게 가서 이렇게 청했다. 당신이 내게 즉시 세례 요한의 목을 쟁반에 받쳐다 주시길 바랍니다. 왕은 슬펐다. 그러나 지금 탁자에 앉은 그녀에게 맹세를 했으므로 그릇된 청원이지만 거절할 수 없었다. 왕은 즉시 형리를 보내 세례 요한의 머리를 가져오라고 명령했다. 형리는 가서 감옥에 있는 그의 머리를 잘라 쟁반에 머리를 받쳐 가지고 와서 소녀에게 주었고, 소녀는 그것을 어머니에게 주었다.

_마가복음 6장 24~29절

살로메

마태복음(14장 1~12절)과 마가복음(6장 14~29절)은 헤로데 안티파스 왕의 왕궁에서 일어난 추잡한 사건을 똑같은 내용으로 전한다. 사건의 출발점은 종교적 윤리적 갈등을 일으킨다. 왕이 자신의 형수였던 헤로디아스와 두 번째로 결혼하자 세례 요한은 공공연하게 추잡한 사건이라며 비판했다. 때문에 세례 요한은 감옥에 갇혔다. 헤로디아스는 그를 처형시키라고 요구했지만, 헤로데는 처음에는 반대했다. 그로부터 얼마 지나지 않아 헤로디아스의 딸이 의붓아버지의 호사스런 생일 연회에서 춤을 춘다. 의붓딸의 황홀한 춤에 헤로데는 감사의 표시로 그녀가 늘 소원해온 것을 들어주겠다며 '무엇이든지, 내 왕국의 절반이라도 주겠다'고 약속한다. 마가복음에 따르면(마태복음도 마찬가지다) 이처럼 헤로디아스야말로 그릇된 보상을 얻어내려고 딸을 충동질한 세력이었다.

성서에는 이 소녀의 행위 모티프가 관능적 집착이었다는 이야기는 전혀 나오지 않는다! 사건의 주범인 소녀는 이후에 헤로디아스의 딸이었던 살로메와 동일시된다. 그런데 그녀가 대제사장이고 신전의 창녀였다(베일의 춤도 그녀들의 의례에 속했다)는 가설은 순전히 억측이다.

예술에서의 메아리

신약성서에서 이미 흥미거리였던 이 이야기가 기독교 예술에서 인기 있는 주제로 떠오른 것은 그리 놀랄 일도 아니다. 중세시대에는 이 사건에 대한 묘사가 연회의 춤 장면을 주로 다룬 반면, 르네상스 시대부터는 살로메가 전면에 부각되어 홀로 세례 요한의 머리를 들고 있거나 또는 형리들의 무리 사이에 단독으로 존재하는 인물로서 묘사된다.

15세기와 16세기의 유명한 이탈리아 예술가들은 모두 살로메 모티프로 훌륭한 그림들을 그렸는데 보티첼리, 루이니[30쪽], 델 피옴보 등이 그 예이며, 최고의 사례로 꼽히는 세 작품을 빈 미술사박물관 한 곳에서 볼 수 있다. 〈유디트〉[105쪽]로 여성의 사악함에 일침을 가한 바 있는 루카스 크라나흐(아버지)의 경우와는 달리 알프스 산맥 남쪽 지역에서 살로메는 여성미의 이상적인 상으로 등장했으며, 특히 티치아노의 그림이 대표작으로 꼽힌다. 그런데 티치아노의 로마풍 살로메는 일면 유디트로 보이기도 한다[103쪽]. 즉 성서 속 여성인물들이 팜 파탈의 아이콘으로 가는 도상에서 서로 섞이기 시작한 것이다. 카라바조는 〈살로메가 세례 요한의 머리를 얻다〉[1607~10]로 극적인 감흥과 강렬함을 자아내어 같은 주제를

에드워드 A. 아미티지 | 헤로데 왕의 생일 축연 | 1868년 | 캔버스에 유채 | 런던 길드홀 미술관
이 빅토리아 여왕 시대의 그림 역시 사건을 호사스럽게 꾸민 무대에 옮겨놓았다. 무아경에 빠져 춤을 추는 매우 탄탄한 몸매의 여배우가 화면 오른쪽에 보인다. 개인의 카리스마를 배제하고 매력적인 외모를 상투적으로 묘사하는 것이 살롱 예술의 특징이다.

다른 바로크 화가들에게 지침이 되었다. 비록 당대의 살로메 묘사에 여전히 공주의 악행을 둘러싼 윤리적 논쟁이 우세했다 해도, 이미 저변에는 성적 황홀경과 피의 도취와의 결합에 대한 매료가 흐르고 있었다.

상징주의 시대에 이르러서야 화가들은 비로소 종교적 연관성에서 떨어져 나와 거리낌 없이 무희의 관능성과 살로메의 악마적인 성격을 내세우게 되었다. 1870년경 귀스타브 모로는 그림에 금실 세공 기법을 연출해 살로메를 신비로운 매춘부로 바꾸었고, 1906년에 프란츠 폰 슈투크는 장신구를 찰랑이며 음란한 육욕을 드러내는 모습으로 살로메를 등장시켰다[6쪽]. 1884년에 벨기에 작가 조리스-카를 위스망스가 소설 《거꾸로》에서 세기말의 살로메를 정확하게 특징짓는데, 이는 모로가 그린 살로메와 더불어 이후 로비스 코린트의 살로메[40쪽]에서 나타난다.

슈투크의 그림에서 이제 성자의 머리는 그저 무대소품으로만 보인다. 공주의 도발적인 엉덩이 곡선과 독특한 대조를 이루는 소품에 지나지 않는 것이다. 이는 단순히 우연이라고는 할 수 없겠다. 그 시기에 살로메는 오스카 와일드의 희곡과 리하르트 슈트라우스의 오페라로 화폭뿐만 아니라 무대도 정복했기 때문이다.

> 그녀는 단순한 어릿광대가 아니었다.
> 그녀가 허리를 한껏 비틀자 노인에게서 음탕한 욕정의 신음이 터져나왔고, 그녀의 가슴과 배의 움직임, 허벅지의 떨림으로 왕의 기가 꺾이고 의지가 녹아버렸다. 그녀는 곧 불멸의 쾌락을 상징하는 신성(神性), 영원한 히스테리의 여신, 불경스러운 미인, 그 무엇보다도 선택받은 존재가 되었다…….
>
> _조리스-카를 위스망스

귀스타브 모로 | 살로메(부분) | 1871년 | 캔버스에 유채 | 파리 귀스타브 모로 미술관
춤추러 나오는 살로메가 쓴 베일은 피부에 난해한 기호를 문신해놓은 것처럼 보인다. 이 그림에서 살로메는 잔혹하기보다 비밀스럽고 육감적으로 보인다. 이는 비어즐리가 살로메 그림에 에로스의 상징으로 백합을 그린 것에 비견된다. 상징주의 회화(특히 모로의 그림)에서 보이는 팜 파탈들의 전형적 특징은, 투명하다 못해 안에서 빛이 발산되는 것 같은 피부 표현이다.

오브리 비어즐리 | 절정 | 1894년
오스카 와일드의 희곡 <살로메> 영어판을 위해 제작된 비어즐리의 그림은 당대 삽화예술의 정점을 찍었다. 이 도판은 성경에는 나오지 않는 장면으로, 생전에 살로메의 말을 듣지 않았던 죽은 선지자의 차가운 입술에 살로메가 키스하는 장면이다. 장식적인 배경과 우아하고 기묘한 선의 움직임은 유겐트슈틸의 전형적 요소다.

무대에 오른 살로메

오스카 와일드는 1891년 파리에서 단막극 〈살로메〉를 프랑스어로 집필했다. 댄디다운 괴벽을 조금도 숨기지 않고, 연극계의 디바 사라 베르나르를 노골적으로 염두에 두고서 쓴 희곡이었다. 그럼으로써 성서와 현대 팜 파탈의 조합이 마련되었다. 그런데 다음 해 예정되었던 런던 공연이 연극 최고검열기관의 금지로 인해 취소되어, 이 희곡은 1893년에 책으로 먼저 출간되었다. 그로부터 일 년 후 영어 번역본이 출간되었고, 실제 연극은 1906년에야 비로소 파리에서 초연되었다. 작가가 동성애로 투옥되었다가 사망해서 파리 페르라셰즈 공동묘지에 눕게 된 지 5년 후였다.

풍부한 비유가 담긴 멜로디와 같은 대사, 한 편의 시 같은 달빛 아래의 대화 장면, 성서의 묘사보다 훨씬 육감적이고 암시적이며 눈부시게 빛나는 여주인공 등의 요소로 이 연극은 유럽의 문화중심지에서 선풍적인 대중적 성공을 거두었고 또한 다양한 예술분야에서 공명을 얻었다. 때문에 틸라 뒤리외 같은 스타들이 독일 무대에서 와일드의 살로메로 화하고, 모드 앨런 같은 표현주의 무용수가 살로메 프로그램으로 순회공연을 갖기도 했다. 회화에서는 슈투크의 살로메 해석이 연극에서 뚜렷하게 영향을 받은 예이다. 그런가 하면 1905년 초연된 리하르트 슈트라우스의 오페라 〈살로메〉는 오늘날에도 자주 공연일정에 오르고 있는데, 이 오페라의 각본도 와일드의 희곡을 원전으로 한 것이다.

와일드의 희곡에서 오페라 작곡가들도 매료시킬 수밖에 없는 부분은 바로 암시적인 언어의 힘이다. 예를 들면 공주가 금욕적인 성자를 향해 불타는 욕정을 퍼부을 때다.

로비스 코린트 | 살로메 | 1900년 | 캔버스에 유채 | 라이프치히 조형예술관
코린트가 그린 살로메에게서는 풍만한 관능성이 뿜어져 나온다. 코린트는 이 이야기를 빛을 발하는 색채에 녹아들게 하여 마치 익살스러운 가장무도회 장면처럼 보이도록 했다. 이 그림에서 눈에 띄는 것은, 공주의 음란하게 풀어진 시선과 요한의 왼쪽 눈꺼풀을 들어 올리는 오른손 동작이다. 마치 살로메가 죽은 자로 하여금 끝끝내 자신을 쳐다보고 미모를 인정하도록 강요하는 듯하다. 코린트(이 그림에서 자신을 형리의 모습으로 등장시킨)는 누드화에서 생동감에 넘치면서 분열된 여성의 관능을 묘사하는 데 있어서도 대가임을 증명해보인 바 있다.

살로메

당신의 몸을 사랑해요. 요한! 당신 몸은 마치 한 번도 낫이 닿지 않은 들에 핀 백합처럼 희네요. 유대 왕국의 산에 덮여 있다가 계곡으로 쏟아지는 눈처럼 하얘요. 아랍 여왕의 정원에 핀 장미도 당신의 몸보다 하얗진 못하죠. 아랍 여왕의 정원에 핀 장미도 그렇게 하얗진 못하고, 아랍 여왕의 향료원에 핀 장미도 당신의 몸보다 하얗진 못해요. 꽃잎에 떨어진 새벽의 여명도 아니야. 바다에 떠오른 달의 하얀 가슴도 아니야……. 세상에서 당신 몸보다 더 하얀 건 없어요……. 만지게 해줘요, 당신의 몸을!

요한

물러서라, 바빌론의 딸! 여인으로 인해 세상에 악이 생기느니. 나에게 말을 걸지 말라. 네 말을 듣지 않으련다. 나는 오직 주님, 나의 신의 목소리만 듣는다.

세례 요한은 "빛나는 눈꺼풀 속에 금빛 눈동자를 가진" 유혹녀를 거부한다. 생명을 잃은 그의 "상아 같은 치아를 덮은 암홍색 입술"에 비로소 살로메는 입을 맞춘다. 이 희곡에서는 어머니의 말이 아니라 거절당한 수치에 대한 복수가 살인 동기이다. 그 결과로 살로메는 성서에서와는 달리 벌을 받는다. 살로메의 잔혹함에 충격받은 헤로데 왕이 '이 계집을 죽여라!'고 명령하자 그녀는 궁정 수비대의 방패에 짓눌려 비참한 최후를 맞는다. 신약성서의 소녀는 르네상스의 스핑크스와 바로크의 난폭한 여성들을 거쳐 전형적 팜 파탈로 발전했고, 살로메라는 이름은 춤을 추면서 거침없이 풀려나오는 공격적인 여성의 관능과 동의어가 된다.

단테 가브리엘 로세티 | 베누스 베르티코르디아 | 1863~68년경 | 캔버스에 유채 | 본머스 러셀 코츠 미술관
로세티는 석류열매를 다산성의 상징으로 삼아 '심장을 부수어놓은 여성'을 장미가 흐드러진 배경 앞에 등장시켰다. 금빛 후광은 중세의 성모상 전통을 따른 것이고, 무기와 사과의 결합은 이브와 릴리트를 연상시킨다. 이처럼 그림에서 베누스는 치명적 미인의 보편적인 아이콘으로 나타난다.

아프로디테의 자매

Aphrodites Schwestern

고대 그리스와 로마의 전설세계에서는 여성 존재가 가지는 위험한 본성이 성서에서보다 훨씬 더 생생하게 살아나 예술과 문학에 다양한 반향을 불러일으켰다. 간사한 여신들 외에도, 여신들의 치명적인 자매들이 인간과 동물이 섞인 기괴한 혼종의 모습으로 숨어서 남성 노획물을 기다린다. 예컨대 물고기 꼬리를 가진 사이렌은 달콤한 노래로 항해사 오디세우스마저 유혹하려 했다.

오디세우스는 계략을 이용해 사이렌에게 잡히는 것을 면했지만, 그전에 이미 일 년 내내 마녀 키르케의 매력에 나가떨어져 있었다. 키르케는 오디세우스의 선원들을 돼지로 변신시킨 장본인이다. 오디세우스가 이런 위험들에 처하는 것은 고대 신화에서 가장 유명한 전쟁터 트로이로부터 귀향하는 도중인데. 트로이는 세상에서 가장 아름다운 여인 헬레나를 둘러싼 전쟁으로 그리스인에 의해 잿더미가 된 곳이다.

이런 갈등을 매번 노련하게 조절하는 여신이 아프로디테라는 것은 우연이 아니다. 원래 다산을 관장하는 여신으로 추앙받던 아프로디테는 올림포스의 미의 여신으로 변화하더니, 어느새 억누를 수 없는 연모에서 솟아나는 고뇌와 광기 등 위협적인 성격도 지니게 되었다. 때문에 아프로디테, 혹은 베누스(로마인들이 부르는 이름)는 특히 후대에 이르러 이상적인 여성상으로 찬양받기만 한 것이 아니라 악마적인 특성도 부여받아, 그녀의 음흉한 자매들 곁으로 밀려나기도 했다.

미의 여신 아프로디테 또는 베누스에 대한 비판적인 관점의 발단은 이미 고대 그리스 신화가 제공한다. 아프로디테는 온갖 불행을 초래하고, 전쟁의 신 아레스와 놀아남으로써 남편인 못생긴 대장장이의 신 헤파이토스를 배신한다. 미술에서 이 모티브는 바로크 시대(루벤스)부터 현대 초까지(로비스 코린트) 여성의 보편적 성향으로 간주된 '불충실'을 경고하는 예로 빈번하게 다루어졌다. 흥미롭게도, 기독교 성모상을 모방한 베누스의 묘사에도 종종 분열성과 으스스함이 섞여들곤 했다[42쪽, 180쪽]. 그리고 1900년경 통속적 살롱 회화에 나타난 교태를 부리며 피부가 하얗고 매끄러운 베누스에 이어, 고급 창녀로서의 베누스가 나타난다.

중세 탄호이저 설화에 나오는 베누스의 이미지[95쪽 참조]로 인해, 이제 베누스는 야수성과 악마성에 속하는 여신이라는 독자적 전통의 갈래가 생겨났다. 이 '검은 산의 베누스'에 데카당스 작가들은 당연히 깊이 매료되었다. 예를 들어 앨저넌 찰스 스윈번의 시 〈베누스 예찬〉에서 그녀는 잔혹한 우상으로 등장한다. 이 시는 매 구절마다 팜 파탈의 매혹을 전한다.

아니, 그들―저주의 운명을 가진
예전의 애인 무리들과 다르다.
그녀의 입맞춤에 일순 잠잠해지는 그들.
그녀의 머리카락에서 뱀이 쉭쉭대는 소리가 들린다.
그녀는 자신이 가꾸는 작은 숲
시간의 뿌리덩이에 피를 거름으로 준다.
그러고는 수천 가지 고통과 쓰디씀에서
수천 가지 쾌락을 수확한다.
울음과 웃음으로 뒤섞인 거친 소리,

그녀의 침상 주위에 윙윙대며 울린다.
그녀의 발치에 허무한 사랑이
필사적으로 매달려 있다. 황망하고 심란하게.
영웅 아도니스가 그녀의 손에 쓰러졌다.
피와 동경의 밧줄로 그의 몸과 마음을 묶어,
싸움에 들어 힘줄 하나하나 그 억센 자를 정복했다.
그렇다, 그녀는 남자가 가진 힘 그 모두를 쓰러뜨린다.

헬레나

모든 팜 파탈 중에서 제우스와 레다의 딸 헬레나야말로 대다수의 남자들로 인해 양심의 가책을 받았을 것이다. 비록 악의에서가 아니라 숙명 때문이었다 해도 말이다. 고대 전설과 관련해, 너무도 유명한 나머지 속담처럼 되어버린 '미인인 동시에 엄청난 재앙'에 대해 이야기할 때면 아프로디테를 제외하고 곧바로 그녀의 이름, 헬레나가 입에 오른다. 그녀는 10년 동안 지속되며 수천 명(주로 남자들)에 달하는 목숨을 앗아간 그리스와 트로이 사이의 전쟁을 일으킨 장본인이다.

올림포스 산을 배경으로 하는 이 이야기는 말 그대로 '불화의 사과'로 인해 시작한다. 바다의 여신 테티스와 펠레우스의 결혼식에 신들 중 자기만 초대받지 못했다는 데 격분해 불청객으로 나타난 불화의 여신 에리스가, '가장 아름다운 여신에게'라는 글이 새겨진 황금사과를 하객들에게 던졌다. 어떤 소동이 일어났을지는 넉넉히 짐작이 가리라. 이 문제를 해결하기 위해 올림포스 산에서 가장

**귀스타브 모로 | 트로이의 보루에 서 있는 헬레나 |
1865년 | 캔버스에 유채 | 파리 귀스타브 모로 미술관**
헬레나의 형상이 유령 같은 익명의 존재로 트로이의 담 앞에 서 있다. 그녀는 결백을 상징하는 꽃을 들고 있지만, 답답하게 짓누르는 분위기는 재앙을 예고한다. 모로는 스케치만 한 것 같은 화법에 수채화처럼 채색해 희미한 느낌을 두드러지게 하고, 얼굴의 특징을 완전히 없애버림으로써 화폭 왼편에서 이 장면을 비추고 있는 밤하늘의 달과 헬레나를 동일시한다.

세력이 강한 세 여신이자 황금사과를 얻을 후보자들, 제우스의 아내 헤라와 제우스의 딸 아테네 그리고 아프로디테는 인간에게 최종 결정권을 주자고 합의하기에 이르렀다.

 이야기의 전개는 익히 알려진 대로다. 여신들은 판단을 내릴 인간으로 트로이의 왕자 파리스를 택했다. 파리스가 선택을 고민하자 세 여신들은 뇌물공세를 폈다. 헤라는 그에게 권력을 주겠노라 약속하고 아테네는 전장에서의 명성을 약속했는데, 이 뇌물들에 젊은 파리스의 마음은 솔깃했다. 하지만 곧 마지막 여신 아프로디테가 반짝이는 눈으로 파리스를 쳐다보면서 세상에서 가장 아름다운 여인을 약속하자, 그녀의 거부할 수 없는 매혹적 자태에 눈이 먼 파리스는 조금도 망설이지 않고 아프로디테에게 황금사과를 건네주었다. 자신의 결정이 어떤 파국적 결과를 불러오게 될지, 그리고 자기 자신에게도 어떤 불행이 닥쳐올지 모른 채.

외교상의 임무를 띠고 길을 떠난 왕자 파리스는 곧 키티라 섬에 머물게 되고, 그곳에 있는 아르테미스 사원에서 스파르타 왕비 헬레나와 마주친다. 공교롭게도 메넬라오스 왕 또한 여행길에 오른 터라 독수공방 지루한 나날을 보내던 헬레나는, 트로이에서 온 화려한 차림의 젊은 이방인을 호기심 어린 눈으로 쳐다보다가 만남을 주선한다. 파리스는 헬레네를 보자마자 '아프로디테가 약속한 여인이로구나!'라고 확신한다. 열정적 사랑에 빠진 파리스는 우선 헬레나를 따라 스파르타로 가서 그녀의 마음을 움직여 트로이로 데리고 갔는데, 헬레나 쪽에서도 딱히 거부하지는 않았다.

기원전 8세기 호메로스의 《일리아드》에는, 그리스군이 행한 복수의 출정에서 마지막 단계만 다음과 같은 유명한 구절로 묘사되어 있다. 오디세우스의 출중한 계략으로 목마를 제작한 공격자들은 지금껏 쳐들어갈 수 없었던 요새에 침입하여 트로이군의 운명에 종지부를 찍었다. 그런데 여기저기서 칼 부딪는 소리가 쟁쟁 울리며 영웅들이 쓰러지는 와중에도, 적의 진영에 있는 헬레나의 숨 막히는 아름다움에 대해서는 모두가 하나같이 입을 모았다. "참으로 불멸의 여신들 중 하나와 맞먹는 아름다운 모습이로다!"

호메로스는 "제우스의 사랑스런 딸"의 우아한 자태를 칭송하는 데 지칠 줄 모른다. "은빛 아마포로 된 베일을 얼른 덮어쓰고/ 그녀는 방에서 뛰쳐나갔는데, 속눈썹에 여린 눈물방울이 맺혀 있었다." 사실상 헬레나는 이 전쟁에 대해 부분적으로 책임이 있을 뿐이며 근본적으로는 신들과 남자들, 특히 전장에서 허약하고 용기 없는 인물로 묘사된 파리스의 앞뒤 가리지 않는 욕망이 전쟁의 원인이었다. 다양한 삶의 관점을 제시한 세 여신을 두고 경솔한 선택을 한 벌이 그를 덮친 것이다. 어쨌든 아프로디테와 헬레나의 고혹적인 매력 덕에 이후 메넬라오스가 헬레나를 관대하게 용서해줌으로써 파리스도 얼마간 짐을 던 것으로 보인다.

이처럼 헬레나는 예술사에서 불타는 트로이를 무대배경으로 한 우아함의 상징으로 계속 존재한다. 말하자면 도시를 파괴할 뜻이 없음에도 불가피하게 재앙을 부르는 그런 여인이다. 헬레나는 괴테의 《파우스트》 2부에서 고전미의 이상으로서 파우스트를 열광하게 만들기도 한다. "그대야말로 내가 모든 힘의 활동을/ 열정의 정수를/ 사모를, 사랑을, 숭배를, 광기를 바쳐야 할 사람이다." 파우스트가 헬레나와의 사이에서 '살아 있는 문학의 불꽃'인 아들 오이포리온을 낳는 것은 보다 숭고한 의미를 가진다. 하지만 파우스트에게(또한 모든 남자들에게) 메피스토가 조롱투로 한 말도 틀리지 않다. "헬레나가 무력하게 만든 자/ 그자는 좀처럼 정신이 들지 않지."

헬레나 역시 회화예술에서 인기 있는 모티브가 된 것은 당연한 얘기다. 헬레나는 대체로 각 시대의 취향에 따라 오로지 아름다운 여성으로서 재현되었으나, 팜 파탈의 전성기에 로세티나 모로와 같은 상징주의자들이 헬레나의 모습을 차별화하고 우울함의 요소를 덧붙임으로써 비로소 변화했다.

키르케

이제 우리는 '마력적인' 헬레나로부터 진짜 마녀에게 이른다. 이 마녀는 트로이 전쟁이 끝난 후 고향에 돌아오기까지 수년 동안 항해에 시달리며 폭풍·파도·거인·바다괴물과의 숱한 싸움에서 승리를 거둔 오디세우스가 마주친 존재다. 호메로스는 《오디세이아》에서 오디세우스의 모험담을 묘사했고, 그중 열 번째 서사시에서 키르케가 사는 섬 아이아이아에 도착한 영웅의 이야기를 그렸다.

아프로디테의 자매

단테 가브리엘 로세티 | 헬레나 | 1863년 | 목판에 유채 | 함부르크 미술관

이중적 의미로 '불타는 사랑'의 화신인 헬레나는 문학과 미술에서 중요인물이 되었다. 로세티는 그림 뒷면에 그리스 문자로 제명을 써넣었는데, 아가멤논을 다룬 아이스킬로스의 비극에서 헬레나를 가리켜 "배와 남자들과 도시를 파괴한 여인"이라고 한 구절이었다. 로세티는 모로와 달리 초상화처럼 인물을 전면에 내세웠다. 풍성한 붉은 금발과 도톰한 입술의 여성은 우울한 정조를 자아내는데, 라파엘전파 화가들이 생각한 미인의 이상형에 완벽하게 상응하는 모습이다.

팜 파 탈

존 윌리엄 워터하우스 | 키르케가 오디세우스에게 술잔을 권하다 | 1891년 | 캔버스에 유채 | 올드햄 미술관

그리스 영웅 오디세우스의 귀향을 어렵게 만든 수많은 방해 중에는 그를 사로잡아둔 마녀 키르케도 있었다. 키르케는 마법의 술로 오디세우스의 선원들을 돼지로 만들어놓고, 이제 오디세우스에게도 그 술을 권한다. 남자를 의지가 없는 존재로 변화시키는 것은 팜 파탈의 전형적인 위협이다. 그리고 팜 파탈의 관능적 초대가 이 그림에서처럼 속이 다 비칠 만큼 살짝 가린 차림새로 이루어지면 남자들이 거부하기 어려운 게 당연하다. 이처럼 외설적인 분위기가 빅토리아 시대 살롱 회화의 특징이었다.

태양신 헬리오스의 딸인 키르케는 성스러운 베틀에 앉아 노래를 부르며 끝없는 양탄자를 짜면서 섬에 오는 사람들을 모두 동물로 변신시켰는데, 마법을 부려 온순한 사자나 늑대로 만들어버리는 것을 특히 즐겼다. 이 부분만으로도 "아름다운 곱슬머리…… 숭고한 멜로디의 여신"이 가진 마법의 힘과 간계를 짐작할 수 있다. 때문에 오디세우스의 정찰대가 키르케의 아름다운 목소리와 모습에 반해 그녀가 보인 거짓 친절을 철석같이 믿고 덫에 걸려든 것도 놀라울 게 없다.

> 그러고서 키르케는 남자들을 호화로운 안락의자와 왕좌에 앉혔다.
> 곱게 간 치즈를 밀가루와 섞고
> 영웅들만 마신다는 (레스보스 섬의) 프람니안 포도주에 노란 꿀을 섞고,
> 요리에 정신을 혼미하게 만드는 즙을 섞어
> 선원들이 고향을 완전히 잊어버리게 했다.
> 선원들이 술과 음식을 받아 모두 비우자, 키르케는 선원들을
> 회초리로 몰아 돼지우리에 가두었다.
> 왜냐하면 선원들의 머리와 목소리와 몸이 모두 돼지의 그것으로 변했기 때문이다.
> 그리고 털마저도 뻣뻣한 돼지털이 되었다.
> 그런데 선원들의 정신만은 전과 다름없이 온전히 그대로였다.
> 선원들은 울부짖으며 갇혔다. 이제 키르케는
> 그들에게 땅을 파 뒤집는 돼지들이 으레 먹는
> 도토리, 너도밤나무 열매와 빨간 산수유나무 열매를 먹이로 주었다.

오디세우스가 갇힌 일행을 구하기 위해 나서는 순간, 헤르메스 신이 약초를 쥐어주었다. 키르케의 마법에 걸리지 않게 해주는 약초였다. 키르케는 영웅에게 환

영인사로 황금 잔에 "마법의 액을 넣은" 청량제를 담아 건넸다. 그런데 키르케의 예상과 달리 음료수는 효과를 내지 못했고, 오디세우스가 칼을 번쩍이며 키르케를 공격했다. 처음에 어리둥절하던 키르케는, 오디세우스의 도착이 예언대로 이루어졌음을 알아채고 곧 관능적인 유혹녀가 된다.

"사랑하는 이여! 칼을 도로 칼집에 넣으세요! 그리고 우리 같이/ 서로의 화해를 위해 침상에 오릅시다/ 사랑의 환희를 통해 지금부터는 서로를 믿기로 해요!"

하지만 헤르메스 신의 경고를 염두에 둔 영웅은 "호화롭게 마련된 침상"에 그녀와 같이 몸을 누이기 전에 키르케에게 자신을 해치지 않겠다는 맹세를 하게 만든다. 오디세우스는 키르케가 선원들을 다시 사람의 모습으로 되돌려놓은 후에야 비로소 포도주와 음식에 손을 댄다. 게다가 젊어지기까지 한 선원들은 오디세우스처럼 일 년 동안 여러 여신들과 님프들의 풍성한 접대를 즐긴다.

하지만 "고기와 달콤한 포도주를 한껏 즐김"에도 불구하고 선원들은 점차 고향에 대한 향수의 거센 위력에 사로잡힌다. 키르케는 선원들을 풀어주고 "눈물을 평평 쏟으며" 마침내 오디세우스와 작별한다. '교활한 그리스인' 오디세우스는 다시 한 번 항해에 오른다. 매혹적인 마녀의 유혹에 빠져 열두 달이나 보내고 난 후였다. 이만큼의 세월은 그리움에 가득 차 고향을 향하는 자에게는 비싼 대가이다! 이렇게 해서 키르케는 여성의 무기로 영리하게 남자들을 '홀리는'(그리고 때로는 돼지로 만들어버리는) 존재의 대명사가 되었다.

각 시대의 예술은 키르케가 치명적인 마법을 걸기 시작하는 순간, 또는 이 "가장 순수한 물의 유혹녀"가 오디세우스에게 교태를 부리며 음료를 건네는 순간을 즐겨 포착했다. 바로크 극작가 칼데론은 1912년 뮌헨에서 당대의 가장 유명한 여배우 틸라 뒤리외를 내세워 참으로 뛰어난 키르케를 연출했으며, 곧이어 슈투크가 극중의 세 등장인물을 포착한 회화로써 이 디바의 모습을 영원히 남겼다.

프란츠 폰 슈투크 | 키르케를 연기하는 틸라 뒤리외 | 1912~13년 | 목판에 유채 | 베를린 신국립미술관
슈투크는 키르케를 악마적이라기보다는 교활하게 표현했는데, 이런 여배우의 캐릭터는 어느 정도 슈투크의 동료들 탓도 있다. 슈투크의 다른 그림들, 그리고 당대 화가들의 그림에서도 고전적 팜 파탈 신화에 대해 반어적인 거리를 두는 현상이 점점 눈에 띄기 시작했다. 자못 느슨한 붓질에도 불구하고, 화가는 이 그림에서 술잔의 화려함과 정교하게 꾸민 곱슬머리에 강렬한 효과를 준다.

구스타브 아돌프 모사 | 배불리 먹은 사이렌 | 1905년 | 캔버스에 유채 | 니차 미술관

모사는 고대의 이 캐릭터를 새의 몸뚱이에 입가에는 피를 뚝뚝 흘리는 오싹한 여성 파괴자로 변화시켰다. 이 존재는 단지 남자들만이 아니라 곧 도시 전체를 파괴할 것이다. 화가가 물속에서 솟아나 보이게 표현한, 폐허가 된 도시는 그의 고향 니차다. 모사와 그라이너의 사이렌 버전이 다면성을 열어놓음으로써, 후대에 와서 위협적인 여성적 매력의 옛 모범이 다양하게 해석되었다.

사이렌

태양이 눈부시게 빛나는 에게 해의 푸른 바다에서 오디세우스가 새로운 항해를 시작하자마자, 위험한 여성 존재들과 마주치는 다음 번 모험이 닥쳐온다. 오디세우스는 무사히 사이렌들의 섬을 지나가야 한다. 사이렌들은 감미로운 노래로 지나가는 배의 선원들을 유혹하고 방향감각을 잃게 해 파멸로 몰아넣는 존재다. 키르케는 오디세우스에게 사이렌의 함정을 조심하라고 경고하면서, 그로부터 벗어날 수 있는 묘책을 알려준다.

> 당신의 배는 제일 먼저 사이렌이 있는 곳에 다다를 거예요. 사이렌은
> 자신의 집에 다가온 유한 존재인 인간들을 모두 유혹한답니다.
> 하지만 당신은 그곳을 무사히 지나갈 거예요.
> 그러려면 동료들의 귀를 부드러운 밀랍으로 틀어막아
> 아무도 사이렌의 노래를 들을 수 없게 해요.
> 그래도 당신만큼은 사이렌의 노래를 듣고 모습을 보고 싶다면,
> 사람들을 시켜 우뚝 솟은 돛대에 당신의 손발을
> 밧줄로 칭칭 감아 단단히 묶어놓으라고 하세요.

_《오디세이아》 열두 번째 노래

위험에도 불구하고, 오디세우스는 사이렌의 목소리가 자아내는 마력적인 노래에 호기심이 생겨 키르케가 일러준 대로 조치를 취한다. 오디세우스는 사이렌의 노래에 흠뻑 취해서 심지어 몸을 묶은 밧줄을 격렬하게 풀고 뛰쳐나가려 하

지만, 마지막 순간에 선원들에게 제지당한다.

오디세우스가 하마터면 그 유혹에 빠질 뻔한, 보통 물고기 꼬리를 가졌다고 생각되는 이 혼종의 존재는 겉모습에 있어서는 인어나 북구 전설 속 물의 요정 운디네와 비슷하고, 배를 난파시키는 존재라는 점에서 로렐라이[129쪽 참조]와도 유사하다. 사이렌의 멜로디에 깃든 마력은 너무도 유명해졌고, 이 전설은 예술에서 뇌쇄적으로 유혹하는 육체와 자주 결합하곤 했다. 이 관점에서 가장 뛰어난 사례는 사이렌과 희생자가 나누는 사랑의 행위를 담은 막스 클링거의 1895년 작품[12쪽]이다. 이 그림에서 도취에 빠진 남자가 해저로 낚아채여 들어가는 모습은 세기 말 정서에 해당하는 관능의 악마적인 요소를 상징한다. 즉 남성이 여성의 전형적 상징인 물의 심연 속에서 가망 없이 자신을 상실하는 것이다.

19세기 말 회화에서는 고대 신화 모티브와 팜 파탈의 주제가 나란히 호황을 누렸기 때문에 사이렌을 묘사한 작품도 매우 많다. 1882년에 귀스타브 모로가 수채화에서 사이렌을 우아한 바다의 여왕으로 묘사한 한편, 몇 년 뒤 클링거의 제자 오토 그라이너는 사이렌을 나체의 사교계 미인으로 등장시켰다. 한편 구스타브 아돌프 모사[54쪽]는 사이렌에게서 물고기 꼬리라는 부속물을 포기하는 대신에, 날카로운 발톱으로 무장한 새의 몸뚱이로 사이렌의 동물적 면을 강조했다.

메두사

고대 전설의 세계에는 우아한 사이렌 말고도 파멸을 부르는 여성 괴물들이 우글거린다. 잔인한 키메라(사자의 몸뚱이를 지녔다)나 하피(날개와 발톱이 있는 새의 모

오토 그라이너 | 오디세우스와 사이렌들(부분) | 1900년경 | 파스텔 | 데사우 안할티쉬 미술관

그라이너의 그림에서는 사이렌이 물고기 꼬리를 잃었다. 마치 화려한 속옷을 벗어버리기라도 한 것처럼 세기말의 풍만한 미녀들이 거리낌 없이 자신의 매력을 드러내고 있다. 물고기라기보다 여체로서의 사이렌들이다. 이는 독일제국 창건기(1871년 이후의 몇십 년 – 옮긴이)의 관능적 취향에 상응하지만, 반면에 화법은 유겐트슈틸의 포스터를 연상시킨다. 양귀비꽃 장식은 다시금 전형적인 마법의 묘약, 잠, 도취 그리고 때로 죽음과 관계된다.

습을 띤다), 아이들을 잡아먹는 라미아(남자에 대한 식욕도 지닌다), 포기할 줄 모르고 끝까지 희생자를 뒤쫓는 지하세계의 무시무시한 복수의 여신 에리니에스 같은 여자 데몬들이 진을 치고 있는 것이다. 이들의 특징 중 하나가 혀를 날름거리는 뱀들이 섞여 있는 거친 머리카락인데, 이는 바로 메두사의 음침한 혈통과 명성을 공유하고 있음을 드러낸다.

바다 신들의 후손인 메두사는 출중하게 아름다운 여성으로 자라났으며 불멸의 자매 스테노와 에우리알레와 함께 고르곤 세 자매라 불렸다. 그러나 포세이돈과 메두사가 격정적으로 포옹하는 현장을 아테네가 목격한 순간, 메두사의 운명이 바뀐다. 그 행위가 아테네의 신전에서 벌인 지극히 도발적인 신성모독에 해당했기 때문이다. 화가 난 아테네 여신은 메두사를 다른 모습으로 영원히 바꾸어놓는다. 뱀 머리카락에 이글거리는 눈동자와 날름거리는 혀를 지닌 괴물이 된 메두사의 얼굴을 보는 사람은 즉시 돌로 변해버린다.

'메두사(고르곤)의 머리'는 신화와 문화사에서 비늘 달린 몸뚱이와 따로 떨어져 자체적인 삶을 영위하는데, 이 이야기는 어느 고대 그리스 영웅의 대담한 행위로 소급된다. 제우스의 아들 페르세우스는 신부에게 구혼하기 전 용기를 증명하기 위해 메두사의 머리를 가지고 와야 했다. 그때까지 이를 감행한 모든 영웅들이 죽음을 맞았던 일이었다. 그러나 페르세우스는 아테네의 도움으로 메두사를 완전히 파멸시킨다. 페르세우스는 고르곤 세 자매에게 다가가면서 그들을 직접 쳐다보지 않고 여신의 방패에 비친 흐릿한 상으로 방향을 잡아 단칼에 메두사의 머리를 잘라버린다. 아테네는 이후 메두사의 머리를 자신의 방패에 달아 적을 굳어버리게 만든다.

메두사의 머리가 절단된 직후 그 몸에서 날개 달린 말 페가수스가 튀어나온다. 메두사가 포세이돈과의 정사로 임신한 자식이었다. 이 부분은 바로 신화가

문학에 미치는 여파를 상징하는 것과 같아서 모든 시대의 예술에서 즐겨 다루어졌다. 의기양양하게 뱀의 머리를 내보이는 페르세우스의 모습, 그와 더불어 절단된 메두사의 머리 또한 조각과 회화(예컨대 카라바조의 그림에서처럼 강한 메두사나, 뵈클린의 그림에서처럼 멜랑콜리한 메두사)에서 재차 재현되었다. 벨기에 화가 페르낭 크노프가 그린 메두사는 수수께끼에 싸인 꿈속의 존재로 나타난다.

아르놀트 뵈클린 | 메두사의 머리 | 1878년경 | 캔버스에 유채 | 뉘른베르크 게르만 민족박물관
메두사가 마치 자신의 얼굴을 보기라도 한 듯 놀란 표정으로 굳어 있다. 장식적인 뱀 머리카락과 조화를 이루는 균형잡힌 얼굴은 악행 또는 간계보다 멜랑콜리와 고통을 더 많이 전달한다. 인간과 마찬가지로 운명적인 사랑의 힘에 절망적으로 희생당한 것 같은 메두사다. 뱀 몸뚱이의 섬세하고 매끄러운 질감과 두 뺨의 광택 때문에 마치 청동상처럼 보인다.

기이한 모습에 날개가 달렸지만 혐오스러운 뱀 머리카락은 없는 메두사다. 메두사가 이전에 가졌던 아름다움은 여전히 남아 있지만, 그럼에도 이 상징주의 버전의 팜 파탈에게는 위협적인 요소가 은근히 존재한다. 그녀의 잠은 아마 괴물을 낳는 잠이 아닐까.

고대 여신들의 윤무에서 세력을 펼치는 화신 중 가장 빛나는 수수께끼의 존재는 다름 아닌 스핑크스다. 이제 스핑크스에게 눈을 돌려보자.

페르낭 크노프 | 잠자는 메두사 |
1896년 | 종이에 파스텔 | 개인 소장
이 벨기에 상징주의 화가는 메두사를 자신의 내면으로 침잠해 있는, 신비에 싸인 날개 달린 존재로 표현했다. 모사가 그린 새의 모습을 한 여인과는 달리 이 메두사에게서는 전면에 드러난 공격성은 전혀 없고, 내면의 잠재의식에 존재하는 불안감이 가장 큰 문제다. 이제 메두사가 눈을 뜨고 우리를 바라보면 어떤 일이 일어날까? 프랑스어가 아닌 영어로 제목을 붙인 것은, 크노프와 개인적 친분이 있던 라파엘전파 화가들에 대한 존경을 표하기 위해서였다.

귀스타브 모로 | 방랑자 오이디푸스 | 1888년경 | 캔버스에 유채 | 메츠 쿠르도르 미술관
황량하고 고적한 절벽에 스핑크스가 우뚝 서 있다. 회화의 모든 기교를 보여주는 모로의 그림에서는 거의 투명하면서 대체로 어두운 채색으로 이루어진 흐릿하고 부드러운 배경, 그 앞으로 정밀하게 표현된 밝게 빛나는 날개, 그리고 이 상상 속 동물의 머리장식과 용모가 돋보인다. 모로는 테베의 왕자와 살인괴물과의 조우라는 전설을 삶의 비유로 새롭게 해석했다. 즉 이 그림은 여성의 감성에 대해 남성의 이성이 승리함을 뜻한다.

스핑크스

Sphinx

스핑크스는 사자 몸뚱이에(종종 날개가 달려 있는) 사람 머리를 하고 불룩한 가슴을 갖기도 하는 혼종의 동물로서 예로부터 신화적 여성성의 상징으로 통한다. 하지만 동시에 수수께끼의 존재, 세계의 불가사의 그 자체를 상징하기도 한다. 스핑크스라 하면 우선 떠오르는 피라미드 옆에 세워진 석조 거상은 물론 여성성의 상징물이 아니며, 고대 이집트에서 거대한 예식용 상이 대체로 그렇듯 파라오의 기념물과 관계가 있다. 그 파라오 쿠푸는 자신의 묘석 앞에서 신과 동등하게 왕좌에 앉아 있는 것이다.

스핑크스의 여성적 변형은 당시에 나일 강 지역에도 널리 퍼져 있었지만 그 본고장은 고대 그리스로 추정되며, 스핑크스의 개념도 고대 그리스어에서 유래했다. 스핑고^{sphingo}라는 단어는 '목을 졸라 죽이는 여자' 또는 '(마법으로) 사로잡는 여자'를 뜻한다. 특히 성적 매력과 짝을 이룬 위험한 특성으로 말미암아, 스핑크스는 수백 년 후 팜 파탈의 상투적 유형이 되었다.

그리스 신화에서 스핑크스의 가계를 살펴보면, 세계 및 공포의 기원과 관계가 있다. 그녀의 조부모 가이아(지구)와 타르타로스(지하세계)는 에키드나와 티폰을 낳았다. 헤시오도스에 따르면 에키드나는 "형용할 수 없이 끔찍한 괴물로서 상반신은 아름다운 눈을 가진 소녀이고, 하반신에는 거대하고 얼룩덜룩한 점이 있는 탐식하는 무시무시한 뱀"이라 한다. 티폰의 몸에는 백 개의 뱀 머리가 달려 있는데 이 뱀들은 신과 인간의 언어에 두루 능통해 있었다. 이 둘 사이에서 세상의 모든 것을 알고 있으면서 수수께끼를 내는 스핑크스가 태어났다. 스핑크스의 자매로는 머리가 세 개 달린 지옥의 개 케르베로스 그리고 역시 세 개 또는 일곱 개의 머리를 가진 무섭고 거대한 뱀 히드라가 있다.

◆◆◆◆◆◆

괴물 스핑크스가 사는 곳은 테베 근처의 산이었다. 스핑크스는 산 아래로 내려가는 유일한 길을 지키고 앉아 도시로 들어가려는 사람마다 붙들고 수수께끼를 냈다. 수수께끼를 풀지 못하면 스핑크스는 당장 목을 졸라 죽이고 뜯어먹었다. 이 규칙은 테베의 왕자 오이디푸스가 그녀의 경기장에 발을 들이기 전까지 유지되었다.

암울한 예언 때문에 부모에게 버림받은 오이디푸스는 자신의 출신에 대해 알지 못한 채 고향에서 멀리 떨어진 곳에서 자라난 후, 자신의 진정한 정체성을 찾아 방랑의 길을 가는 도중에 테베를 지나 스핑크스가 지키는 길의 정상에 이른다. 스핑크스는 그에게도 수수께끼를 낸다. "아침에 네 발로 걷다가 점심에는 두 발로 걷고 저녁에 세 발로 걷는 것은 무엇인가?"* 오이디푸스가 답을 맞히자 분노와 수치로 끓어오른 스핑크스는 절벽으로 몸을 던진다. 그럼에도 불구하고 젊은 오이디푸스와 스핑크스와의 조우는 치명적인 것이었다. 왜냐하면 이제 예언이 이루어졌기 때문이다. 즉 오이디푸스는 자신의 아버지인 줄 모르고 테베의 왕과 싸우다가 그를 때려죽이고, 자신의 어머니인 줄도 모르고 왕비와 결혼함으로써(스핑크스를 처치한 데 대한 보상이었다) 엄청난 죄를 짓는다.

기원전 425년 소포클레스가 남긴 희곡 〈오이디푸스 왕〉과 1900년경 지그문트 프로이트가 내놓은 이 신화의 대담한 심리학적 해석(오늘날에는 지속적으로 외면받고 있는)을 넘어, 오이디푸스는 서구정신의 핵심인물로 승승장구했다. 그는 지식욕에 충동질당하는 사람으로서 스핑크스에게서 자신의 운명적인 도전을 발견한다. 바로 이 모티프를 상징주의와 세기말 화가들이 집중적으로 다루었고, 귀스

---

* 수수께끼의 답은 '사람'이다. 아기일 때 네 손발로 기어 다니고, 어른이 되어 두 발로 걷다가, 노인이 되면 지팡이를 짚고 다닌다.

타브 모로는 유명한 3부작을 완성했다. 모로의 그림 〈오이디푸스와 스핑크스〉는 1864년 파리 살롱전에서 선풍적인 성공을 거두었다. 이 그림에서 스핑크스는 오이디푸스를 덮쳐 도발적으로 꽉 붙들고는 그의 가슴팍을 움켜잡는다.

1878년에 이 프랑스 화가는 〈수수께끼가 풀린 스핑크스〉에서 비명을 지르며 앉은 자리에서 절벽으로 떨어지는 스핑크스를 그렸고, 약 10년 반이 흐른 후에 대작 〈방랑자 오이디푸스, 또는 죽음 앞에서의 평등〉62쪽으로 가장 원숙한 버전을 내놓았다. 이 그림에서 '삶과 죽음의 제단'(모로의 해석에 의하면) 위로 축 늘어진 희생자들을 옆에 둔 오만한 스핑크스는 멋진 날개를 달고 불룩한 가슴을 내밀며 왕좌에 앉아 고개를 비스듬히 기울인 채, 막 들어오는 오이디푸스에게 꿰뚫어보는 듯한 시선을 보낸다. 화가는 자신의 작품을 다음과 같이 해석했다.

"그는 영원한 수수께끼와 정면으로 맞서야 하는, 인생에서 가장 어렵고 진지한 순간에 이르렀다. 스핑크스는 끔찍한 앞발로 그를 움켜잡아 짓누른다. 그러나 방랑자는 떨지 않으며, 강인하고 의연하게 스핑크스를 관찰한다. 그것은 저급한 괴물인 동시에 아름다운 여성의 머리를 한 매력적인 지상의 키메라다. 이상을 약속하는 날개를 달고 있지만, 인육을 뜯어먹고 파괴하는 괴물의 몸뚱이를 지녔다. 강인한 영혼을 지닌 자는 도취적이고 야만스러운 물질의 접촉을 멸시하며 눈은 이상을 향한 채, 스핑크스의 수수께끼를 푼 후 확신에 가득 차서 자신의 목표를 향해 간다."

모로는 오이디푸스를 스핑크스와의 만남을 통해 삶의 결정적인 자기입증을 거치는, 깨달음을 추구하는 자로 보았다. "저급한" 여성의 영역을 물리친 남성 오이디푸스는 보다 높은 광야를 향해 가는 자로서 삶의 시험에 합격한다. 다시 말해 모로의 시대에 흔히 성과 관련해 생각한 육체와 정신의 대립 모티프다. 물론, 스핑크스의 관능적 특성은 모로의 그림이 제작되기 오래 전에 이미 문학 분야에서 하인리히 하이네의 시로 새로운 차원에 도달했다.

여기 옛 동화의 숲!
보리수 꽃향기가 퍼지네!
저 신비로운 달빛이
내 마음을 사로잡네.

나는 맨발로 걸었지, 그렇게 걸으니
저 높은 곳에서 소리가 울렸네.
나이팅게일, 나이팅게일이
사랑과 사랑의 아픔을 노래하네.

나이팅게일이 사랑과 사랑의 아픔을,
눈물과 웃음을 노래하네.
너무도 슬프게 환호하고, 너무도 기쁘게 흐느껴,
잊어버린 꿈을 일깨우네.

나는 맨발로 걸었지, 그렇게 걷노라니
내 앞에 놓인 것이 보였네.
탁 트인 광장에 커다란 성이,
성의 꼭대기가 우뚝 솟아 있었네.

굳게 닫힌 창문, 도처에
침묵과 애도,
마치 고요한 죽음이
이 황량한 성벽 안에 살고 있는 듯.

저기 성문 앞에 앉은 스핑크스,
공포와 욕정의 혼종,
몸뚱이와 앞발은 사자와 같고,
머리와 가슴은 여인이라네.

아름다운 여인! 그 하얀 눈빛,
그 시선이 거친 욕정을 드러냈네.
말없는 입술이 불룩하게 부풀고
안심하라는 듯 말없는 미소를 지었네.

나이팅게일은, 너무도 감미롭게 노래했네,
나는 저항할 수 없었지—
그리고 내가 사랑스러운 얼굴에 입맞추자,
그때 내 주위에 일이 벌어졌다네.

대리석상이 살아났고,
돌이 신음하기 시작하더니—
그녀가 타오르는 격정의 내 키스를
갈증과 갈망으로 빨아마셨네.

그녀가 나의 숨을 다 빨아마셨네—

그러고는 마침내, 쾌락을 갈구하며
나를 껴안았네. 내 연약한 몸을
사자의 앞발로 찢으며.

황홀한 고문과 환희의 고통!
쾌감과도 같은 고통이 무한히!
입맞추며 나를 행복에 빠뜨리는 동안,
앞발은 내게 소름끼치는 상처를 입혔네.

나이팅게일이 노래했네. "오 아름다운 스핑크스!
오 사랑! 그게 무엇일까,
네가 죽음의 고통으로 그리워하는
너의 모든 지복인가?

오 아름다운 스핑크스! 오 풀려라
놀라운 수수께끼여!
나는 그에 대해 오래 전부터 생각해왔다네
이미 수천 년 전부터."

_하인리히 하이네

스핑크스

이 생동감 넘치는 시는 1839년에 하이네의 유명한 시집《노래의 책》3판에 운문 형식의 서문으로서 실렸다. 이 시에서, 문학이라는 마법의 숲에서 스핑크스를 만난 남자는 신화적 인물 오이디푸스가 아니라 시인 자신이다. 그리고 시인이 건드림으로써 입상은 살아난다(신화 속 조각가 피그말리온의 경우와 유사하다). 이 시의 스핑크스는 예술적인 환상과 창조력의 열쇠가 된다. 한번 돌아가기 시작하면 문학에 불을 붙이는 쾌락과 고통을 가진 관능적 추진력으로 작용하는 것이다. 하지만 스핑크스의 키스에서 공포를 이겨내지 않으면 파멸한다! 이는 예술가와 삶과의 강렬한 만남 그리고 남자에게 있어서 여자와의 강렬한 만남에도 적용되는 것으로, 하이네는 늘 이런 황홀경과 고뇌에 찬 싸움에 시달렸다(이런 갈등은 당시 큰 인기를 끈 '조각상에 대한 사랑' 모티브와 종종 결합한다[122쪽 참조]). 게다가 하이네가 추구한 시학적 목표에는, 시 속의 박진감 넘치는 사건에서 얼마간 거리를 두고 냉소를 짓는 듯 아이러니한 어조도 포함되어 있었다.

하이네가 시에서 표현한 것과 유사한 동기와 매력을, 그로부터 50여 년 후 벨기에 화가 페르낭 크노프가〈예술 또는 애무〉라는 부제의 스핑크스 그림으로 표현했다. 이 그림에서도 예술가와 스핑크스의 만남이 같은 눈높이의 다정한 마주봄 속에 이루어진다. 날개 달린 방랑자의 지팡이는 그가 오이디푸스임을 암시하지만, 관능을 추구하는 자의 면모가 두드러지는 이 남성은 자신을 애무하는 암치타와 하나의 존재로 섞여든다. 이 그림은 전체적으로 예술과 에로스의 알레고리인 셈이다. 여기서 잠재적으로만 위험할 뿐인 스핑크스는 지리멸렬한 일상과 숭고한 예술가의 삶을 중개하는 마법의 여성이다.

크노프의 경우 스핑크스의 성적 매력과 위협적인 힘을 배경으로만 쓴 데 반해, 프란츠 폰 슈투크의 모티브에는 이런 특성이 절대적으로 우세하다. 크노프의 스핑크스가 나오기 일 년 전인 1895년 슈투크가 그린〈스핑크스의 키스〉는 제목에

서도 이미 하이네를 시사하고 있으며(모로와 달리 이 두 화가는 하이네의 시를 알고 있었다) 화폭에 같은 모티프를 전개한다. 이 매혹적인 여인은 아래에 있는 남자에게 치명적인 포옹을 가하는 것이다.

　모로의 그림에서는 여전히 남성의 정신력이 동물적 색욕을 극복했지만, 슈투크의 그림에서는 동물적 색욕이 무방비한 희생자를 완전히 제압한다. 여성의 관능은 도취에서 얻는 진정한 숭고함이 아니라 오직 파멸을 예고한다. 이것은 당시 흔하게 행해진 여성을 악마화하는 작업이었는데, 쾌락을 즐겨 다룬 슈투크의 그림치고는 약간 의외라 하겠다(게다가 그가 종종 고대의 모티브를 익살스럽거나 풍자적으로 표현했음을 고려하면 더욱 그렇다). 슈투크는 지옥의 불을 암시하는, 중세

페르낭 크노프 | 스핑크스, 예술 또는 애무 | 1896년경 | 캔버스에 유채 | 브뤼셀 왕립미술관
스핑크스 모티브는 이 그림에서 경쾌함에 가깝게 변화했다. 치타의 몸뚱이를 한 여인과 남자가 자웅동체의 이중 존재로 섞여든다. 이렇게 스핑크스는 예술가의 이상적 뮤즈가 된다. 크노프의 그림은 대체로 인물을 희미한 배경 앞에배치하는데, 이례적으로 여기서는 실측백나무와 원기둥이 있는 지중해 풍경이 강조되었다.

의 경고판을 연상케 할 만큼 작열하는 붉은색 배경 앞에 '스핑크스의 키스' 모티브를 두었다. 유혹을 이겨낼 수 없는 모든 남자들은 지옥불로 떨어지는 것이다.

이렇게 스핑크스는 그리스 신화의 지하세계에서 튀어나왔다가, 1900년경 성차별 논쟁의 이데올로기 속에서 얼마간 다시 지하세계로 되돌아갔다. 이제 스핑크스가 팜 파탈로서 경탄과 비방의 대상이 된 것이다.

그럼에도 불구하고, 천재적인 풍자꾼 오스카 와일드는 적어도 여성의 자아를 스핑크스로 양식화하는 것을 아이러니하게 표현할 권리가 있었다. 열정적인 〈살로메〉를 무대에 올린 장본인인 와일드는 1887년에 〈비밀 없는 스핑크스〉라는 짧은 단편에서 여주인공의 수수께끼 같은 태도가 그저 허세임을 폭로하며 "그녀는 비밀스러운 것에 대해 열정을 가지고 있었지만, 사실 그녀는 비밀 없는 스핑크스에 지나지 않았다"라고 결론짓는다. 이에 대해 한때 미인 숭배자였던 어떤 남자는 독특하게 그늘진 눈을 가진 어느 미인의 매혹적인 사진을 보면서, 고개를 저으며 "과연 그럴까요?"라고 이의를 제기한다.

프란츠 폰 슈투크 | 스핑크스의 키스(부분) | 1895년 | 캔버스에 유채 | 부다페스트 국립미술관
이 그림에서 스핑크스는 모로의 손댈 수 없는 우상이나 크노프의 쾌활한 애인과는 매우 다르게. 관능의 도취 속에서 희생자를 죽이는 매혹적인 맹수로 등장한다. 희생자는 의지를 잃은 남자다. 당시 32세였던 화가는 강한 근육질인 남자의 얼굴에 자신의 초상화를 그려 넣었고, 드라마틱하게 움직이는 나체의 재현으로 대가다움을 증명해보였다.

로렌스 앨마-태디마 | 클레오파트라 | 1875년 | 캔버스에 유채 | 시드니 뉴사우스웨일즈 미술관
셰익스피어 이후로 클레오파트라의 모습은 연극무대에도 정착했는데, 연극 속의 클레오파트라에게 없어서는 안 될 소품으로 맹수의 털가죽과 뱀 모양 팔찌가 꼽혔다. 벨 에포크(belle époque, '좋은 시대'라는 뜻. 19세기 말에서 20세기 초 풍요와 평화를 누리던 파리를 이른다 – 옮긴이)의 디바 사라 베르나르의 분장도 이와 같았다. 클레오파트라 모티브는 살롱 예술에서도 매우 큰 인기를 누렸는데, 피상적인 에로티시즘의 재현이 선호되었다. 장 앙드레 릭싱(80쪽) 같은 화가와 비교하면 앨마-태디마는 이 그림에서 매우 점잖은 표현에 머문다.

클레오파트라

기자의 피라미드와 스핑크스가 만들어진 지 2천5백 년 후인 기원전 30년 여름, 나일 강 삼각주에 위치한 이집트의 수도 알렉산드리아로 간 사람은 광란적이고 음침한 송별회의 목격자가 되었다. 왕궁의 홀에서는 포도주가 철철 넘치는 황금 잔들이 돌고, 식탁은 이국적인 산해진미로 다리가 휘어질 지경이고, 알몸이나 다름없는 무희들은 음악의 황홀경에 빠져 휘휘 돌았다. 그것은 마지막 파라오였던 여성, 클레오파트라를 추모하는 송별회였다.

고대 동방을 지배한 다른 여왕들, 예컨대 아시리아의 전설적 여왕 세미라미스 또는 사바의 여왕도 후세대의 환상을 끊임없이 자극했다. 하지만 그 어떤 여왕도 몰락해가는 이집트 왕국의 옥좌에 앉은 검은 곱슬머리의 미인만큼 문학·예술·연극·영화에서 큰 명성을 얻지 못했다. 클레오파트라의 곁에는 로마에서 가장 강력한 남자들이 진을 치고 있었고, 셀 수 없이 많은 노예들이 그녀의 쾌락을 위해 봉사했다고 하는데, 이들은 사랑의 밤을 보낸 즉시 살해당했다고 한다.

　이 전설적인 이집트 여왕은 사실 절반은 그리스인이었다. 클레오파트라가 태어난 기원전 69년에는 이미 2백 년이 넘도록 마케도니아의 프톨레마이오스 왕조가 알렉산더 대왕의 후계자로서 나일 강 지역을 지배하고 있었다. 그녀는 청소년이었을 때 이미 클레오파트라 7세가 되었으며 51년부터 아버지 프톨레마이오스 12세의 뒤를 이어 남동생이자 남편과 함께 고대의 마지막 헬레니즘 제국을 지배했다. 클레오파트라는 왕조 최초로 지성과 열정을 다해 신하들에게 그녀의 언어를 가르치려고 노력했지만, 흉작기와 경제적 곤궁이라는 상황에서 간극을 넘을 수 없었다. 게다가 그녀의 왕국은 날로 뻗어가는 로마의 세계 패권에 점점 더 휘말리게 되었다. 물론 그녀는 그런 상황을 스스로를 위해 이용할 줄 알았다. 기원전 48년 클레오파트라는 왕좌에서 내몰렸지만, 일 년 후 함대를 이끌고 알렉산드리아에 정박해 있던 카이사르의 도움으로 왕좌를 되찾았다.

　이 유명한 최고 지휘관과의 관계로 인해서도 클레오파트라는 여인을 둘러싼 전설이 생겨났다. 카이사르가 도착한 날 밤 클레오파트라는 그의 초대를 기다릴 것도 없이, 자루에 들어가서는 은밀히 그의 처소에 들어다 놓으라고 했다. 이미 머리카락이 하얗게 센 카이사르는 클레오파트라를 마음에 쏙 들어 했으며, 그 후로 그녀를 곁에 두고 계속 보호해주었다. 늙은 여우는 무엇보다 정치적 목적을 따랐지만, 그의 내면에 존재한 여성 편력자의 속성이 클레오파트라를 첫눈에 알아보고 특별한 애인으로서 높이 평가했던 것이다. 둘의 결합으로 아들 카이사리온이 태어났고, 이후에 젊은 여왕은 전례가 없을 만큼 화려하게 로마로 입성했다. 하지만 그들 공동의 계획은 모두 기원전 44년의 카이사르 암살로 인해 실패로 돌아가고 말았다.

알렉상드르 카바넬 | 클레오파트라 | 1889년 | 캔버스에 유채 | 안트베르펜 왕립미술관
클레오파트라에 대해서는 사치벽 외에 끝없는 성욕도 연신 사람들의 입에 오르내렸다. 그녀는 아침이 되면 간밤의 남성 또는 여성 애인을 죽여버리게 한 일이 잦았다고 하는데 이는 곤충들의 세계에서나 발견할 수 있는 현상이다. 게다가 이 위험한 이야기에는 권력을 가진 여성이 남성에게 가하는 인격 모독도 섞여 있는데, 전형적인 남성의 약탈심리가 전복된 것이라고 하겠다.

클레오파트라는 카이사르의 후계자 자리를 둘러싼 투쟁에서 처음에는 중립적인 태도를 취하고, 기원전 41년 마르쿠스 안토니우스를 알게 될 때까지 그 태도를 유지한다. 로마제국 동부의 지배자인 안토니우스는 카이사르의 양아들 가이우스 옥타비아누스(나중에 아우구스투스 황제가 된)의 적이었다. 항구도시 타르수스에서 있었던 두 사람의 첫 만남에서, 클레오파트라는 동화 같은 신성한 여왕으로서 효과만점의 연출을 꾀했다. 옛 문헌은 "금은으로 치장한 화려한 돛단배가 바람에 실려왔다"고 전한다. 항구에 닿은 돛단배 안에는 여왕이 호사스러운 천개 아래 왕좌에 앉아 어린 남창들, 시원한 바람과 동방의 향로에서 풍기는 향기를 부채질해주는 하녀들로 에워싸여 있었다. 저녁 연회에 클레오파트라는 최고 지휘관을 초대했으며 수백 개의 횃불이 빛나는 가운데 이시스 여신의 모습으로 그의 앞에 나타났다고 한다. 오로지 왕관 하나, 보석 박힌 허리띠 하나, 그리고 드러낸 매끄러운 가슴에 진주목걸이만 걸친 모습이었다.

사실 이집트 여왕이 처음부터 안토니우스에게 진심 어린 환영을 받은 것은 아니었다. 하지만 클레오파트라가 다소 고루한 이 장군에게 깊은 인상을 준 것은 사실이고, 안토니우스는 자신을 '새로운 디오니소스'라 자청하며 그녀와의 연회를 즐겼다. 안토니우스는 그녀가 등장할 때 내보인 화려함과 매력의 마법에 걸려 얼마간 디오니소스적 즐거움을 누린 셈이다. 둘 사이에 생겨난 연인관계는 그들이 죽음을 맞이할 때까지 9년간 지속되었고 그로 인해 예쁜 자식들도 셋 생겼다. 자식들을 일찍이 시리아·아르메니아·리비아의 왕으로 등극시킨 두 사람은 공동 지배로 거대한 왕국을 만들려는 계획을 세웠으나, 물론 실패로 돌아가고 말았다. 권력을 둘러싼 전투에서 영악한 맞수 옥타비아누스에게 패배한 것이다. 기원전 31년의 악티움 해전에서 옥타비아누스가 민첩한 배로 결정적인 승리를 거두고, 안토니우스와 클레오파트라는 알렉산드리아로 피신했다. 확실한 몰락을 목전에 둔 두 사람은 이 장의 첫머리에 언급된 방탕한 연회를 벌이고, 도시가 적의 손에 넘어가자 스스로 목숨을 끊었다. 이집트는 이때부터 로마의 속국이 되었다.

클레오파트라의 매혹적인 인성, 활기찬 삶, 극적인 죽음은 이미 고대 역사기록에서도 큰 주목을 끌고 상반되는 평가를 받았다. 어떤 이는 클레오파트라를 영리한 여성 군주로 찬양하는가 하면, 또 어떤 이는 "카노포스(Kanopos, 알렉산드리아의 유흥지)의 창녀"라 비난하기도 했다. 매우 신빙성 있는 연대기 저자 중에 로마 역사가 플루타르코스를 들 수 있는데 그는 클레오파트라에 대해 다음과 같이 기술했다.

클레오파트라의 아름다움 그 자체나 첫인상은 그다지 특출하다고는 할 수 없다. 그러나 마주 대하는 동안 그녀는 마음을 사로잡는 매력을 드러냈다. 그리고 클레오파트라의 자태, 대화를 이끌면서 사람의 마음을 끄는 방식, 무엇보다 그녀에게 감도는 분위기에는 우아함이 섞여 있었으며 자극적인 뒷맛을 남겼다. 그녀의 목소리에 귀를 기울이는 것 또한 큰 즐거움이었다.

당대의 동전에 새겨진 클레오파트라는 인상적인 옆얼굴과 우뚝 솟은 코를 보여주는데, 이로써 플루타르코스가 기술한 바와 같이 그녀가 남자들에게 펼친 힘은 사실상 주로 그녀의 개성이 발휘된 전체적인 영향임을 짐작할 수 있다. 클레오파트라의 연애관계는 셰익스피어의 비극 〈안토니와 클레오파트라〉[1606]에서 조지 버나드 쇼의 희극 〈카이사르와 클레오파트라〉[1901]에 이르기까지 무대에서 숱한 반향을 일으켰다. 바로크 극작가 다니엘 카스파어 폰 로엔슈타인이 〈클레오파트라〉[1661]에서 처음으로 클레오파트라를 초인적이고 열정적인 인물로 묘사한 이후, 그녀를 획기적이고 특출한 인물로 숭배하는 경향이 프랑스 낭만주의 문학에서 그대로 유지되었다. 테오필 고티에는 소설 《클레오파트라의 밤》[1838]에서 그녀를 다음과 같이 치밀한 유혹녀로 등장시켰다.

클레오파트라가 왕좌에서 일어나 여왕의 외투를 벗어던지고 별이 달린 왕관 대신 화환을 머리에 얹고 눈처럼 흰 손에 황금 캐스터네츠를 끼고 [파라오] 마이아몬 앞에서 춤을 추기 시작하자 파라오는 황홀감에 주체를 할 수 없었다. 그녀가 아름다운 팔을 머리 위로 올려 대리석 꽃병의 손잡이처럼 둥글게 만들고 흔들자 캐스터네츠에 달린 방울에서 짤랑거리는 소리가 울려퍼졌다…… 클레오파트라가 분홍빛 발끝으로 날렵하게 움직이며 앞으로 나와 파라오의 이마에 가볍게 키스를 하더니 곧이어 새로운 기교를 보이기 시작했다. 파라오의 주위를 맴돌던 그녀가 뒤로 몸을 홱 젖혀 머리를 땅으로 향하게 하고 눈을 반쯤 감고는 팔을 죽은 사람처럼 축 늘어뜨렸다. 머리카락이 헝클어지며 아래로 물결쳐 흘러내린 그 모습은 마치 바쿠스를 섬기는 여신이 신에 의해 흥분에 젖은 모습이었다…… 그러고는 다시 민첩하게 몸을 움직여 생기 있게 웃으며 지칠 줄 모르고 나비같이 움직이는 유연함은 마치 벌이 바삐 먹이를 모으는 듯했다. 진심 어린 사랑, 감각의 쾌락, 타오르는 열정, 지칠 줄 모르는 신선한 젊음, 지복의 약속―이 모든 것을 클레오파트라는 표현해낼 줄 알았다.

고티에는 클레오파트라를 "세상에 존재한 가장 완벽한 여성, 가장 여성답고 가장 당당한 여성"이라 일컬었다. 클레오파트라는 이런 모습으로 다음 시대의 영화에도 등장했다. 엘리자베스 테일러가 주연을 맡아 수많은 오스카상을 탄 조셉 맨키위즈의 영화 〈클레오파트라〉[1963]는 엄청난 스펙터클의 척도가 되었다. 그림에서는 오래 전부터 전설로 널리 퍼진 여성 파라오 클레오파트라가 죽는 장면 묘사가 대세를 이루었다. 플루타르코스에 의하면 클레오파트라는 옥타비아누스에게 사로잡히는 굴욕을 당하지 않으려고 과일바구니에 담아 몰래 들여온 코브라가 자신의 가슴을 물게 했는데, 그후 뱀은 자취도 없이 사라졌다고 한다. 오늘날에는 클레오파트라가 독이 든 음식을 먹고 자살했다는 쪽에 신빙성을 둔다. 즉, 클레오파트라가 최고로 성스러운 여신 이시스의 뱀 살모사를 이용해 품위 있게 자살했다는 이집트의 전설은 억측에 지나지 않는다.

안토니우스는 단순히 그녀에게 많은 나라만 선물한 게 아니라, 죽을 때까지 매우 헌신적으로 클레오파트라를 사랑한 것 같다. 안토니우스는 클레오파트라가 자살했다는 소식을 듣고(잘못 전해진 소식이었다) 절망에 빠져 칼로 자신의 몸을 찌르고 쓰러진다. 곧이어 그녀가 아직 살아있다는 소식을 듣자마자, 심한 상처로 몸을 가누지 못하던 그는 자신을 몰래 그녀가 갇혀 있는 곳으로 데려다 달라고 해서 클레오파트라의 품에서 숨을 거두었다. 그것은 마치 원(圓)이 완성된 것과도 같았다. 이집트 여인 클레오파트라는 카이사르와의 첫날밤 자루에 숨어 들어왔는데, 이제 이 이야기의

영화 <클레오파트라>의 엘리자베스 테일러 | 1963년 이집트 여왕 클레오파트라는 무성영화에서 최초의 야심작으로 시작해 약 80편에 이르는 영화에 등장했다. 그중 최고의 영화로 꼽히는 전무후무한 기념비적 작품으로 1963년 조셉 맨키위즈 감독의 영화를 꼽는다. 이 영화에서 제왕답고도 관능적인 클레오파트라 역은 이상적 배우인 테일러가, 카이사르 역은 배우 렉스 해리슨이, 마르쿠스 안토니우스 역은 배우 리처드 버튼이 맡았다. 역사에 기록된 클레오파트라는 육체미보다는 지성과 매력으로 남자들의 세계를 완전히 사로잡았다고 한다.

장 앙드레 릭상 | 클레오파트라의 죽음 | 1874년 | 캔버스에 유채 | 툴루즈 오귀스탱 미술관
이 색정적인 그림은 당시 동방풍 유행의 화려한 실내장식을 답습하며, 뱀이 여왕의 고귀한 나체를 물어 죽이는 상상을 관음적으로 탐닉한다. 게다가 죽음을 맞는 클레오파트라가 너무 젊게 묘사되었다. 사실 죽었을 때 그녀의 나이는 거의 40세에 이르렀다.

마지막에 이르러 그녀를 사랑한 두 번째 서열의 로마인 안토니우스가 같은 방법으로 클레오파트라의 곁에서 최후의 순간을 맞은 것이다.

클레오파트라의 일생이 역사극과 연애극을 위한 풍부한 소재를 제공했듯이, 드러낸 하얀 가슴을 뱀이 깨문다는 모티브는 당연히 화가들의 상상에 불을 붙여 노골적으로 관능적인 묘사까지 가능하게 했다. 이와 나란히 문학에서는 빅토르 위고와 고티에를 비롯해 많은 작가들이 그녀를 양가적 가치가 공존하는 이상적인 모습으로 양식화하는 작업을 첨예화하였으며, 마침내 이 모티프는 마침내 사바 여왕의 위엄, 전설상의 아시리아 여왕 세미라미스의 비밀, 메살리나의 퇴폐를 뛰어넘기에 이르렀다. 클레오파트라는 신화적 팜 파탈이 되어 스윈번에게 격정에 가까운 숭배를 받은 데 이어, 플로베르의 유명한 소설 《감정교육》[1869]의 주인공 프레드릭 모로로부터도 그에 못지않은 열정적인 숭배를 받았다.

그는 일요일에 태어난 아름답고 위대한 여성, 고대의 코르티잔(고급 매춘부. 상류층 남성의 사교계 모임에 동반하며 공인된 정부 역할을 했다 - 옮긴이)을 숭배했다. 그녀는 자신을 연모하는 남자들이 준 선물로 피라미드를 쌓았다. 사람들이 그녀 앞에 카르타고의 양탄자와 시리아의 튜니카(고대 로마의 소매 없는 긴 옷 - 옮긴이)를 펼쳐 보였다. 또 사르마티아의 용연향, 카프카스 산맥의 솜털오리 털, 센나르의 금가루, 홍해의 산호, 골콘다의 다이아몬드, 트라키아의 검투사들, 인도의 상아와 아테네의 시인들을 선물로 보냈다…… 그녀는 타오르는 시선을 가진 창백한 존재, 그녀가 포옹하는 자를 목 졸라 죽이는 나일 강의 독사다. 그녀는 왕국들을 무너뜨린다. 군대를 이끌고 전쟁터에 나가 단 한 번의 키스로 녹여버리는 것이다. 또 그녀는 사랑과 죽음을 부르는 마법의 묘약을 알고 있었으니, 뭇 어머니들은 아들들에게 경고한다. 왕들이 그녀를 향한 사랑으로 애태우다 죽었다고.

이 '나일 강의 독사'가 가족조차 걸림돌이 되면 가차 없이 해치운 것(남동생이자 남편인 프톨레마이오스 13세와 자매 한 명)은 입증된 사실이며, 당시의 관행이기도 했다. 하지만 방탕한 밤을 보낸 후 남자를 죽여버렸다는 이야기는 완전히 신화의 일부로서, 바로 이 부분이 클레오파트라를 남자들을 잡아먹는 이국풍 팜 파탈로 바꾸어놓았다. 무자비하게 성노예를 처리하는 관례는 성욕이 과도한 포파에아 사비나 또는 메살리나 같은 로마 황비들의 유형에서 역사적 사실로 증명되는데, 그녀들의 난무가 벌어진 것은 클레오파트라 이후 몇십 년도 채 지나지 않아서였다. 하지만 이 여인들은 건드리지 말고 계속 그렇게 있도록 내버려두자. 왜냐하면 그녀들은 단지 도착적이고 권력욕에 눈멀고 잔혹할 뿐 팜 파탈의 본질적인 특징, 즉 남을 사로잡는 매력이 없기 때문이다.

이처럼 단순히 과도한 성욕을 가진 조야한 여성들보다 더욱 흥미로운 존재가 19세기 중반 문학에 나오는, 고대 신화 속 여군주들을 정제해 만들어낸 가상의 인물들이다. 이에 속하는 여성으로 계단식 '공중정원'이라는 세계 7대 불가사의 중 하나를 창조한 바빌론의 여왕 세미라미스, 그리고 성서의 솔로몬 이야기에 나오는 사바의 여왕이 있다.

이 소재의 뜨거운 불꽃이 다시 한 번 플로베르를 덮쳤다. 자신만의 관점으로 동방을 이해한 플로베르는 카르타고의 공주에 대한 소설《살람보》[1863]로 비할 바 없이 아름답고 부유하고 음흉한 여군주의 이상적인 도습을 창조했다. 환락의 위엄, 위엄의 환락이 이를 능가한 경우는 플로베르 본인이 10년 후 내놓은《성 안토니우스의 유혹》에 등장하는 사바의 여왕뿐이다. 그러니 이 동화 속 존재가 수도사 안토니우스의 좁은 방문턱을 들어서는 순간, 신의 뜻에 따라 금욕적으로 사는 은둔자를 사악한 내면의 곤경으로 몰아넣는 것은 당연한 일이다.

금줄에 매인 하얀 코끼리가 천천히 걸어 들어온다. 코끼리 이마에 둘린 띠에서 풍성한 타조깃털이 흔들린다.

코끼리 등에 얹은 파란색 양털 방석에 앉아 늘어뜨린 다리, 반쯤 내리깔고 있는 눈꺼풀 그리고 이리저리 흔들리는 여인의 머리. 너무도 화려한 옷을 입어 여인에게서는 광채가 퍼져 나온다. 수많은 군중이 엎드리고, 코끼리가 무릎을 꿇고, 사바의 여왕이 코끼리 등에서 스르르 내려와서 양탄자 위를 걸어 성인 안토니우스에게 다가간다.

금실로 수놓은 여왕의 비단 옷은 진주·흑옥·사파이어가 수놓인 주름으로 층져 있다. 허리 부분은 열두 별자리가 묘사된 화려한 아플리케 장식의 딱 달라붙는 코르셋으로 둘러싸였다. 그녀의 신발 굽은 매우 높았는데, 한쪽 신은 검은색에 은색 별들과 반달로 장식되었고 다른쪽 신은 하얀색에 금색 물방울과 중앙의 태양으로 꾸며져 있었다. 에메랄드와 새 깃털로 장식된 넓은 소매에서 둥그스름하고 자그만 팔이 드러나 보이는데 손목에는 흑단 팔찌를 끼었고, 반지를 낀 두 손은 바늘같이 뾰족한 손톱으로 마무리되어 있었다.

그녀의 턱선 밑으로 이어진 단순한 금줄은 두 뺨 위로 올라가 파랗게 분칠하고 정교하게 다듬은 머리를 나선형으로 둘러서 어깨로 미끄러져 내려와 가슴에서 끝이 나는데, 가슴에는 다이아몬드로 만들어진 전갈이 혀를 가슴골에 꽂고 있었다. 귀에는 커다란 금색 진주 두 개가 무겁게 달려 있었다. 눈은 검게 칠해져 있었다. 왼쪽 뺨에 작은 주근깨가 있었고, 그녀는 코르셋이 꽉 끼는 듯 살짝 벌린 입으로 숨을 쉬었다.

그녀는 걸으면서 상아 손잡이로 된 양산을 흔들었다. 고수머리 흑인 난쟁이 열두 명이 그녀의 긴 옷자락을 들고 있었다. 원숭이 한 마리가 옷자락 끝을 잡고 간신히 들어올렸다.

권력과 사치와 관능적 황홀을 약속하는 사바의 여왕은 스스로 위험한 자아도취의 절정에 오른 채 성 안토니우스를 현혹한다. 이처럼 사바의 여왕을 비롯해 클레오파트라와 그 외의 유명한 팜 파탈들 모두가 절대적인 여왕으로 여겨졌음을 플로베르의 동료 작가 스윈번이 기록으로 남겼다. "이 정도의 완벽성이라야 마음이 놓인다. 그리고 오로지 여신들에 버금가는 여인들만이 하찮은 남성 존재를 비운으로 몰아넣을 수 있다."

-당신이 만난 적 있는 모든 여인네들, 가로등 아래 노래하는 거리의 소녀에서 가마에 앉아 장미를 흩뿌리는 귀족 부인에 이르기까지, 당신의 환상이 그려내는 이상적인 여인들을 모두 다 요구하시오! 나는 일개 여인네가 아니오, 내가 세계요. 내 옷은 다만 벗기 위해 필요한 뿐, 곧 당신은 내 몸의 비밀 종교의식을 알게 될 것이오!

안토니우스가 이를 덜덜 떤다.

-손가락으로 내 어깨를 건드리기만 해도 혈관에 불이 붙은 것 같을 거요. 내 몸의 털끝만 건드려도 왕국을 정복한 것 같은 격정적인 환희로 가득찰 것이오. 당신의 입술을 주오! 내 키스는 심장에서 녹아드는 과일처럼 달콤하오! 아! 당신은 내 머리카락에 파묻혀 정신을 잃고, 내 젖가슴을 빨고, 내 팔다리를 보고 놀라 휘둥그레질 것이오. 그러고는 내 시선에 넋이 나가, 현기증 속에서……

안토니우스가 십자가를 긋는다.

가스통 뷔시에르 | 살람보 | 1907년 | 캔버스에 유채 | 개인 소장
작가와 화가의 환상에 불을 붙인, 절반은 역사상의 인물이고 절반은 신화적인 고대 동방의 여왕들에 카르타고의 공주 살람보도 속한다. 프랑스 작가 플로베르는 아주 복합적이며, 팜 파탈을 여왕으로 신격화하는 데 있어 거의 도달할 수 없이 높은 경지에 오른 (《성 안토니우스의 유혹》에서 플로베르 자신이 묘사한 사바의 여왕에 맞먹을 만큼) 소설을 살람보에게 바쳤다.

한스 발둥 그리엔 | 두 마녀 | 1523년경 | 보리수 목판에 혼합재료 | 프랑크푸르트 슈테델 미술관
화가는 마녀를 도발적인 누드로 그려 몰려오는 폭풍우의 파노라마 앞에 세워놓았다. 이는 임박한 발푸르기스의 밤 모임을 암시한다. 오른쪽 마녀가 손에 들고 있는 병 속에는 같이 날아갈 용이 숨어 있다. 당시 약초 전문가들은 환각과 성적 흥분을 일으키는 향유와 팅크를 섞어서 만든 약으로, 적어도 백일몽으로나마 연회와 날아다니는 행위를 경험할 수 있게 했다. 첨가물에는 사리풀, 벨라도나, 중세의 전통적인 흥분제로서 히에로니무스 보슈의 그림에서도 찾아볼 수 있는 흰독말풀 외에도 양귀비에서 얻은 아편이 들어갔다.

마녀의 축제와 베누스의 덫

Hexenritt und Venusfalle

마녀에 대한 옛 전설을 이야기할 때면 종종 유령이라도 나올 것 같은, 참으로 자세하게 묘사된 광경 속에서 마녀들이 도취해 있곤 한다. 마녀 하나가 활활 타오르는 불 옆에서 허벅다리에 연고를 바르고, 두 번째 마녀는 가마솥에 든 소름끼치는 내용물을 휘휘 젓고, 세 번째 마녀는 벌써부터 빗자루를 움켜쥐고 하늘을 날아다닌다. 이처럼 마녀들은 발푸르기스 밤의 모임을 위한 오싹한 의식을 서두른다. 그곳은 어쩌면 하르츠 지방에 있는 블록스베르크, 독일 땅에서 마녀들이 가장 좋아하는 무도장일지도 모른다.

마녀들의 무도장에서 그리 멀지 않은 곳에 있는, 역시 마법적인 장소에서도 또 다른 비행의 순간이 대기하고 있다. 그곳은 다름 아닌 튀링겐의 회르젤베르크 산에 있는 거대한 동굴이다. 그 동굴은 천상의 미를 가진 여성 베누스가 수많은 요정과 물의 정령 들을 데리고 화려한 궁정 삼아 지내는 곳이다. 그들과 어울려 노는 인간들은 베누스의 빛나는 위엄에 사로잡혀, 영겁의 저주를 대가로 이곳에서 영원히 지속되리라 약속된 환락에 자신을 맡긴다.

중세 기독교인들의 환상이 만들어낸 오싹하기도 하고 매혹적이기도 한 지옥의 쾌락은 이런 광경이었으니, 바로 이교도의 죄악인 여성 존재들의 치명적인 유혹이다.

마녀의 존재
◆◆◆◆◆◆

근대 초기의 가장 관능적인 마녀 그림이라 할 수 있는 것은 1523년 뒤러의 제자 한스 발둥 그리엔이 남긴 작품이다. 그는 마녀 무리들이 행한다는 허구의 행위를 수많은 그림으로 포착한 화가이기도 하다. 처음에 이 그림은 티치아노의 유명한 그림 〈천상과 세속의 사랑〉의 변형으로 오해받았다가, 수백 년이 흐른 후 그림 속 여성들이 지닌 상징물에 비추어 마녀들을 그린 것으로 판명되었다. 즉 마법 음료(그리고 용)가 들어 있는 병을 손에 든 마녀가 흉측한 숫염소의 등에 앉아 있는 모습이다. 이 그림은 분위기에 있어서, 그리고 악행을 하는 여성의 육체적 매력에 있어서 그때까지 이를 능가할 그림이 없었던 걸작이었고, 그의 기법이 앞으로 이 주제의 묘사에 방향을 제시할 것임을 보여주었다. 몇 년 지나지 않아 암스테르담의 화가 야콥 코르넬리츠 반 오스트사넨은 구약 사무엘상서에 언급된 〈엔도르의 마녀〉[94쪽]를 화려한 채색으로 묘사해 두각을 나타냈다. 화가는 그림에서 죽은 사람의 혼령을 불러내는 강령술사이자 점을 치는 영매로 등장하는 노파, 그리고 그와 효과적인 대조를 이루는 아름답고 젊은 나체의 마녀를 한패로 만들었다. 이는 1800년경에 고야도 여전히 따른 구성 원칙이었다.

이 네덜란드 화가가 묘사한 구약성서의 모티브를 보면, 마녀가 있다는 믿음이 당대의 특수함이 아니었던 것 또한 분명해진다. 다시 말해 마녀에 대해 전 유럽 문화권에서 수천 년이나 된 흔적들이 존재하는 것이다. 고대 그리스에서도 마녀와 비슷한 여성 마법사가 존재했다. 그중에 우리는 이미 키르케를 알고 있는데, 키르케의 우두머리는 지하세계의 여신 헤카테였다. 이후 흑마술의 중심지로서는 그리스 북부 지방 테살리아가 있었고, 그곳에서 4세기에 처음으로 잔혹한 마

**프란시스코 드 고야 | 매력적인 선생 |
1793~96년 | 부식 동판화 | 빈 알베르티나 미술관**
고야는 우주 및 인간의 본성이 가지는 어두운 측면에 판화집 《카프리초스(변덕)》의 연작들을 바쳤다. 이 판화집에는 빗자루를 타고 하늘을 나는 모티브를 다룬 몇몇 오싹한 마녀 그림도 포함되어 있다. 이 작품은 늙고 추한 마녀가 풍만한 몸매의 신참을 마녀의 무도장으로 데리고 가는 장면을 묘사했다.

녀 박해가 벌어졌다.

 이 고대의 유산은 기독교 문화에서 다양하게 유지된 채 부분적으로 기이한 변형을 낳았다. 세례 요한 참수의 주모자 헤로디아스는 마녀를 숭배했고 '디아나의 모임'의 일원이었다고 한다(이에 근거해 사람들은 헤로디아스를 로마 사냥의 여신과 연관시켰다). 천 년 후 보름스의 부르하르트가 만든 법령에도 등장하는 마녀들에 대한 이런 가정은 학자들(당시 주로 성직에 종사하던 사람들) 또한 가지고 있던 것이다. 한편 중세의 마녀상에 끼친 보다 포괄적인 영향은 이교도의 자연신비주의와 다산 의례의 잔재 그리고 거기에 결부된 샤머니즘적 행위였다.

 독일어에서 '마녀Hexe'의 개념은 어원학적으로 고고독일어(750~1050년 쓰인 고지高地독어 - 옮긴이) '하게추싸Hagezussa'에서 유래했다고 추정된다. 이는 경작지와 휴경지 사이를 가르는 울타리에 쪼그리고 앉아 있는 여성 요괴를 뜻하는 단어다. 경작지와 휴경지의 경계는 또한 삶과 죽음, 선과 악, 실제와 정신세계의 중간지역을 뜻하는 것으로, 요괴가 앉아 있는 울타리의 말뚝이

나중에 마법의 이동수단인 빗자루로 변한다. 마녀에 대한 또 하나의 전형적인 상상은 현실보다는 민간의 미신에서 유래했다. 그 시대에는 도처에 약초를 다루는 여인이 있었다. 이들은 종종 이방인 취급을 받기도 했지만, 사람들은 그녀들의 처방을 곧잘 믿고 따랐다. 이들로부터 마녀의 상투적인 모습이 형성되어 동화에서도 계속 이어졌다. 매부리코에 머리를 땋은 곱사등이 노파가 흉악한 동반자인 까마귀나 검은 고양이를 어깨에 얹고 있는 형상이다. 마녀는 자기 자신은 물론 다른 사람도 동물로 변신시키고, 저주로 악천후와 흉작을 불러오고, 사람이나 가축이 생산을 하지 못하게 하는 능력을 가진다고 한다. 이미 고대의 키르케가 지녔던 악한 마법들 외에도, 마녀는 효과가 확실한 사랑의 마법도 부릴 줄 알았다. 마녀의 관능적인 측면은 15세기부터 점차 의미가 커지면서, 특히 악마와의 정사 행위가 주목받았다. 기독교인의 사고방식에 따르면 마녀가 육체적인 결합을 통해 악마와 사악한 계약을 맺는다는 것이었다.

 악마와의 성교는 주로 일종의 흑미사에 해당하는 마녀들의 모임이 진행되는 동안에 일어났다고 한다. 지옥의 지배자와 그의 추종자들은 특정한 밤에 악명 높은 장소에서 정기적으로 모였다. 그러니까 5월 1일의 해가 뜨기 전인 발푸르기스의 밤에, 하르츠 지방의 가장 높은 산인 브로켄 산에서 이들의 모임이 열렸다. 괴테의 《파우스트》 1부[1808]에 나오는 파우스트도 메피스토펠레스의 마법 외투로 하늘을 날아 그곳으로 인도된다. 괴테는 거친 풍경을 배경으로 펼쳐지는 마녀들의 축제 장면을 통해, 악천후에서부터 마녀들의 윤무에 이르기까지 괴기 낭만주의 문학의 진정한 불꽃에 말 그대로 불을 붙였다. 춤이 벌어지는 중에 메피스토는 늙은 마녀와 격렬한 섹스를 벌이고, 반면에 매혹적이고 음탕한 미녀와 나눈 파우스트의 환락은 으스스하게 끝나고 만다(92~93쪽의 인용 장면은 곧바로 릴리트와의 만남으로 이어진다). 누가 연인과의 밀회 중에 나중의 일을 묻겠는가? 메피스토가 파우스트에게 짝이 될 여인이 그야말로 매력적이라고 조롱하듯 알려주니, 으스스한 면은 감수해야 할 터이다. 아무리 그것이 관능적 매력의 본질에 있어 대수로운 일이 아니라 하더라도 말이다.

정말로 으스스한 얘기를 하자면, 16세기와 17세기 중부유럽에서는 마녀사냥의 광기가 창궐하면서 마녀 이미지를 관능적으로 만드는 일이 완성되었다. 즉 밤의 악령이 인큐버스(Incubus, 잠자는 여자를 덮치는 남자 악령 - 옮긴이)나 서큐버스(Succubus, 잠자는 남자를 덮치는 여자 악령 - 옮긴이)로 변해 사람을 유혹하는 행위는 원래 사탄의 몫이었는데, 이제 주로 마녀들이 하는 짓으로 기술되었다. 그리고 재판 과정에서 피고에게 한층 무거운 죄를 씌울 목적으로, 방탕한 여성이 악마와 음탕한 짓을 벌인다는 상상도 종종 퍼졌다. 남자들에게도 마법 행위의 죄를 묻긴 했지만, 수십만에 이르는 희생자 중 남자의 수는 10분의 1에 지나지 않았다.

현실에서 이른바 마녀로 낙인찍힌 여인들이(시기하는 여인들이 밀고하는 경우도 잦았다!) 가부장적 종교재판소의 기만과 허위에 내던져진 반면, 1800년경에 이르러서는 마녀들에게 찬란한 문학적 재탄생의 시기가 왔다. 낭만주의 산문 문학에서 마녀들은 이제 기독교 신앙의 금기로부터 벗어나 거리낌 없이 악마적이고 시적인 매력을 펼쳤다. 아름다움과 관능과 흑마술이 결합해 매혹적인 밤의 마법이 되었다. 그것은 관능의 약속이기도 한데, 물론 유혹당한 남자는 치명적인 위험에 빠지게 된다. 남자는 그 약속을 때로 오인하기도 하지만, 오히려 그 위험한 정체를 잘 알고 있으면서도 좇을 때가 더 많다. 그들은 영혼의 구제마저도 대가로 팔아넘기고 동경에 차서 성(性)의 어둡고 악마적인 면을 좇으며, 이때 관능의 약속은 마녀로서 이상적으로 의인화되었던 것이다.

괴테가 생존하던 시기까지도 독일에서는, '발푸르기스의 밤' 장면에 나오는 마녀 우두머리의 "악마의 집에 갈 때는/ 계집이 천 걸음이나 앞섰다"는 말에 충실히 따른 마녀재판이 산발적으로 일어났다. 독일의 마지막 마녀재판은 1775년 켐프텐 지방의 하녀 마리아 안나 슈베겔린에 대한 것이었다.

파우스트

저기 두 마녀, 노파가 젊은 마녀를 데리고 앉아 있군.

저들은 벌써 실컷 춤을 춘 모양이야!

메피스토펠레스

오늘은 조용할 새가 없지요.

새로운 춤이 시작됩니다. 자, 가십시다! 우리도 하나 붙잡자고요.

파우스트

(젊은 마녀와 춤을 춘다)

언젠가 한번 아름다운 꿈을 꾼 적이 있었지.

그때 사과나무 한 그루를 보았는데

아름다운 사과 두 개가 빛나고 있었다.

사과에 마음이 끌려 올라갔었지.

미녀

사과는 당신네들이 무척 탐스러워했지

낙원에서부터 이미 그랬어.

나는 좋아 견딜 수 없네.

그게 우리 집 정원에도 열려 있으니.

메피스토펠레스

(늙은 마녀와 같이 있다)

언젠가 한번 난잡한 꿈을 꾼 적이 있었지.

그때 갈라진 나무 한 그루를 보았는데

거기에 [무시무시한 구멍]이 있었다.

하도 [큰] 구멍이어서 내 마음에 들었어.

늙은 마녀

말발굽 가진 기사님

어서 오세요.

[큰 구멍을] 무서워하지 않는다면,

한번 [제대로 붙어보기나] 하시죠.

[…]

메피스토펠레스

(춤추는 무리에서 빠져나온 파우스트에게 다가간다)

그 아름다운 여자를 왜 놓아버렸습니까?

춤을 추면서 너무도 사랑스럽게 노래하던데.

파우스트

놀랐어! 한창 노래를 부르는데

그녀의 입에서 빨간 쥐가 튀어나오더군.

메피스토펠레스

놀랄 것 없습니다! 마음에 두지 마세요.

쥐가 회색이 아닌 게 다행이군요.

_요한 볼프강 폰 괴테

야콥 코르넬리츠 반 오스트사넨 | 사울 그리고 엔도르의 마녀 | 1526년 | 목판에 유채 | 암스테르담 국립미술관
이 그림은 몇몇 만화에도 나오는 것과 똑같이 성서 이야기(사무엘상서 28장)를 묘사했다. 블레셋 사람들을 처단하는 중에(배경) 사울 왕이 신분을 숨기고 예언을 하는 엔도르의 마녀(왼쪽에 마법지팡이를 들고 있다)를 찾아왔다. 마녀가 주문을 외어 무덤에서 예언자 사무엘의 혼령(배경 가운데)을 불러내자 혼령이 사울에게 예언하기를, 사울이 왕권을 둘러싼 다비드와의 싸움에서 목숨을 잃을 것이라 한다. 부엉이를 가지고 있는 젖가슴이 축 처진 늙은 마녀와 대조적으로, 오른쪽에는 윤기 있는 붉은 머리카락의 젊은 마녀가 닭이 묶인 기구를 타고 날아 들어온다.

베누스와 탄호이저

브로켄 산의 동남쪽 튀링겐 숲 속, 또 하나의 전설에 둘러싸인 회르젤베르크 언덕에서도 마녀의 멋진 축제가 벌어진다. 황제 프리드리히 1세가 귀환을 고대하던 키프호이저의 동굴과 달리, 여기에서는 베누스 여신이 우아한 요정과 물의 정령 한 무리를 거느리고 지낸다. 이 동굴을 찾은 이들 중에 가장 유명한 방문자가 바로 전설의 기사 탄호이저였다.

실제로 1300년경 탄호이저라는 이름을 가진 유랑하는 민네장어(연애시인)가 있었는데, 딘켈스빌 근처에 살던 고대 프랑켄 지방의 귀족이었던 것 같다. 탄호이저는 독일 기사단 소속의 기사였으며, '마네세 필사본'이라고도 불리는 《대 하이델베르크 가요 필사본》에 그가 지은 몇몇 연가 및 춤 노래와 함께 그에 대한 기록이 남아 있다. 노래들은 종종 숭고한 민네(연애시)의 순결원칙을 패러디해서 낙천적이고 감각적인 면이 두드러진다. 물론 이들 노래와 달리 시인이 신의 뜻에 따르는 존재로 성숙한다는 내용을 담은 참회의 노래도 있다. 바로 이 부분이 이후 수백 년간 널리 퍼지다가 마침내 리하르트 바그너에 의해 유명한 오페라로 개작된 탄호이저 전설의 출발점이 된다고 하겠다. 바그너의 탄호이저 오페라는 그의 후원자 루드비히 2세도 매우 좋아한 작품이었다.

전설에 의하면, 기사 탄호이저는 일 년 동안 베누스의 손님으로 지내면서 지하 궁전에서 실컷 성적인 환희를 누리다가 회의와 싫증을 느끼고 떠났다. 베누스는 화가 났지만 탄호이저에게서 돌아온다는 약속을 받아냈다. 탄호이저는 지상에서 어떤 만족도 얻을 수 없었기에 이제 회개할 마음으로 로마에 있는 교황에게 순례의 길을 떠났지만, 오만한 교황은 그의 타락한 삶에 대한 면죄를 허락

하지 않았다. 탄호이저를 위한 신의 은총을 기대할 수 없어 보이던 그때, 교황의 지팡이가 녹색으로 변하기 시작했다. 탄호이저가 실망해서 되돌아가고 정확히 사흘 후에 일어난 기적이었다. 교황 측에서 급히 그에게 전갈을 보냈지만 때는 너무 늦었다. 왜냐하면 이미 탄호이저의 뒤로 베누스 산의 입구가 다시 닫혔고, 그에 대한 저주가 내렸기 때문이다.

요세프 아이그너 | 베누스의 산 속에 있는 탄호이저 | 1880~81년경 | 프레스코화 | 노이슈반슈타인 성
바이에른의 '동화의 왕' 루드비히 2세는 바그너에 대한 열광적인 경외자로서, 바그너의 오페라에 나오는 전설을 소재로 노이슈반슈타인 성에 여러 점의 프레스코 벽화 연작을 만들게 했다. 왕의 서재에는 탄호이저의 장면이 당대의 과장된 장식 유행에 상응하는 양식으로 그려져 있다. 이 그림에는 악마적인 분위기보다는 매혹적이고 성적으로 개방된 연회의 분위기가 연출된 것 같다. 바그너의 오페라 첫 장면인 격렬한 바쿠스 축제(1861년 파리 공연부터 적용되었다)에 비하면 참으로 순진무구해 보인다.

이 전설이 예술의 주제로 사랑받게 된 것은, 바그너가 루드비히 티크의 〈신실한 에카르트와 탄넨호이저〉[1799]에서 소재를 빌려서 낭만적으로 개작한 오페라 〈탄호이저와 바르트부르크의 가수 경연대회〉[1845]가 엄청난 성공을 거둔 후였다. 바그너는 연애시인들의 노래 경연이라는 또 하나의 유명한 전설 속 모티브를 다루었고, 베누스와 대조를 이루는 인물로 순결하고 헌신적이고 사랑스러운 엘리자베트 폰 튀링겐을 끼워 넣었다. 그리고 이 대조가 이야기의 결말을 바꾸어놓았다. 즉, 기사는 죽은 연인을 기억하며 베누스와의 약속을 저버리고 구원을 받는 것이다. 하지만 그런 줄거리쯤이야 작곡가가 관능과 쾌락에 빛나는 기념비를 세우는 데엔 아무 장애가 되지 않았다. 탄호이저가 베누스 산에 도착할 때 맞이하는 매혹적인 여주인공과 바쿠스 축제 장면을 넣으면 되었으니까.

　바그너의 오페라는 무엇보다도 중세의 모티브가 후대에 거친 시적 미화와 재해석을 보여주는 전형적인 사례이다. 공포와 경멸의 대상이었던 마녀가 매력적인 악마 연인으로 변한 것과 같이, 이교도적인 지하세계와 그곳에 살고 있으므로 악마적 존재여야 마땅한 베누스가 지극히 뛰어난 남자들조차 영육을 다 바칠 만큼 동물적인 흡인력의 상징으로 부상한다. 1861년 파리 공연 이후 프랑스에서는 탄호이저에 대한 수많은 그림들이 나타났고, 영국의 통속적 살롱 미술에서도 콜리어와 같은 화가들이 고대 풍을 살린 베누스 그림에 관능적 모티브를 즐겨 이용했다. 냉소적이면서도 우아한 유겐트슈틸의 천재 오브리 비어즐리는 탄호이저를 원본으로 한 미완성 노벨레(짧지만 짜임새 있게 구성된, 사실적이며 풍자적인 이야기체 문학 - 옮긴이) 〈언덕 아래〉[1896]를 저술하고 삽화도 그렸는데, 이 작품 전반의 은밀한 분위기는 오스카 와일드의 〈살로메〉를 연상시킨다.

　베누스의 유희방식은 일반인들보다 쉽게 검은 낙원에 끌리는 예술가들에게 유난히 매력적이었다. 심지어 요제프 폰 아이헨도르프과 같은 목가적 성향의 작가도 이를 잘 알고 있었다. 아이헨도르프는 베누스 산의 전설을 결합한 노벨레 〈대리석상〉[1819]에서 작열하듯 다채로운 필치로 여신의 궁전에서 체류하는 주인공의 생활을 묘사하고, 주인공으로 하여금 탄호이저와 다름없는 운명에 고통당하게 만들었다. 이로부터 스윈번의 상징주의적인 '협곡의 검은 베누스'에 이르기까지는 그리 멀지 않다. 아이헨도르프의 동시대인 키츠에 와서는 이미, 고귀한 표정을 가진 빛의 형상이었던 중세의 아름다운 귀족 처녀가 죽음을 부르는 악의에 찬 존재로 변한다. 사실 기사들은 그녀들의 내면에 깃든 팜 파탈을 예감했어야 했으리라.

존 콜리어 | 베누스 산에서 | 1901년 | 캔버스에 유채 | 사우스포트 애트킨슨 미술관
19세기 말 프랑스와 영국의 바그너 열광으로 인해 탄호이저 모티브의 수많은 회화가 나타났다. 이 그림은 <탄호이저> 1부의 한 장면인데, 베누스는 화려한 궁정에서 지내면서 기사 탄호이저와 같은 숭배자들을 그녀의 아름다움에 눈멀게 하여 그들의 인생을 육욕의 죄악에 빠뜨린다.

마녀의 축제와 비너스의 덫

조반니 벨리니 | 화장하는 젊은 여인 | 1515년 | 목판에 유채 | 빈 미술사박물관
아름다운 여성이 웃음기 없는 입술을 살짝 비뚤어뜨린 채 거울에 비친 자신의 모습을 빤히 들여다보고 있다. 당시의 이상적인 여성상에 상응해 매우 풍만한 여성이다. 안락의자 위에 놓인 편지를 읽었는지 그녀는 곧 있을 남성의 방문을 기대하면서 아름다운 모습을 보여주려는 듯하다. 호화로운 푸른색 머리장식이 부유함을 암시하면서 윤기 도는 붉은 머리 다발과 이상적인 대조를 이룬다. 르네상스 시대의 유행이었던 붉은 머리는 미술에서 오래 지속된 팜 파탈 유형을 창조했다.

붉은 르네상스

Renaissance in Rot

마녀를 화형시키는 장작더미에 불꽃이 활활 타오른다. 그리고 '붉은 머리와 주근깨는 악마의 족속'이라는 민간전승처럼, 마녀의 머리카락도 때로 붉은색으로 타오른다. 모든 팜 파탈의 조상이 되는 성서의 릴리트를 두고도 이미 사람들은 물결치는 붉은 머리가 그녀의 유일한 장식이라고 상상하곤 했다. 게다가 작열하는 붉은색은 악마의 검은색과 나란히 전통적으로 지옥을 상징하는 색이다. 또 다른 속담에서 '위가 불타면 아래는 지옥이 펼쳐진다'라 하듯, 붉은 머리카락의 여성은 성적으로 분방할 뿐만 아니라 또 다른 죄악의 성질을 가졌다는 편견을 뒤집어썼다.

은은한 적갈색 머리는 후기 고딕 양식에서 관능적인 마리아를 묘사할 때에도 선호되었는데, 그 미학적 근거는 슈테판 로흐너의 훌륭한 그림 <장미 울타리의 마돈나>에서 볼 수 있듯이 붉은색이 금색 배경과 뛰어나게 조화를 이룬다는 데 있었다.

그 어떤 시대도 중세로부터 떨어져나온 르네상스 시대만큼 붉은 머리 여성들로 풍성한 미인의 갤러리를 형성한 적이 없었다. 독일의 뒤러·크라나흐, 이탈리아의 보티첼리·라파엘로·티치아노, 알프스 남부지역의 여러 화가들을 막론하고 전세계적으로 붉은색을 띤 이 여성상은 성모 마리아가 제일 먼저 물려받았다. 유난히 창백한 피부의 마리아가 붉은색의 값비싼 의상에 둘러싸여 있는 그림들이 많은데, 이로부터 새로운 팜 파탈 유형이 생겨나 수백 년간 미술과 문학에서 생생하게 살아남는다.

붉은 물결

붉은 머리 여성을 그린 르네상스의 그림 중 가장 유명한 것은 아마 라파엘로의 〈이사벨 데 레퀘센스〉[106쪽]일 것이고, 곧이어 티치아노의 우아한 살로메가 뒤를 잇는다. 앞의 여성은 이른바 광기로 인해 남성의 횡포에 희생자가 된 반면, 티치아노의 그림에 나타난 신약성서의 무희 살로메는 일반적 관념과 달리 너무도 사랑스러운 모습이다. 크라나흐 역시 유디트와 마찬가지로 살로메를 여러 번 주제로 다루면서 이브와 베누스의 다양한 변주로서 표현했는데, 그의 그림에서 이 둘은 항상 사과 모양의 가슴에 적갈색이나 붉은 머리를 길게 늘어뜨린 가냘픈 소녀로 등장한다.

이제 르네상스, 고대 가치의 '재탄생'이라는 이름을 가진 시대가 왔다. 고대 그리스와 로마의 철학·문학·미술로부터 새로운 인간상 및 육체와 미의 숭배를 창조하는 과정에서, 기술적인 정교화에 힘입어 회화 부문에서도 혁신적인 질적 도약이 이루어졌다. 때문에 이전의 어떤 문화에서도 15세기 이탈리아 예술가들처럼 인간의 골상과 해부학을 그토록 섬세하게 재현하고 살아 있는 듯 묘사한 적이 없는 것이다. 더욱이 발전도상에 있던 도시국가의 귀족층 예술 후원자들은 화가들에게 누드가 이상적으로 그려진 고대 신화적 묘사에의 선호가 반영된 인상적인 초상화 제작을 의뢰했다. 르네상스 시대의 정신적·예술적 재정립이라는 일반적인 이유 외에도, 바로 이 점 때문에 당대에 여러 점의 우수한 여성 초상화가 그려진 것이다. 이들 초상화 중에는 세계에서 가장 유명한 그림에 드는 레오나르도의 〈모나리자〉도 있다. 조콘다(모나리자의 실제 이름)의 미소에 대해서는 나중에 다시 살펴보고[139쪽], 지금은 붉은 머리 애호에 대해 좀 더 알아보기로 하자.

티치아노 | 살로메 | 1510년경 | 캔버스에 유채 | 로마 도리아 팜필리 미술관
티치아노는 거의 소녀같이 여리고 아름답기 그지없는 모습. 풍성한 적갈색 머리다발과 유명한 티치아노 특유의 빛을 발하는 붉은 의상의 여인으로 자기 버전의 살로메(유디트로 보이기도 한다)를 화폭에 담았다. 일곱 베일의 춤에 관련된 이야기를 알고 있는 사람이라면, 이 여인의 사랑스러움이 순전히 기만임을 알아챌 것이다.

**틴토레토 | 가슴을 드러낸 젊은 여인 |
1570년 | 캔버스에 유채 | 마드리드 프라도 미술관**
정교하게 머리를 다듬고 진주 장식을 한 이 여인은 그림에 보이지는 않지만 거기 있는 남자에게 시선을 꽂은 채, 가슴을 드러내어 그를 유혹하고 있다. 티치아노와 마찬가지로 틴토레토 역시 베니스의 고급 매춘부 중에서 모델을 즐겨 선택했다고 한다.

친퀘첸토(Cinquecento, 1500년대 즉 15세기의 르네상스 절정기 - 옮긴이)의 예술에서 우리는 도처에 붉은 머리 여성을 비롯해 그녀의 중부유럽 자손들을 만나게 되는데, 보티첼리의 고대 여신들처럼 전연 악의 없는 여성성을 보이는 경우는 매우 예쁘장하지만 상투적이고 잘못 그려지기도 했다. 반면에 크라나흐의 앳된 소녀들은 적어도 조금은 관능적으로 보인다. 하지만 티치아노의 수많은 그림에 나오는 정열적이고, 자의식 강하고, 매혹적인 존재들은 이 앳된 소녀들을 한층 능가한다. 전해지는 얘기로는 티치아노가 종종 베니스 귀족을 상대하는 고급 매춘부 중에서 모델을 구했다고 하는데 충분히 그럴 법하다. 티치아노 특유의 붉은색과 미녀의 붉은 머리는 오랫동안 이 화가의 특징이 되었다. 그리고 마침내, (마녀이기도 한) 미녀가 르네상스의 붉은 윤무에서 대부분의 자리를 차지하게 되었다.

확실히 머리색은 시대의 유행을 타는 것 같다. 카라바조 같은 이탈리아 바로크 화가들이 화폭에 다시금 풍성한 검은 머리칼을 넘실거리게 하고, 동시대 화가 루벤스

루카스 크라나흐(아버지) | 홀로페르네스의 머리를 든 유디트 | 1530년경 | 보리수 목판에 템페라와 유채 | 슈투트가르트 미술관
크라나흐는 성서 속의 팜 파탈을 자신이 살던 시대의 의상을 매우 세밀하게 묘사한 호사스러운 차림새의 초상화로 담아냈다. 그의 수많은 베누스 그림도 예외 없이 당시 유행한 숱 많은 빨간 머리카락으로 꾸며놓았으며, 대부분 베일 하나로만 몸을 가리고 있다.

는 풍성한 금발을 그렸다. 이후 로코코 시대에는 분칠한 가발이 화폭을 지배하였다. 하지만 르네상스가 만들어낸 붉은 머리의 팜 파탈 유형은 수백 년 동안 미녀의 상투어가 되어, 라파엘전파의 뮤즈에서 앙리 드 툴루즈-로트레크가 그린 접대부들과 에드바르 뭉크의 여자 뱀파이어를 지나 오토 딕스의 방탕한 무희 아니타 베르버[214쪽]에 이르기까지 그 영향을 지속하였다.

붉은 머리채의 팜 파탈 중 가장 우아한 여인이, 20세기 초 빈에 있는 클림트의 유겐트슈틸 아틀리에에서 재탄생했다. 그보다 불과 몇십 년 전 파리에서 에밀 졸라는 스캔들을 불러일으킨 친구 에두아르 마네의 그림에 고무되어, 문제의 그림과 동명 소설로 유곽의 공주 나나를 주인공으로 하는 《나나》[1880]를 창작한다. 나나가 파리의 불바르 희극극장에서 노래하는 베누스로 등장한 장면은 이렇게 묘사된다.

요란한 박수갈채가 터져 나왔다. 그녀는 즉시 돌아서서 물러났다. 그녀가 등을 내보이자, 풍성한 적갈색 머리카락이 마치 짐승의 갈기처럼

라파엘로, 줄리오 로마노 | 이사벨 데 레퀘센스 |
1518년경 | 캔버스에 유채 | 파리 루브르 미술관
이 그림은 오랫동안 '미친' 아라곤의 여왕 후아나의 초상으로 알려져 있었으나 사실 나폴리의 부왕녀 이사벨 데 레퀘센스(1500~77)의 초상이며, 라파엘로 혼자 그린 것이 아님이 밝혀졌다. 그래도 이 초상화가 르네상스의 가장 훌륭한 여성 초상화이자 대작임은 틀림없다. 밝으면서도 발그레 달아오른 피부가 구릿빛의 섬세하고 긴 머리카락과 대조를 이루면서 짙은 진홍색 의상과 이상적으로 어울린다.

붉은 르네상스

구스타프 클림트 | 방종, 쾌락, 무절제 | 1902년 | 석회칠 벽에 혼합재료 | 빈 벨베데레 미술관 분리파전시관
클림트의 '베토벤 프리즈'에 나오는 이 치명적 삼인조는 남자의 인생행로를 위협하는 세 가지 '적대적인 힘'을 드러낸다. 성경의 대죄가 여성의 알레고리로 표현되었는데, 이 중 도발적인 붉은 머리다발을 지닌 방종이 가장 위험해 보인다. 양식적인 묘사에도 불구하고 이 여성은 가장 에로틱하게 느껴지기도 한다. 오른손으로 머리카락을 쓸어내리는 동작과, 흘러내리는 머리카락으로 덮인 음부를 암시하는 왼손의 손짓에 의해서 한층 에로틱한 느낌이 더해진다.

넘실거렸다. 그러자 좌중에서 우레 같은 박수갈채가 쏟아졌다.

졸라의 경우처럼 마네의 작품에서도, 나나는 창녀를 찾아오는 높은 신분의 남자 손님에게 그녀의 관능적 욕망을 마음껏 분출하는 슬럼가의 짜릿한 동물적 존재로서 나타난다. 그럼으로써 나나는 외설과 금기의 영역에 편입한다. 그 외에도 문학의 곳곳에서 빨간 머리 여인들은 비밀과 범죄를 대표한다. 그러니 하인리히 하이네가 붉은 머리를 한 사형수의 딸과의 정사라는 청소년기 경험을 바탕으로, 그에게 쾌락과 고통을 준 조숙한 팜 파탈에 대한 시를 지은 일도 우연이 아니다.

루크레치아 보르자

'붉은 위험'의 예로서, 가상의 초상화를 두고 오랫동안 르네상스를 비롯해 전 시대를 통틀어 가장 악명 높은 여성 중의 하나로 간주된 인물이 루크레치아 보르자1480~1519였다. 탕아에 모사꾼에 독살가로 악명 높은 그녀의 오빠 체사레에게 모든 면에서 필적한 여자였다는 것이다. 그녀는 로드리고 보르자(1492~1503년까지 교황 알렉산더 6세로 있었다)의 사생아로서 에스파냐 출신 귀족가문에서 태어났는데, 이 가문은 당시의 토착 귀족들인 데스테(페라라), 곤차가(만투아), 메디치(피렌체), 스포르차(밀라노) 등과 달리 졸부식으로 신분을 상승해 마침내 로마와 이탈리아 전체에서 가장 강력한 씨족으로 부상했다.

루크레치아가 13세가 되자 아버지는 그녀를 조반니 스포르차와 결혼시키고, 그로부터 4년 후에 조반니가 이른바 성불구라는 구실을 들어 이혼시켰다. 한편 조반니는 아내가 장인·처남과 근친상간을 저질러 이혼하게 되었다고 고발해서 복수했다. 그사이에 교황으로 임명된 로드리고 보르자는 루크레치아의 두 번째 남편 알폰소 폰 아라곤을 정치적 이유로 제거한 다음, 1501년에 공작 알폰소 데스테 폰 페라라와의 혼담으로 그녀에게 최종 남편을 마련해주었다. 무성한 소문에 의하면 루크레치아는 새로운 거주지를 즐거운 사랑의 둥지로 바꾸어놓았지만, 그곳에 들어간 사람의 생명이 늘 안전하지는 않았다고 한다. 물론 역사적으로는 그녀의 공동 통치 하에 페라라 궁정이 당대의 가장 중요한 인물들이 드나드는 문학과 예술과 학문의 중심지가 되었다는 사실만이 증명되었을 뿐이다. 또 그녀는 사업가로서도 능수능란해서 데스테 가문의 재산을 크게 늘렸다.

루크레치아는 적어도 말년에 들어선 후엔 모범적이고 경건한 생활로 전환했다고 한다. 하지만 그렇다고 해서 (그녀의 적들을 선두로 한) 후세 사람들이 이 미녀가 개입되었던 숱한 정사와 치명적인 습격 사건들을 잊을 수는 없었다. 널리 알려진 보르자의 지독한 악명을 고려하면 이는 쉽게 짐작할 수 있는 일이었으며, 이렇게 해서 루크레치아는 전 유럽에서 가장 눈부시게 빛나는 팜 파탈의 자리에 올랐다.

프랑스의 낭만주의 작가 빅토르 위고는 루크레치아에게 희곡을 바쳤고, 1883년에 도니제티가 위고의 희곡을 토대로 오페라 〈루크레치아 보르자〉를 작곡한 데 이어 1910년부터는 대여섯 편의 영화가 루크레치아를 제목에 내걸고 제작되었다. 전체적으로 보면 그녀에 대한 상투적인 이미지는 남성들의 환상에 엄청난 영향을 끼쳤으며, 특히 (살로메에 대한 열렬한 숭배를 설명하는 대목에서 이미 소개한) 조리스 칼 위스망스 등의 데카당스 작가들에게 큰 영향을 주었다. 독일 프랑크푸르트 슈테델 미술관에 소장된 루크레치아로 추정되는 초상화는 위스망스를 완전히 사로잡아 그의 에로틱한 연상에 뜨거운 불꽃이 일게 했다.

이 냉혹하고 아름다운 양성화(암술과 수술이 함께 있는 꽃 – 옮긴이), 너무도 경악스러운 냉혈함으로 우리를 자극하는 이 수수께끼의 존재는 누구인가? 그녀는 정숙하지 못하다. 그러나 자신이 가진 패를 다 보여주며 유희한다. 그녀는 자극하지만 동시에 경고한다. 그녀는 유혹하면서도 뒤로 뺀다. 그녀는 방종한 순결을 지녔다…… 그녀는 성적 쾌락을 유발하는 자인 동시에 육욕에 벌금을 물리는 자이다…… 한 가지 분명한 것은 그녀가 르네상스 시대 이탈리아에 살았으며, 당시 이탈리아는 온갖 쾌락의 저수지이자 갖가지 범죄의 도가니였다는 사실이다…… 그녀가 정상적으로 지내면서 근친상간의 허용된 경계를 넘지 않을 때는 사랑이 지루해 보였으니, 때문에 그녀는 좀 더 독특한 맛을 느끼고자 독성의 양잿물과 피의 소스에 자신을 절여야 했다.

냉혈한 악을 기꺼이 저지를 것으로 보이는 프랑크푸르트 미술관의 초상화 앞에서 백일몽에 빠져 있자니 나도 모르게 수많은 아들들 중 한 명을 골라 자신의 딸 루크레치아 보르자와 결합시킨 에스파냐 사람, 교황 알렉산더 6세를 생각지 않을 수 없었다.

루크레치아의 시누이 줄리아의 초상일지도 모른다고 알려진 그 그림에 대해 위스망스는 "만일 그녀가 루크레치아일 수 있다면, 그녀의 내면에는 온갖 쾌락적 방종과 르네상스의 모든 무도한 악행이 결합해 있을 것이다"고 결론지었다. 당시의 상투적 관념은, 수수께끼 같기는 해도 그 자체로는 전혀 악마적이지는 않은 그림을 이런 식으로 재해석했던 것이다. 위스망스가 그랬듯이, 아마도 사람들은 매력적인 여성이 애교를 떨며 꽃다발로 유혹할 때 그것이 악의 꽃임을 예감할 수 있었으리라. 이제 보들레르에 대해 살펴보면서 그가 남긴 악의 꽃향기에 취하기 전에, 먼저 낭만주의의 악마 여인들을 무대에 올려보자.

바르톨로메오 베네토 | 이상적 여성상 | 1500~30년 | 포플러 목판에 혼합재료 | 프랑크푸르트 슈테델 미술관
이 그림은 오랫동안 악명 높은 루크레치아 보르자의 초상화로 통했다. 오늘날에는 다만 '이상적 여인상'이라 일컬어지며, 모델로 추정되었던 인물도 그동안 제법 명예를 회복했다. 다시 말해 루크레치아는 파렴치한 권력자이자 탐자였던 남성 친인척 무리의 악명과 그들에 대한 험담의 희생자였으리라는 얘기다. 그런 가문의 일원인 루크레치아도 물론 성녀는 아니었을 것이다.

요한 하인리히 퓌슬리 | 악몽 | 1790~91년 | 캔버스에 유채 | 프랑크푸르트 괴테박물관
스위스 출신의 화가가 그린 이 유명한 그림에서, 낭만주의 시대에 악마와 여성의 관계가 겪은 변혁이 엿보인다. 여성의 가슴 위에 앉은 악몽의 형상과, 죽음을 연상시키는 말의 형상에서 그림의 여인이 아직은 남성적 마력에 당하는 희생자라는 점이 두드러진다. 그러나 그녀의 몸짓과 표정에서, 쾌락에 겨운 꿈을 통해 수동에서 능동으로의 역할 전환이 이루어진다는 사실을 읽어낼 수 있다. 이제 악에 전염된 그녀는 곧 스스로 재앙을 부르는 밤의 유혹녀가 될 것이다.

검은 낭만주의

Schwarze Romantik

폭풍이 몰아치고 서늘한 1816년 7월의 어느 밤, 한 영국 시인이 친구들과 함께 제네바 호숫가에 있는 디오다티 저택의 살롱에서 즐거운 담소를 나누며 앉아 있다. 불꽃이 타오르는 벽난로 앞에서 이루어진 그들의 대화는 악, 유령, 초자연적 존재에 대한 것이었다. 그런 주제가 우연이 아니었던 게, 바이마르에서 괴테의 《파우스트》 판본을 가지고 막 돌아온 작가 매튜 그레고리 루이스가 '악마와의 계약'이 등장하는 이 위대한 희곡을 즉석에서 유창하게 번역해가며 낭독했기 때문이다. 그를 초대한 저택 주인 바이런 경, 시인 퍼시 셸리, 그리고 장래 셸리의 아내가 될 작가 메리 울스턴크래프트 고드윈은 마음을 빼앗긴 채 귀를 기울였다. 그로부터 2년 후에 메리는 모든 시대를 통틀어 가장 유명한 공포소설로 꼽히는 《프랑켄슈타인》을 집필했다.

1800년경 악마는 문학에서 최고의 호경기를 누렸다. 당시에 악마는 더 이상 가상의 존재로 간주되지 않았다. 악마를 따르는 여성 수행원들의 경우도 마찬가지였다. 마녀, 여마법사, 여자 악마, 그 외에도 사탄에 봉사하는 여자들이 떼를 지어 산문과 오페라 속에서 떠돌아다녔다. 아일랜드 작가 셰리던 레퍼뉴의 공포소설 <카르밀라>에서는 심지어 여자 뱀파이어가 날카로운 송곳니를 드러내기도 한다. 물속에도 고대의 요정과 사이렌에게서 유래한 운디네라는 위험이 도사리고 있었다. 그렇다 해도 아직은 남성 괴물 형상들이 이 바닥을 우세하게 장악하고 있었다. 하지만 치명적인 여성 악마들, 예를 들어 조르주 비제의 오페라 속 카르멘과 같이 빛나는 인물은 남성 악마들과 충분히 경쟁을 할 수 있었고 세기말에 이르러서는 우세한 종이 되었다.

여자 악마들

낭만주의는 초감각적인 현상, 정신적 파격, 꿈의 세계에 대한 애호를 내세워 지난 계몽주의 시대에 이성과 학문을 지상명령으로 받들어 올렸던 것과 반대 입장을 취했다. 이제 사람들은 이성 너머에 존재하는 가장 고립된 영역을 정신적·시적으로 다시 정복하고, 진부한 일상 배후에 존재하는 존재의 원칙을 추구하고, 자연이 가진 밤의 측면에 대한 연구를 시작했다. 이제 마술·비밀·마력이 관심 영역으로 되돌아왔으며, 유령·괴물·악마와 동맹을 맺은 자의 이야기가 '검은 낭만주의'에서 문학적으로 엄청난 결실을 맺었다. 악의 존재들은 물론 당대 회화에도 끊임없이 영감을 주어, 요한 하인리히 퓌슬리와 같은 예술가들은 심지어 작품 대부분을 그들에게 바치기도 했다.

공포소설이 베스트셀러로 자리를 잡자, 앞에 언급한 작가 매튜 그레고리 루이스는 1796년 《수도승》으로 이 장르의 탁월한 예를 보여주었다. 루이스의 책이 크게 성공을 거둔 한 가지 이유는 멜로드라마처럼 밤과 수도원의 낭만이 있다는 것이고, 또 다른 이유는 남주인공의 영혼을 악마가 압도적으로 사로잡는다는 데 있다. 즉 남주인공은 모든 면에서 사악함이 번뜩이는 매우 매혹적인 여자 악마에게 이끌린다.

사건이 일어나는 장소는 에스파냐의 마드리드이다. 귀족처녀 마틸다가 이 지방 카푸친 교단의 수도원장 암브로시오를 악마의 덫으로 유혹한다. 이 지옥의 사절은 용의주도함의 화신이다. 그녀는 수련수사로 변장하고 몰래 수도원으로 들어가 수도승과 동침하며, 악마를 불러오는 행위 및 소녀 강간과 살해를 저지르도록 유혹한다. 수도승이 빠져나갈 수 없는 상황이 되자 그녀는 심지어 그에게 악마와 계약을 맺도록 설득한다. 악마는 종교재판의 손아귀에서 암브로시오를 구해내지만, 이미 그의 영혼은 악마에게 넘어간 후였다. 게다가 암브로시오는 자신이 강간한 소녀가 자신의 여동생이고, 따라서 소녀의 어머니(역시 그의 손에 목숨을 잃은)도 자신의 어머니였음을 알게 된다. 수도승은 무시무시한 죄악의 응보로 마침내 지옥의 지배자에 의해 시에라 모레나 산맥의 심연으로 떨어진다.

이로써 마틸다의 승리가 완성된 것이다. 그전에 마틸다는 이미 유혹녀·뚜쟁이·공범자로서 희생자를 범죄의 소용돌이로 끌어들여놓았다. 그녀는 항상 적절한 순간에 수도승이 다급하게 필요로 하는 여성으로서 나타날 수 있었다. 한편 수도승에게는 그의 단순함과 충동적 성격도 재앙이 된다. 악마를 불러오는 현장에서 그는 거의 경건함에 가까운 태도로 애인의 악마적인 매력에 찬탄한다.

[그녀가 입은] 길고 검은 옷에는 알 수 없는 수많은 철자가 금실로 수놓였고, 귀한 보석으로 만들어진 허리띠에는 단도가 꽂혀 있었다. 그녀의 목과 팔은 드러나 있었다. 손에는 황금 마술지팡이를 들었고, 풀어헤친 머리카락은 어깨에 어지럽게 흘러내렸다. 그녀의 눈동자는 끔찍하게 번쩍였다. 그녀의 모든 거동은 지켜보는 사람으로 하여금 경외와 경탄을 일깨우는 그런 것이었다.

이 시점에서 암브로시오는 이미 덫에 빠진 것이다. 결정적인 장면은 마틸다가 여성으로서의 정체성을 드러내면서, 그녀를 성스러운 성벽 밖으로 추방해버리겠다는 그의 통보에 자살하겠다고 위협할 때다. 그녀는 극적으로 단도를 쑥 뽑아 수도복을 찢는다.

그녀가 옷을 찢었다. 그러자 가슴 절반이 드러났다. 단도의 끝이 왼쪽 가슴에 닿았다—

아아, 그토록 아름다운 가슴이 있을까! 그녀의 가슴 위로 쏟아지는 달빛에 수도승은 눈부신 광채를 느꼈다. 채워질 수 없는 탐욕에 찬 그의 눈동자가 아름답고 불룩한 가슴에 머물렀다. 그러고는 지금껏 알 수 없었던 느낌이 두려움과 동시에 환희에 찬 그의 마음을 뒤흔들었다. 사지에 격렬한 열기가 퍼지고, 혈관의 피가 끓고, 너무도 거친 욕망이 그의 환상을 어지럽혔다. '멈추시오.' 수도승이 떨리고 끊기는 목소리로 외쳤다. '나는 더 이상 버틸 수 없소! 마법의 여인아, 여기서 지내시오! 내 파멸과 함께 해주오!'

마틸다는 비록 악마의 꼭두각시에 지나지 않았지만, 장엄할 만큼 아름다운 용모를 얻었다. 그녀는 프랑수아 르네 드 샤토브리앙의 소설 《순교자》[1809]에 등장하는 드루이드 사제 벨레다에서부터 프로스페르 메리메의 소설 《카르멘》[1845]에 이르기까지 당대 문학에 등장하는 여자 사탄의 표본이 되었다. 또 다름 아닌 사드 후작도 둘째가라면 서러울 정도로 그녀를 좋아해 《쥘리에트 이야기 또는 악덕의 번영》[1797]에서 타락한 여주인공에 마틸다의 모습을 담았다.

존 윌리엄 워터하우스 | 무자비한 미녀 | 1893년 | 캔버스에 유채 | 다름슈타트 헤센 주립박물관

그림 제목은 시인 존 키츠의 발라드에서 따온 것이다. 이 시에서는 체념한 중세 기사의 사랑의 모티브가 열렬한 의존관계로 변하고, 그 관계 속에서 기사는 요정같이 부드럽지만 무자비하게 소유욕이 강한 여인에게 강요를 당한다. 이 그림에서 '무자비한 미녀'라는 낭만적인 인물은 라파엘전파 풍의 붉은 머리 여인으로 표현되었고, 이후 그녀의 숱한 계승자들이 특히 상징주의 문학과 회화에 나타났다.

루이스의 소설에 삽입된 공포 발라드 〈용감한 알론조와 아름다운 이모젠〉은 다시금 그의 동향인 존 키츠에게 시를 쓰도록 영감을 주었고, 키츠는 팜 파탈의 존재를 〈무자비한 미녀〉[1819]라는 시의 제목을 통해 간결하고도 적확한 형태로 규정해놓았다. 키츠는 작품에 탄호이저 모티브를 결합해, 특별히 사랑스럽고 요정 같은 여성에 대한 귀족기사의 숙명적인 헌신을 묘사했다. 절대로 유희적인 연애가 아닌 지독히 진지한 사랑이었다! 그녀의 매력에 한번 사로잡힌 자는 물론 절대로 빠져나올 수 없다. 사랑에 빠진 남자는 그녀 주위에 무리를 이룬 정령들의 일부가 되는 것이다.

> 나는 창백하고 또 창백한 왕들을 보았네.
> 남자들 중에 지독히 창백한 기사들을
> 그들이 외쳤네
> 무자비한 미녀가 너를 사로잡고 있다!

중세 궁정기사들의 숭고한 사랑에서 성적 충족을 포기해야만 하는 규범이, 키츠의 시에서는 죽음이라는 결과가 따르는 찰나의 행복으로 바뀌었다. 그렇지만 이 경우에도 정신적 사랑의 반대편에 있는 감정(스핑크스의 예에서 이미 살펴보았듯이)을 의미할 수 있는 매력을 과소평가해서는 안 된다. 어느 날 밤 친구들과 어울려 있다가 이국적인 젊은 미녀를 만난 키츠는 터질 듯 차오르는 열정에 겨워 이렇게 말했다고 전해진다. "그녀가 비록 클레오파트라는 아니지만 매우 동방적인 타입이다…… 방에 들어서면서 그녀는 아름다운 암표범과 같은 인상을 주었다…… 나는 그녀에게 잡아먹히고 싶었다."

악마적인 여성의 농락은 낭만주의 문학에서 유행하는 상투어가 되었고, 물론

카르멘 역의 폴라 네그리 | 1918년
무성영화의 디바 폴라 네그리가 오만하게 턱을 괴고 포즈를 취했다. 그녀는 화려한 안달루시아 의상을 입고 머리에 요염한 빨간 꽃을 꽂았는데, 이 색깔은 그녀의 혈관에 흐르는 불타는 피와 그녀가 야기한 유혈을 암시한다. 그러나 네그리의 표정에는 수수께끼와 우울함도 어려 있어. 이 분위기가 전체적으로 어우러져 그녀의 이국적 미를 낭만주의 시대를 넘어 모든 시대의 뛰어난 팜 파탈로 만든다.

끊임없는 악마의 장난에 대한 조롱자들의 반대도 야기했다. E.T.A. 호프만의 친구인 카를 빌헬름 살리스-콘테사는 뛰어난 결혼 풍자시 〈스승 뢰슬라인〉[1816]에서 한 인물이 악마와 내기를 하게 만들었는데, 그 인물은 결국 계약한 해 동안에 아내를 견디지 못한다. 계약 기간이 경과하기 전에 이미 악마가 폭로하기를, 남편을 호통치는 마틸디스(!)에게서 자신의 스승을 발견했노라고 한다.

카르멘

《수도승》에 나오는 마틸다의 후예 중 가장 인기를 끈 인물이 바로 집시 카르멘이다. 카르멘은 비제가 1872년에 메리메의 노벨레를 바탕으로 작곡한 오페라다. 카르멘 역시 내면에 악마를 품고 있는 여인이지만, 그녀는 악마의 장난 없이 오직 관능과 의지력만으로 남자를 지배했다. 이번에도 사건은 에스파냐에서 일어났다. 그 지역은 더욱이 안달루시아 남부의 세비야였는데, 서늘한 중부유럽에 비해 단순히 지형적으로만 아프리카와 가까운 곳이 아니었다. 다시 말해, 느슨한 도덕과 열정적인 기질 그리고 동시에 모험과 무법의 분위기를 가진 이국적 무대였다. 담배 공장에서 일하는 카르멘은 극이 시작하자마자 몽상에 잠겨 있는 젊은 위병 호세에게 꽃을 던져 주의를 끈다. 어느 날 카르멘이 여자 동료에게 칼을 휘둘러 감옥에 갇히자, 카르멘의 정열적인 아름다움에 반해 있던 호세는 그녀를 달아나게 한다. 이제 호세는 파멸로 가는 첫걸음을 뗀 셈인데, 이 일로 처벌을 받아 강등되었기 때문이다. 카르멘은 호세와 사랑의 밤을 보내는 것으로 그를 위로하지만, 아침이 되자 다시 매몰차게 절교를 선언한다. 그럼에도 불구하고 카르멘은 얼마 지나지 않아 자기가 정보책으로 활동하던 밀수 패거리에서 음모가 일었을 때 호세에게 도움을 받는다.

카르멘은 호세를 계속해서 범죄·질투·절망의 소용돌이 속으로 끌어들인다. 어느사이 강도가 되어버린 호세가 카르멘의 무리에 끼어 살게 되자 카르멘은 내킬 때만 호세를 가까이 오게 한다. 게다가 그녀는 이미 오래 전부터 투우사 에스카밀로에게 알랑거리며, 미래를 같이 하자는 호세의 계획을 거절한다. 카르멘은 자유로운 삶을 포기하느니 차라리 죽어버리겠다고 선언하고, 마침내 광분한 호세는 투우장 입구에서 카르멘을 칼로 찌른다. '갈색의 마녀' 카르멘의 자신만만한 오만이 카드의 예언대로 죽음을 재촉한 것이다.

이 치정극의 여주인공이 오페라 무대에서 그처럼 큰 성공을 거둔 것은 카르멘의 개성 때문만은 아니었다. 그림같이 아름다운 에스파냐의 무대배경과 마찬가지로, 카르멘이라는 인물에도 인습적인 상상이 가득했기 때문이다. 즉 관능적이고 악덕한 남쪽나라 여인이 스타킹 밴드에 단도를 꽂은 채 애인을 마음대로 고르고, 요염한 면모를 거침없이 드러낸다는 상상이다. 이는 고야가 그린 마하의 누드에 열광하는 팬들의 상상과 다르지 않다. 카르멘처럼 대담한 여인들이 가진 유일한 무기는 자존심이라고 1800년경 에스파냐를 방문한 한 독일인은 전했다.

그녀의 걸음걸이는 가볍고 율동적이다. 치마는 짧고 펄럭여서 걸을 때마다 날씬하게 잘 빠진 다리가 엿보인다. 게다가 여성의 몸매를 강조하는 동시에 감춘 선정적인 의상, 커다란 꽃다발, 교활한 부채의 놀림 등이 이 위험스런 사이렌의 표식이다.

자크 오펜바흐의 오페라 〈호프만의 이야기〉[1881]의 베니스 막에 나오는 고급 매춘부 줄리에타처럼 여론을 뜨겁게 만든 남성 환상의 번성을 넘어, 후기 낭만주의

오페라에서는 팜 파탈들이 성공 가도를 달리기 시작했다. 이들 오페라는 카미유 생상스의 〈삼손과 델릴라〉[1877]에서 시작해 자코모 푸치니의 〈마농 레스코〉[1893]와 리하르트 슈트라우스의 〈살로메〉[1905]를 지나 알반 베르크의 〈룰루〉[1937]에 이른다. 하지만 〈카르멘〉은 압도적으로 관객들의 관심을 끌어 다른 오페라들 모두를 그늘에 가리게 하고, 오페라 디바의 전형적인 모범이 되어 이후에는 폴라 네그리 또는 리타 헤이워드 같은 수준 높은 영화배우들을 낳았다.

프란시스코 드 고야 | 옷을 벗은 마하 | 1800~03년 | 캔버스에 유채 | 마드리드 프라도 미술관
본래 마녀 묘사의 대가인 고야가 이 나체화에서는 악마성을 지극히 미묘하게 묘사하는 데 골몰하였다. 그러나 그 미묘함이 다시금 그림 전체를 결정짓는다. 나체의 젊은 여인이 전연 거리낌 없이 관찰자에게 자신의 매력을 드러내는 것이다. 더욱이 여인은 남자에게 거의 교활하게 보이는 시선을 고정시키고 있다. 마치 이런 말을 전하려는 듯하다. "당신이 지금 날 쳐다보고 내게 받했다는 걸 알고 있어요. 하지만 조심하세요!"

유령 신부

피가 낭자한 이국적인 영역에서 나와 다시 밤의 유령 쪽으로 되돌아오면, 다소 피가 모자란 또 다른 팜 파탈 유형을 만나게 된다. 바로 여인의 입상이다. 이상적인 조각상에 생명을 불어넣고자 하는 꿈은 고대 전설에 나오는 키프로스의 조각가 피그말리온만큼이나 오래된 것이다. 자신이 조각한 아름다운 입상을 사랑하게 된 피그말리온은 아프로디테에게 미래의 아내가 입상과 똑같은 모습의 여인이기를 간청했다. 그런 다음 피그말리온이 상아로 만든 우아한 입상을 애무하자 '그녀'가 살아났다.

낭만주의자들도 이와 비슷한 이야기들을 때로는 창조적 천재성과 신의 감화가 결여된 형태로 상상하기도 했다(아이헨도르프의 〈대리석상〉[98쪽 참조]도 한 예이다). 게다가 나아가 악마와 관계를 맺기도 했는데, 그 예로서 작가 메리메는 〈일르의 베누스〉[1837]로 또 하나의 대작을 완성했다. 이 작품에서 숭배를 받는 치명적인 연인은 바로 사랑의 여신 청동상인데, 악마적인 특징이 두드러진다.

그녀의 모습은 전체적으로 약간 일그러져 있었다. 눈은 조금 비딱하게 기울었고, 입가는 비죽거리듯 치켜 올라가고, 콧방울은 살짝 부풀어 있었다. 이 얼굴은 경멸·조소·잔혹함을 드러냄에도 불구하고 황홀하게 아름다웠다. 참으로, 이 놀라운 입상을 쳐다볼수록 더욱 큰 고통의 감정이 느껴졌다. 그 감정은 어떻게 이처럼 황홀한 미인이 철저한 무감정과 결합해 있을 수 있느냐 하는 것이었다.

'만일 저 모델이 한때 살아 있었다면' 내가 M. 드 페르오라드에게 말했다. 사실 나로서는 하늘이 일찍이 저런 여인을 창조했다는 것이 믿기지 않았다. 그녀의 애인이 불쌍했

장-레옹 제롬 | 피그말리온 | 1892년경 | 캔버스에 유채 | 뉴욕 메트로폴리탄 미술관
사람을 끌어당기는 매력과 거부하는 경직성의 조화, 생명이 없는 물체성이 매력적인 조각상을 바라보는 낭만주의자들을 매혹했다. 그들은 종종 다가갈 수 없는 대리석상의 차가움을 마법의 주문으로 깨뜨리고, 죽어 있는 물질에 생명을 불어넣는다는 생각을 가졌다. 그런 흑마법의 혼령들이 되돌아와 그들을 파멸로 끌어들이리라는 것은 쉽게 짐작이 간다. 제롬은 무해한 고대의 소재를 가지고 변신의 순간을 보여준다. 우아한 발과 장딴지가 아직 대리석의 하얀색으로 빛나지만, 입상의 상체는 이미 연인을 끌어안으며 키스에 응하고 있다.

다. '그녀는 애인들을 절망에 빠져 죽게 만드는 것을 자신의 기쁨으로 삼았음이 틀림없소. 그녀의 표정에는 야생의 분위기가 깃들어 있군요. 그러나 나는 이토록 아름다운 여인을 한 번도 본 적이 없습니다.'

'이 입상은 베누스요, 그녀는 포획물을 완전히 사로잡았지!' M. 드 페르오라드가 나의 열광에 만족해하며 외쳤다.

주인공 호레이스가 청동 미인상(악의적이게도 결혼 선물이었다!)에게 보이는 광적인 집착은, 일종의 상사병으로 인한 죽음 외에 다른 결말을 기대할 수 없다. 하지만 사랑과 죽음은 당시에 문학적으로 완전히 새롭게 주목을 끌었다. 바로 죽은 애인이 무덤에서 나와 찾아온다는 주제 때문이었다. 그래서 하인리히 하이네는 자신의 여인이 될 수 없는 어여쁜 '공주'를 꿈꾸었다.

"그럴 수 없어요." 그녀가 내게 말했다.
"나는 무덤에 누워 있어요,
그래서 밤에만 당신에게 가요.
내가 당신을 너무도 사랑하니까."

_하인리히 하이네, <나는 공주의 꿈을 꾸었다>

여기서는 사랑하는 여인이 매혹적이고 거의 무해한 꿈속의 이상형으로 나타나는 반면, 하이네의 <피렌체 야화>[1834]는 마찬가지로 여성 조각상에 대한 사랑이라는 죽음의 냄새가 풍기는 주제를 다루었지만 왜곡의 경향을 짙게 느낄 수 있다. 작품에서 주인공 막시밀리안은 산 채로 무덤에 묻힌 여인의 딸인 마드무아젤 로렌스에 대한 열정을 이야기한다. 강도가 묘지를 훼손하다가 진통 중인 여인을 발견하고, 그녀가 산고로 죽자 갓난아이를 데려온다. 하지만 납골당에서 나온 말괄량이는 미의 화신이 된다. "그녀는 너무도 날씬하고, 너무도 젊고, 너무도 아름다웠다. 무덤에서 자라는 백합, 죽음의 딸, 천사의 얼굴과 인도 사원 무희의 몸매를 가진 유령!"

그리움에 사무친 애도를 바치는 남성에게 죽은 연인이 찾아오거나 저승으로 유혹한다는 모티브도 당시 문학에서 빈번하게 볼 수 있다. 여기서 끔찍한 내용은 종종 시적이고 멜랑콜리한 방식으로 묘사된다. 예컨대 에드가 앨런 포의 걸작 〈리지아〉[1838]에서 주인공의 죽은 아내가 사랑의 힘으로 되살아나는 것은 새로 아내가 된 여인의 죽음을 대가로 한 것이다.

그러나 이 모티브는 테오필 고티에의 유명한 단편 〈죽은 연인〉[1836]에 나오는 음울하고 관능적인 죽음의 춤에서 절정에 이른다. 이 작품에서는 다시 살아난 클라리몽드의 모습을 띤 참으로 위험한 뱀파이어가 남자를 굴복시킨다. 하필이면 성직자인 그녀의 애인이 실수로 손가락 하나를 베이자, 마침 탈진으로 시달리고 있던 클라리몽드는 사랑과 생명의 영약이 솟아나는 것을 쳐다본다.

즉시 보랏빛 핏줄에서 피가 흐르기 시작하고, 피 몇 방울이 클라리몽드의 얼굴에 떨어졌다. 그녀의 눈이 번쩍이고, 얼굴에는 내가 이전에 한 번도 본 적이 없는 잔혹한 야생적 환희의 표정이 떠올랐다. 그녀는 짐승 같은 민첩함, 원숭이 또는 고양이의 민첩함으로 침대에서 뛰어나와 내 상처에 달려들더니 형용할 수 없는 환희의 표정을 지으며 피를 빨아들였다.

이쯤에서 우리는 목마른 여인이 그녀의 소중한 영액을 황홀하게 빨아먹도록 놔두고, 나중에 여자 뱀파이어의 전신으로서의 그녀에 대해 더 자세하게 살펴보도록 하자[191쪽 참조]. 그러고서 이제 피의 호수가 아니라 물속으로 깊이 들어가보자.

물의 여인들

◆◆◆◆◆

피그말리온 모티브와 마찬가지로, 물속에 사는 사랑스러운 요정들의 이야기 역시 고대로 거슬러 올라간다. 고대 바다 신의 딸들인 네레이드와 오케아니스 외에도, 물속에는 님프와 사이렌이 헤엄쳐 다닌다. 또 사랑의 여신 아프로디테는 전설에 따르면 바다에 떠오른 거품 이는 파도에서 솟아나왔다. 그래서 그녀는 '거품에서 태어난 여인'을 뜻하는 아나디오메네라는 별칭을 가지고 있다.

물의 요정들은 자연계의 정령으로서 때로 반만 인간의 모습을 하고 있기도 한다. 즉 하체가 물고기 꼬리로 마무리되는 것이다. 잠시 용이나 물뱀으로 변신할 수 있는 요정들도 있다. 어떤 종류이건 간에, 이 요정들과 관계를 갖는 일은 매우 위험하다. 예컨대 오디세우스가 사이렌에게서 겪었듯이, 달콤한 노래로 배를 유인한 후 치명적인 포옹으로 바다 속 심연에 끌고 들어가는 것과 같은 일이다.

중세에 이르러 물의 요정들은 민물에 사는 아름다운 여인 운디네를 무리의 일원으로 맞아들였다. 운디네는 파도를 뜻하는 '운다^{unda}'라는 라틴어에서 생겨난 이름이다. 운디네는 님프와 마찬가지로 원칙적으로는 불멸의 존재다. 하지만 운디네가 인간 남자와 결혼함으로써 영혼을 얻을 때까지만 불멸인 것이다. 만일 남편이 운디네에게 충실하지 않고 바람을 피우면 그녀는 남편을 익사시켜버린다. 1800년경의 작가들은 낭만주의 시대에 그랬듯 운디네를 소재로 한 옛 판본을 자주 비극적 동화시에 차용했다. 운디네를 다룬 가장 유명한 버전은 프리드리히 드 라 모트-푸케의 노벨레 〈운디네〉로, 이 작품은 E.T.A. 호프만[1816]과 이후 알베르트 로르칭[1845]에 의해 낭만적인 판타지 오페라로 만들어졌다.

성과 작은 도시로 이루어진 경건한 분위기의 중세를 배경으로, 인간과 물의

빌헬름 크라이 | 로렐라이 | 1875~78년 | 캔버스에 유채 | 비스바덴 미술관
클레멘스 브렌타노의 작품에서는 아직 검은 치마에 하얀 베일로 조신하게 차려입은 소녀의 모습이었던 로렐라이가, 하인리히 하이네의 유명한 시에서는 금빛 머리카락의 치명적인 마녀로 변화한다. 그리고 50년도 채 되지 않아 로렐라이는 풍만하고 매혹적인 유혹녀가 되어 암벽 위에 앉았다. 이처럼 제국 창건기에서는 독일 낭만주의에서 가장 눈부시게 빛나는 팜 파탈이 진부한 관능적 상투어로 축소되었다.

여인 사이의 상호의존을 다루는 드라마는 시작된다. 그가 그녀를 배신하고, 그렇게 비극은 일어난다. 기사 후고는 어부의 아이라고만 알려진 아름다운 운디네의 진정한 출신을 모르는 채 그녀와 결혼한다. 그러자 애초에 기사와 결혼을 약속한 공작의 딸 베르탈다는 격분한다. 베르탈다가 연회에서 운디네의 낮은 신분을 들먹이며 조롱하자, 운디네의 진짜 아버지인 물의 제왕 퀼레보른이 나타나 진상을 밝혀준다. 15년 전에 물의 제왕이 소녀들을 서로 바꾸어놓았다는 것이다. 처음에 후고는 경악하지만, 운디네가 인간의 영혼을 가지고 있다는 사실을 알게 된 후 마음을 돌린다. 그러나 베르탈다가 후고를 유혹하고, 운디네가 그 장면을 몰래 목격한다. 운디네의 아버지는 절망한 그녀를 고향인 차가운 바다 왕국으로 데리고 간다. 하지만 후고와 베르탈다의 결혼식 축제가 한창 무르익을 때 운디네가 다시 모습을 드러내 성을 물속에 가라앉히고는, 아직 숨이 붙어 있는 후고를 바다 속 심연으로 끌고 들어간다. "절반은 그녀가 그를 잡아당기고, 절반은 그 스스로 잠겨들었다/ 그리고 더 이상은 보이지 않았다"라고 파도가 쏴아 밀려오며 전한다.

 이처럼 부분적으로만 행복한 결말은, 물의 정령이 매혹적인 닉스의 모습으로 등장하는 괴테의 발라드 〈어부〉[1779]에서도 마찬가지다. 남자는 비록 "심장까지 서늘해졌지만" 물속으로 깊이 들어가자는 유혹을 물리칠 수가 없다. 이성과 자연계 정령과의 갈등에서는 치명적인 "물에 젖은 여인"이 우위에 있다.

 에스파냐 출신의 후기 낭만주의 작가 구스타보 아돌포 베케르는 자신의 환상적인 이야기 〈녹색 눈〉[1871]에서 이 모티브를 한층 효과적으로 형상화했다. 물의 요정이 가진 특성은 운디네의 경우 부드럽게 애교떠는 태도였지만, 이 작품에서는 울려퍼지는 목소리 그리고 특히 유혹의 임무를 마치고 물속에서의 죽음을 야기하는 여인의 신비한 눈동자가 된다.

밤이 서서히 그림자를 드리웠다. 달이 봉헌대 위로 떠올랐다. 안개가 피어오르고 어둠 속에서 녹색 눈동자가 탁한 늪지대를 떠돌아다니는 도깨비불처럼 어슴푸레 빛을 발했다……. "이리 와요, 이리 와요……." 반복되는 이 말이 페르난도의 귓속에서 주문처럼 웅웅거렸다. "이리 와요……." 그러고는 수수께끼의 여인이 지금껏 떠돌던 심연의 가장자리에서 나와 그를 유혹했다. 그녀는 그에게 키스를 하려는 듯했다…… 한 번의 키스를…….

페르난도는 한 걸음 가까이 다가갔다…… 한 걸음 더…… 그의 목을 껴안고 착 감기는 그녀의 가녀린 팔을 느꼈다. 그러고는 뜨거운 그의 입술에 차가운 감촉, 눈과 같이 차디찬 키스를 느꼈다……. 그는 휘청하면서 중심을 잃고 둔탁하고 으스스한 소리와 함께 물속으로 빠졌다.

반짝이는 물방울들이 튀어올라 그의 몸을 에워쌌다. 동그란 은색의 파문이 점점 커지더니 뭍에 닿아 사라졌다.

한편 베케르가 존경한 하이네는 그보다 50년 전, 라인 강가에서 다시금 미녀가 머리를 빗게 했다. 이 여인이, 비유적인 의미에서 독일 낭만주의 팜 파탈들 중 최고의 자리를 차지하고 있는 로렐라이다.

로렐라이는 고대로부터 유래한 동화와는 전혀 관계가 없다. '쏴쏴 소리를 내는 절벽'이라는 뜻의 데어 루르-라이$^{Der\ Lur\text{-}ley}$는 두려운 바닷길이자 땅의 정령과 더불어 그밖의 여러 정령들이 사는 곳으로 알려져 있었지만, 1800년에 와서야 비로소 클레멘스 브렌타노가 발라드 〈라인 강의 여울〉에 한 여인을 끌어들였다 ("마법의 여인이 살고 있었네,/ 그녀는 참으로 아름답고 고왔네/ 그리고 많은 이들의 마음을 사로잡았다네"). 하지만 브렌타노의 로레 라이$^{Lore\ Lay}$는 얌전한 시민계층의 처녀로서 사랑의 고통으로 강물에 몸을 던졌고, 그때 그녀를 동반한 세 명의 기사도 따라 죽었다. 그녀가 얼마 후 '루렐라이 처녀'가 되어 다시금 브렌타노의 《라인 동화집》에 등장한 사실이 민속 전설에서 온 소재라는 일반적인 관념에 힘을 실어주었다. 이 미녀는 모음집의 다른 부분에서 이미 변화를 겪는다. 그녀는 암벽에 앉아 흐느끼면서 금발을 빗고, 그녀에게 가까이 가려고 배를 돌리는 사공은 선원들을 모조리 죽음으로 몰고 가는 것이다.

하이네는 아마 브렌타노가 창작한 로렐라이 버전을 알지 못했던 것 같지만, 1818년 발행된 한 여행안내서에는 그녀의 현혹하는 노래에 대한 이야기가 들어 있었다. "옛날에 저녁노을이 어스름한 즈음이나 달빛이 어릴 때면 가끔 루르-라이에 처녀가 앉아 있는 것을 볼 수 있었다. 그녀가 너무도 아름다운 목소리로 노래를 불러 듣는 이들은 모두 마음을 빼앗기고 말았다. 배를 타고 그곳을 지나가던 많은 이들이 암초에 걸리거나 소용돌이에 휩쓸려 목숨을 잃었다." 하이네에게 와서는 로렐라이의 달콤한 노래가 "강력한 힘을 가진 멜로디"로 바뀌고, 로렐라이 자체도 물결치는 금발로 의도적으로 남자들의 마음을 사로잡아 죽게 만드는 마법의 여인이 된다.

유감스럽게도 하이네의 독창적 작품은 곧 속된 유행가로 통속화되고(프리드리히 질허가 1838년에 작곡) 로레 라이는 애국적인 라인 강의 수비 또는 관능의 통속물로 오용되었다. 1953년에 미국 여성 마릴린 먼로는 간접적으로 로렐라이에게 상당히 현대적인 형태를 부여해주었다. 하워드 혹스 감독의 영화 〈신사는 금발을 좋아한다〉에서 마릴린 먼로가 쇼걸 '로렐라이 리'로 등장한 것이다. 이 영화에서 섹스 심벌은 강력한 남성에게 노래 하나로 분명히 밝힌다. "다이아몬드가 여자들의 가장 친한 친구"라고.

2차대전 이후의 살인적 가슴을 지닌 금발 미인과 낭만주의 시대 사람들은 물론 시간적으로 거리가 한참 멀지만, 그래도 낭만주의 시대에 이미 또 다른 경향이 대두되었다. 지금까지 남성이 우세했던 악마의 영역에서, 바이런의 돈 후안이나 침울한 자우르 같은 주인공들이 서서히 치명적 여인들에게 창조의 주권을 내주게 된 것이다. 그리고 팜 파탈은 곧 상징주의 문학과 회화에서 신비로운 뮤즈로 숭배를 받는다.

왜 이리 슬픈지
까닭을 알 수 없지만,
옛날부터 전해오는 이야기 하나
내 마음을 떠나지 않네.

날은 저물어 차가운데
라인 강은 고요히 흐르고,
저녁 햇살에 산마루가
찬란하게 빛나네.

세상에서 가장 아름다운 그 처녀
저 위에 그림처럼 앉아
번쩍이는 황금 장식
그녀가 금발을 빗고 있네.

황금 빗으로 머리를 빗어 내리며
그녀가 노래를 부르네,
신비하고도 강력한

멜로디의 노래를

작은 배의 사공들
기이하게 사로잡혀
암초는 보지도 않고,
산꼭대기만 올려다보네.

이제 파도가 배와 사공들을
삼켜버리니
이는 로렐라이가 저지른 짓이었네
그녀의 노래로.

_하인리히 하이네

페르낭 크노프 | 검은색 커튼 사이의 가면 | 1909년경 | 종이에 파스텔 | 개인 소장
고전적인 초상화 형식에 해당하는 둥그런 그림은 여기에서 비밀을 지닌 주체로 용도가 변경되었다. 개인적 특성을 가진 여성이 아니라 가면처럼 단순화된 초상이 우리를 보고 있다. 게다가 일반적이지 않은 머리의 절단면과 미인을 부분적으로 가린 검은 커튼도 당황스럽다. 상징주의 미술에서 팜 파탈은 대부분 수수께끼 같고 황홀한 여성의 아이콘으로 등장하는데, 크노프는 그것이 '극도로 집약된 감정과 감각'의 상징이라고 여겼다.

악의 꽃을 파는 소녀

Blumenmädchen des Bösen

상징주의 회화 속의 여성들, 치렁치렁한 옷을 늘어뜨렸거나 낙원에서나 있을 법한 나체의 모습으로 우리를 반기는 수수께끼 같은 여성이 사실 이 세상에는 거의 존재하지 않으리라. 그녀들은 폐소공포증을 일으킬 법한 배경 속에 갇혀 한 편의 시와 같은 풍경을 떠도는 유령처럼, 혹은 매혹적인 정원과 드넓은 초원에서 한 떨기 이국적인 꽃처럼 배회한다. 그녀들은 영혼과 육신을 갉아먹는 독을 품은 식물이 되어 그 시대의 가장 유명한 시집, 샤를 보들레르의《악의 꽃》을 관능적인 사건으로 만든다.《악의 꽃》에서 그녀들은 현대 대도시 문학의 첫 산책자를 사랑과 열정과 죽음을 건 고풍스러운 결투 속으로 유혹해 고통을 가한다.

많은 그림들에서 부드럽지만 때로 으스스하며 수상한 빛이 장면을 지배한다. 그리고 상징주의에서는 그 수상한 빛 속으로 여성적인 모든 것이 이동한다. 말하자면 여성은 한편으로 뮤즈이자 연인으로서 거의 신격화되고, 다른 한편으로는 자연 및 본능의 존재로 점점 악마화된 셈이다. 이제 우리는 데카당스 문학가·사상가·예술가들이 여성을 악마의 산물이라 간주한 세기말의 문턱에 이른 것이다.

영국의 뮤즈

우울한 댄디 보들레르가 파리 시내의 미로를 배회하며 마음속 악마의 노래에 운을 맞추고 있는 동안, 같은 시기 런던에서는 또 하나의 불안한 영혼이었던 화가이자 시인 단테 가브리엘 로세티가 라파엘전파를 결성했다. 로세티는 1848년에 동료 존 에버렛 밀레이, 윌리엄 홀먼 헌트 그리고 이후 에드워드 번-존스와 함께 관습적인 화법에 반기를 들고, 르네상스 거장 라파엘로의 시대 이전 15세기 이탈리아 화가들이 구사했던 단순명료함과 밝은 색채를 되찾기 위해 노력했다.

이 용감한 후계자들은 물론 중세에 대한 회고를 그림 주제로 다루었지만, 그래도 그들이 가장 애호한 주제는 르네상스의 여성 악마들, 여인들의 초상이었다. 붉은 머리는 영묘하기도 하고 육감적이기도 한 여인들의 묘사에 압도적으로 사용되었다. 우리는 이미 로세티의 〈베누스 베르티코르디아〉와 〈헬레나〉를 통해 그런 여인들 중 대표적인 두 인물과 더불어 그가 즐겨 그렸던 두 모델도 알고 있다. 모델로 선택하기에는 교양이 풍부한 이민자 가문의 후예가 가장 적합했지만, 로세티의 여성 관계는 여러 뮤즈들과 동시에 이루어졌다.

로세티는 그가 성녀처럼 숭배했으며 그림에서도 성녀로 양식화한 엘리자베스 시달을 철저히 배신한 이후에도 몇 년간 그녀와 엉망진창인 결혼생활을 유지했다. 로세티가 시달과 결혼한 이유는 오로지 병세가 우독했던 그녀에 대한 도덕적 의무감에서였다. 엘리자베스 시달의 날씬한 몸매, 하얀 피부, 엉덩이까지 내려오는 구릿빛 도는 붉은 머리카락은 어느 면에서 보든 라파엘전파 화가들의 이상형에 부응했다. 시달의 이런 특징은 특히 로세티의 친구 번-존스의 그림에서도 잘 나타난다. 그녀는 신비스럽기가 자연히 저승을 떠오르게 하는 여성성, 바

단테 가브리엘 로세티 | 프로세르피나 |
1877년 | 캔버스에 유채 | 개인 소장

원래 라파엘전파 화가들이 악마적 마돈나를 그릴 때 애용한 머리색은 붉은색이었다. 하지만 로세티는 이 그림의 모델이었던 애인 제인 버든의 검은 머리카락이 로마 지하세계의 여신에게는 더 잘 어울린다고 생각한 것 같다.

화가이자 시인이었던 로세티는 자신의 회화 작품 다수에 소네트를 붙였다. 이 그림에는 오른쪽 상단에 소네트가 포함되어 있다. 시에서 프로세르피나는 사랑과 유혹의 상징인 석류열매를 두고 탄식한다. "이 열매의 붉은색은 아득히 먼 일이네/ 이 차가운 열매는 한때 감미로웠지만 이제 나를 더 굳어버리게 할뿐." 바로 이런 죽음의 숨결이, 상징주의자들이 생각하기에는 여성을 더욱 매력적으로 만드는 요소이기도 했다.

로 죽음의 에로스-천사라는 아이콘이 되었다. 이에 해당하는 가장 유명한 그림을 꼽으면 로세티가 1863년 시달이 죽은 후 그녀의 기념비로 세운 〈베아타 베아트릭스〉, 밀레이의 작품 〈오필리아〉[1852](역시 시달을 모델로 그린), 번-존스의 작품 〈베스페르티나 퀴에스〉가 있다.

엘리자베스는 아편을 과다하게 복용하고 스스로 삶과의 이별을 택한 것으로 보이는데, 로세티에게는 죽은 그녀가 이전의 어떤 때보다 더 많은 영감을 불러일으켰던 모양이다. 이와 관련된 오싹한 에피소드가 전해진다. 로세티는 시달과 더불어 자신의 모든 문학적 야망을 무덤에 파묻으려 작정하고 한 부밖에 없던 시 원고를 그녀의 관에 넣었다가, 몇 년도 지나지 않아 생각이 바뀌어 관을 열고 원고를 꺼내오도록 시켰다! 그런데 놀랍게도 시체의 물결치는 머리카락이 원고를 단단히 둘러싸고 있어, 종이를 하나씩 잘라내서 꺼낼 수밖에 없었다고 한다.

시달은 그녀 스스로도 재능 있는 여성 시인이자 화가였음에 반해 모델 패니 콘포스는 주로 관능적 관계에 한정된 애인의 역할을 했으며, 시달이 살아 있던 때에도 이미 로세티와 관계를 맺고 있었다. 이 상황은 로세티가 1870년에 친구 윌리엄 모리스의 부인인 제인 버든과 내연관계를 맺으며 바뀌었다. 결정적으로 로세티의 여성인물을 팜 파탈로 변화하게 만든 것은 바로 버든이었다. 시달과 마찬가지로 버든도 동시대인들로부터 굉장한 미인으로 추앙을 받았지만, 버든은 시달과는 달리 도전적 관능의 유형을 대표했다. 버든은 로세티가 누드로 그린 유일한 여성이었으며(앞서 언급한 〈베누스〉), 〈프로세르피나〉 같은 그의 후기 회화에 핵심적인 영감의 원천이 되었다. 이 그림에서 그녀는 도자기처럼 매끄러운 피부에 검은 고수머리가 폭포처럼 넘실거리는 서정적이고 병약한 지하세계의 여신으로 신격화되어 자신의 몸을 껴안은 채 멍하니 공상에 잠겨 있다. 왼손에 든 석류는 먹음직스럽게 잘려져 있다. 껍질이 잘린 부분에 드러난 윤기 도는 빨간색이 도톰한 입술과 조응해 유혹의 이중주를 이룬다.

로세티가 망자의 왕국을 지배하는 여왕조차도 일단 여성인 이상 가리지 않고 두드러지게 유혹하는 모습으로 그려놓은 반면, 번-존스의 그림에서는 여성들이 우울하고 무아경에 빠져 있거나 나아가 거부하는 듯한 모습으로 표현된다. 이 그림들은 전설적인 이상형의 표본, 레오나르도 다빈치의 〈모나리자〉를 따른다. 이런 점이 가장 뚜렷하게 드러나는 경우가 1893년의 알레고리화 〈베스페르티나 퀴에스〉로, 구성과 인물 해석에 있어서 〈모나리자〉와 똑같고 다만 채색이 좀 더 생생할 뿐인 모사작품이다. 새로운 것은 장대한 수도원의 담장이라는 구성요소인데, 수도원 담장은 마치 빗장처럼 여인 형상과 배경이 되는 자연 풍경 사이를 가른다(그녀의 측면에서 보면 발코니 난간에 의해 분리되어 있다). 이 중세 성의 지하감옥 속에서 여린 처녀는 영원히 세상과 등지면서 약혼반지를 빼고 있다. 뾰로통한 입과 검붉은 머리카락이라는 외모는 〈프로세르피나〉와 약간 닮았지만, 그녀의 흡인력은 미미한 상태에서 그치고 어느 누구의 접근도 거부하고 있다. 그림의 라틴어 제목이 뜻하는 '저녁의 안식'은 저승의 숨결에 의해 날아가버렸다.

다빈치에 대한 라파엘전파 화가들의 열광은 월터 페이터에게도 전해졌다. 페이터는 존 러스킨, 윌리엄 모리스와 더불어 당대에 가장 중요했던 영국의 예술 비평가로서, 〈베스페르티나 퀴에스〉가 나오기 20년 전 선구적인 에세이 〈르네상스〉[1873]를 저술했다. 보티첼리의 순수하게만 보이는 천사와 요정들 배후에서도 악마의 세력을 감지한 로세티와 그 동료들의 생각과 같은 의미로, 페이터는 에세이를 통해 모나리자를 음산한 여신으로 용도 변경하려 했다. 그런 생각은 그때까지 프랑스의 낭만주의자들에게 한 번도 떠오른 적이 없었다.

여기, 물가에 떠오른 너무도 기이한 존재가 남자들이 천년 동안 지녀온 욕망을 표현하고 있다. 그녀의 머리 속에는 세상의 모든 최후가 들어 있고, 눈꺼풀은 약간 피로한 기색이다. 그녀의 모습은 마치 내면에서부터 피부 밖으로 솟아나오는 듯한 순수한 아름다움으로, 말하자면 세포 하나하나에 지극히 기이한 욕망과 섬세한 열정이 응집해 있는 것 같다. 우리가 그녀를 하얀 대리석으로 만든 그리스 여신들이나 고대의 아름다운 여인들 옆에 앉힌다고 상상해 보자. 이 미인으로 인해 그녀들은 얼마나 깊은 불안으로 동요할 것인가. 병든 감각의 고통이 모두 흘러들어온 영혼을 가진 이 여인으로 인해!

세상의 모든 사고와 경험들이, 눈에 보이는 형상에 고귀한 인상을 부여하기 위해 이 모습에 응축되어 있다. 즉 고대 그리스의 동물적 충동, 로마의 쾌락, 천상을 추구하는 명예욕과 기사의 사랑과 낭만이 존재하는 중세의 이상적 삶, 이교도 관능세계의 회귀, 보르자의 죄악이 합쳐진 것이다. 그녀는 주위에 있는 바위보다 나이가 훨씬 더 많다. 그녀는 뱀파이어처럼 이미 수차례 죽어야 했고, 무덤의 비밀을 잘 알고 있다. 그녀는 바다로 가라앉았고, 감정에는 퇴락한 날의 심연을 담고 있다. 그녀는 동방의 장사꾼과 희귀한 직물을 흥정했다. 그녀는 트로이의 헬레나를 낳은 어머니 레다가 되었고, 마리아의 어머니 성 안나가 되었다……. 이처럼 아름다운 돈나 리자는 옛 상상의 화신으로 통했겠지만, 동시에 현대 관념의 상징이 될 것이다.

이 대담한 해석은, 그러나 세기말 이후에까지 미술과 문학 속 팜 파탈의 이미지를 세계적으로 각인시켰다. 이 모티브가 국경을 넘어 교환되는 추세가 커졌다는 사실은, 무엇보다 벨기에 화가 페르낭 크노프의 번-존스에 대한 헌정이 증명한다. 크노프는 1896년 영국의 동료 번-존스에게 섬세한 여성인물 습작을 헌정했다.

**에드워드 번-존스 | 베스페르티나 퀴에스 |
1893년 | 캔버스에 유채 | 런던 테이트 미술관**
병약한 뮤즈는 이처럼 눈가에 그늘이 드리워진 영묘한 여인이기도 하다. 이 여인은 남편의 접근으로부터 영원히 도망쳐 수도원에 삶을 바친다. 중세 사람들이 마돈나를 그릴 때 즐겨 배경으로 이용한 목가적인 '담으로 둘러싸인 정원'은, 이 그림에서 만발한 꽃과 새들의 지저귐이 사라진 적막한 황무지로 변해버리고 실제 감옥의 벽으로 둘러쳐져 있다. 번-존스는 다빈치의 <모나리자>와 프랑스 낭만주의 작가 제라르 드 네르발의 단편 <실비>(1854)에 영감을 받아 이 그림을 그렸다.

**레오나르도 다빈치 | 모나리자 |
1503~06년 | 목판에 유채 | 파리 루브르 미술관**
좀처럼 알아챌 수 없으면서도 기묘하게 유혹적인 미소가. 상징주의에서는 비밀에 싸인 여성성과 세계 불가사의의 전형으로 간주되었다. 이 작품을 견본으로 창백하고 신경질적인 여성 유형이 모사되었고 당대 회화에서 크게 유행했다. 예술비평가 월터 페이터는 다빈치의 여인들이 "마치 투시능력을 가지고 있는 여인들" 같고 그녀들에게서 "설명할 수 없는 피로감"이 느껴진다고 기술했다. 이 같은 피로감은 페이터의 친구였던 번-존스의 그림 <베스페르티나>에게서도 느껴진다.

벨기에의 스핑크스

라파엘전파보다 한 세대 젊은 크노프는 로세티처럼 훌륭한 이민자 가문 출신으로, 밀교 성향을 가진 댄디 예술가로서의 삶을 누리면서 벨기에 상징주의의 대표자가 되었다. 하렘처럼 자신을 둘러싼 여인들을 데리고 있던 호색적 영국인 로세티와 달리 크노프는 사랑하는 누이 마르그리트에게서 이상형의 뮤즈를 발견했고(근친상간이라는 풍문도 돌았다), 그녀는 그가 그린 일련의 여인상에서 일종의 전형이 되었다. 게다가 크노프의 여인상에는 이따금 불임의 경향을 띠는 성적 이중성이 공통적으로 나타나기도 한다. 매우 남성적으로 두드러진 턱 부위가, 대개 공상에 빠져 허공을 쳐다보는 눈이나 여릿한 몸매와 강한 대조를 이루는 것이다. 우리가 이 우아한 여인들을 보게 되는 무대는 오싹한 실내극장이며 때로 윤곽과 특징을 어렴풋이 짐작할 수밖에 없는 갑갑한 내부, 말 그대로 폐쇄된 공간이다.

여죄수가 있는 꿈의 세계를 상징하고 폐소공포증을 일으키는 실내 배경을 보여주는 좋은 예가 1891년 작 〈내 자신의 문을 잠그네〉인데, 이 제목은 로세티의 누이 크리스티나의 시 구절에서 빌려온 것이다. 그리스의 잠과 꿈의 신 히프노스의 두상 아래, 긴 적갈색 머리의 연약한 여성이 나른하게 기대어 바다처럼 푸른 눈동자로 우리를 응시한다. 마치 추방당해 슬픔에 잠긴 바다의 요정 같다. 크노프의 여성 묘사에는 은근히 우울함이 느껴지고, 번-존스의 〈베스페르티나 퀴에스〉에서도 보였던 남성이 표하는 호의에 대한 거부가 한층 더 함축성 있게 드러난다. 다시 말해 외부세계에 등을 돌린 것이다. 상징주의자들의 수많은 그림에서처럼 이 그림에서도 예술가들의 자기이해가 어떠한지 드러난다. 보들레르의 표현을 빌리면, 예술가는 엘리트로서 "범속한 대중"과의 분리를 필수불가결

페르낭 크노프 | 누드화 습작 | 1920년경 | 종이에 파스텔과 색연필 | 런던 피카딜리 미술관
1900년에 미술평론가 파울 슐체-나움부르크는 이 벨기에 화가의 여인상에 대해 이렇게 기술했다. "크노프는 결코 수수께끼가 풀리지 않을 여성 스핑크스의 오래된 테마를 그치지 않고 새로이 제기한다. 스핑크스의 수수께끼가 크노프의 모든 작품 내용을 이룬다." 그의 후기 작품인 이 하얀 피부의 나체 여성 또한 수수께끼를 던지고 있다. 그녀는 과거에 그가 그린 수많은 여성들보다 훨씬 육감적이지만, 여전히 비밀에 가득한 눈을 가지고 있다.

한 것으로 보았다. 동시에 은둔생활이 예민하고 신경병적인 존재들의 특권으로 간주되었다. 당시 여성들 또한 신경병적인 존재를 이상적으로 생각하는 경우가 많았으며, 가면 뒤로 자신을 숨긴 듯 연극적인 태도를 취하곤 했다.[132쪽 참조]

크노프는 뭔가 손 댈 수 없는, 석녀(石女) 같은 느낌이 감도는 여성 누드를 많이 그렸다. 이런 그림에는 특히 파스텔이 많이 사용되었는데, 투명한 파스텔의 채색감이 인물의 환상적 느낌을 강조했다. 1895년경 그려진 〈여성인물 습작〉에는 혼란스럽고 어두운 배경 앞에 상반신을 벌거벗은 수수께끼의 여인이 두 팔을 오른쪽으로 뻗고 머리를 반대쪽으로 한껏 제친 채 시선은 완전히 왼쪽을 향하고 있다. 우리가 보는 이 여인이 누구인지는 전혀 암시된 것이 없다. 사원에서 제례를 드리는 여사제일까? 또는 위험한 비밀에 싸인 존재이자 유혹하는 여성성의 아이콘일까?

크노프는 모든 여성을 수수께끼의 스핑크스로 그린 것처럼 보인다. 비록 우리가 앞서 보았던 그의 그림[71쪽]처럼, 심원한 미소를 짓는 스핑크스의 모습으로 표현하지 않은 경우에도 말이다. 크노프는 관능적인 매력이 있는 여성을 가끔 외설적 톤으로 바꾸어 묘사하기도 했다. 그 예로 1888년에 바빌로니아 풍요의 여신 이스타르를 붉은 연필로 그린 스케치가 있다. 이 그림에는 친구 조제팽 펠라당의 글씨도 보이는데, 크노프는 파리에 있는 펠라당의 '장미 십자단 갤러리'에서 자주 전시회를 가졌다. 그곳에서는 크노프의 동향인 펠리시앙 롭스의 그림들도 볼 수 있었다. 뛰어난 화가이자 부식 동판화가인 롭스의 대작으로 꼽히는 작품은 1883년에 나온 음침하고 외설적인 '악마' 연작이다. 이 연작 속의 여인들을, 이미 고인이 되어 땅에 묻혔던 《악의 꽃》의 시인이자 상징주의의 악마적인 유희방식에 있어 정신적 아버지인 샤를 보들레르가 보았다면 틀림없이 마음에 들어 했을 것이다. 그중에도 특히 신성모독적인 제단에서 몸매가 멋진 여인이 악마에게 바쳐지는 그림 〈희생자〉를 좋아했으리라.

파리의 꽃 파는 소녀

현대시의 창시자로 통하는 보들레르는, 진부한 일상에 지치고 반감을 느낀 나머지 자신의 시 속에 비밀스럽고 관능적인 영역을 열어놓으려 했다. 그곳에서는 인위적이고 기괴한 것, 비도덕적이고 악한 것이 대담하고 새로운 미의 이상이 되며, 세상은 "상징의 숲"이 된다. 그 중심에 주도적 인물로서 열정적인 애인이자 믿을 수 없는 유혹녀이며 뮤즈이기도 한 팜 파탈이 서 있다. 그녀는 지옥의 마그마에 뿌리를 내린 이국적인 꽃으로서, 도저히 거부할 수 없이 달콤하지만 치명적인 환각적 향기를 뿜는다. 따라서 '저주받은 시인' 보들레르가 어여쁜 흑백 혼

혈 여인 잔 뒤발을 수년간 애인으로 택한 것은 우연이 아니었다…….

그런데 여성이라는 '악의 꽃'은 보들레르에게는 낭만주의 텍스트를 통해 이미 익숙한 것이었다. 제라르 드 네르발이나 테오필 고티에 같은 프랑스 작가들의 단편 외에도, 보들레르는 에드거 앨런 포의 텍스트를 집중적으로 연구했다. 포의 전 작품을 프랑스어로 옮기는 작업을 마친 1857년에, 보들레르는 시집 《악의 꽃》을 내놓음으로써 단번에 유명해졌다. 그리고 이 시집에 대한 재판도 진행되어, 미풍양속을 해치는 관능적인 내용의 시 6편을 삭제하라는 판결에 더해 저작자와 출판인에게 벌금형이 내려졌다. 대단한 문학 스캔들이었다!

검열당한 바로 그 시들이 문학가 동료들과 비평가에게는 최고의 평가를 받았다. 에로스와 죽음에 대한 열정적 서약인 〈보석〉과 〈뱀파이어의 변신〉[170쪽 참조]이 《악의 꽃》의 전형적인 분위기를 보여준다. 한편 작가는 앞서 《악의 꽃》의 일부를 역시 진정 어울리는 제목인 《연옥》으로 출간한 바 있었다. 보석을 찰랑이며 "악의 천사 군단보다 훨씬 더 유혹적인" 팜 파탈에게서 보들레르의 애인 잔 뒤발의 모습을 쉽게 알아볼 수 있다.

보석

사랑하는 그녀는 알몸으로 누워 있었다. 그리고 내 마음을 알고 있기에
찰랑이는 보석만 몸에 두르고 있었다.
검은 피부에 호사스런 보석이
그녀를 가장 경사스런 날에 치장한 무어 여인들처럼 보이게 했다.

춤추며 조롱하듯 요란한 소리 울릴 때
금속과 돌로 된 이 눈부신 세계는

나를 황홀케 한다. 나는 미칠 듯이
소리와 빛이 어우러지는 것들을 사랑한다.

그녀는 누워서 사랑하도록 몸을 맡기고,
긴 의자 위에서 편안하게 미소를 보내고 있었다.
절벽으로 솟아오르듯 그녀를 향해 솟아오르는
바다처럼 깊고 다정한 내 사랑을 내려다보며

길들인 호랑이처럼 시선을 내게 고정시키고
몽롱하게 꿈꾸는 듯, 그녀는 온갖 교태를 지어보이고,
순진함과 음탕함이 한데 어우러져
일변한 그녀의 모습에 새로운 매력을 주고 있었다.
[…]
그리고 마침내 램프 불은 사그라져가고
난로만이 방을 어렴풋이 비추어,
불이 타오르며 한숨소리 뱉어낼 때마다
호박색 피부를 핏빛으로 적시곤 했다!

_샤를 보들레르

보들레르 시문학의 대작은 여성에 대한 분열된 태도에서 생겨난 풍부한 긴장 속에 위치한다. 보들레르에게 여성이란 한편으로 "악마의 형상"이자 "영원한 베누스"이지만, 다른 한편으로 그는 여성들이 주는 쾌락을 즐겼고 여성들이 가하는 고통을 통해 고상해진다고 느꼈다. 이 이중의 역할이 수십 년간 상징주의와 세기말의 회화예술에서 팜 파탈의 프로필에 점점 더 뚜렷이 각인되었다.

이에 있어 귀스타브 모로도 근본적으로 예외는 아니었다. 모로의 그림에서 비록 관능적 요소가 한결 수수하게 가라앉았다 해도, 아마 프랑스 상징주의자들 중 가장 시적인 화가였을 모로는 델릴라와 살로메에서 시작해 레다와 헬레나와 키르케를 거쳐 사이렌과 스핑크스에 이르기까지 팜 파탈 계보의 완전한 유물실을 구성했다. 황폐한 풍경 속에서 왕좌에 앉은 모로의 스핑크스를 보는 사람은, 보들레르가 〈천벌 받은 여인들〉에서 버림받은 야생의 여인들에 대한 연민에 차서 바친 시구를 절로 떠올릴 것이다.

> 천벌 받고 넋 나간 여인들아,
> 그대들 텅 빈 초원에 사냥감 쫓는 늑대와 같구나,
> 숙명이 이루어졌으니, 오 그대들, 황망한 영혼이여,
> 가슴에 품은 무한을 그만 떨쳐내라!

모성 숭배와 여성 제물

여성에 대해 '천사 아니면 악마'라는 극단적 견해를 가진 남성들의 정신세계 풍경은 바로 이탈리아인 조반니 세간티니가 제2의 고향 스위스 그라우뷘덴을 이상화하여 사생한 풍경화와 같을 것이다. 멀리 지평선이 보이는 높은 산의 적막 속에 호젓이 서 있는 마디 맺힌 나무에서 자라나듯 여성의 몸이 매달려 있다. 세간티니는 어머니의 이른 죽음에 충격을 받아, 보들레르와는 정반대로 쾌락의 여사

팜
파
탈

제들에 대해 전혀 공감을 느끼지 못했다. 때문에 그는 여성들에게 경고하기 위해 자신의 그림에 자연을 거스르는 유령 같은 모습의 여인을 등장시킨 것이다.

그의 〈허영심의 알레고리〉^{1897}에 나오는 여인은 부드럽고 눈처럼 하얀 몸과 파도처럼 넘실대는 붉은 청동색 머리카락에도 불구하고 그리 매력적으로 느껴지지 않으며, 모성을 주제로 한 유명한 연작에서도 착한 어머니와 악한 어머니를 쉽게 구별할 수 있다. 연작의 네 그림 중 〈사랑의 열매〉^{1889}와 〈삶의 천사〉^{1894}에서 전원풍경으로서 여인들을 에워싸고 있는 악마의 영역은, 〈욕망의 징벌〉^{1891}과 〈악한 어머니들〉^{1894}을 통해서 더욱 노골적으로 나타난다. 이 두 그림의 겨울풍경에는 죽음이라는 맥락도 포함되어 있다. 머리가 헝클어진 반나체의 아름다운

조반니 세간티니 | 악한 어머니들 | 1894년 | 캔버스에 유채 | 빈 벨베데레 미술관
겨울의 죽음 같은 잠 속에 골짜기를 하얗게 덮은 눈부시게 차가운 눈이 두 손으로 움켜잡을 수 있을 듯 생생하다. 그것은 불임이라는 불가사의한 자연의 상징이다. 세간티니는 아이를 낳으려는 생각 없이 성적 쾌락에 빠진 여인들의 유형지를 이렇게 예견했다. 그러나 나무에 붙어 있는 어머니의 매력과, 유사한 그림 <욕망의 징벌>에서 공중에 떠 있는 두 여인의 매력을 고려해보면, 이 엄격한 도덕주의자도 남몰래 '죄악을 저지른 여인'들에게 마음이 끌렸던 것이 아닌가 하는 의혹을 누를 수 없다.

두 여인이 유령 같은 2인조를 이루어 눈 내린 풍경 위에 둥둥 떠 있다. 장엄한 산의 파노라마 앞에 버려진 여인들의 모습은 마치 최종적 저주인 '징벌'을 받기 전에 하릴 없이 최후의 연인을 기다리고 있는 것 같다. 〈악한 어머니들〉의 배경은 한층 더 갑갑하게 느껴진다. 수의처럼 하얗게 덮인 서리를 배경으로 외로운 자작나무 한 그루가 서 있는데, 나무 둥치에는 한 여인이 매달려 기괴한 공생 속에 하나가 되어 있다. 상반신을 드러내고 눈을 감은 여인은 그녀 옆 헐벗은 가지에서 싹 터 나와 젖을 빠는 아기의 접촉에 고통과 동시에 쾌락의 반응을 보이는 듯하다. 이 몸짓과, 심장 모양으로 휘어진 나뭇가지에 의해 악한 어머니의 구원이 암시된다. 즉 악한 여인도 모성으로 전향함으로써 정화될 수 있다는 뜻이다.

　이런 도덕화가 기이하게도 오늘날 우리에게까지 통하는 모양이다. 세간티니에게 이는 유아기의 트라우마 탓이었지만 아무튼 그는 이런 관념을 당대의 다른 예술가들과도 공유했고, 그들은 악마적 여성성이라는 주제를 평생 떨치지 못했다. 알프레드 쿠빈은 어머니의 무덤 앞에서 총으로 자살을 시도하기도 했다 (하지만 총이 발포되지 않았다). 이 화가에 대해서는 이후 다시 이야기할 것이다.

　세간티니의 저주받은 겨울 풍경에 밝은 대조를 이루는 이미지는, 뮌헨의 전설적인 잡지 〈심플리치시무스〉의 캐리커처 화가로 유명한 토마스 테오도르 하이네의 그림들에서 볼 수 있다. 하이네는 잡지에서 참으로 독특한 화풍을 구사했으며, 그의 다양한 유화에서도 역시 남녀 간의 싸움을 위트 있게 묘사하였다. 때문에 황제마저 하이네의 〈처형〉^{1892}을 좋아했다고 한다. 이 그림에서는 절망에 찬 남자가 손으로 얼굴을 감싸고 좁은 판자 다리를 건너 사원 같은 장소로 걸어가는데, 그의 뒤에는 득의만만한 미소를 띤 여인이 참수용 칼을 들고 따르며, 앞에는 욕정에 사로잡힌 자를 상징하는 숫염소가 무거운 걸음으로 터벅터벅 걷고 있다. 같은 해에 그린 〈해먹〉에서, 하이네는 앞의 결혼에 대한 풍자화에서 보이는 조롱기보다도 오히려 함축성을 더해 성관계를 표현했다. 이 그림을 보면 사랑의 유희를 하자는 발의는 남자 측, 성기 모양의 애벌레 형상에서 나온다. 그리고 우아한 미인이 남자의 무리한 요구에 대해 관심 없다는 듯 장난스럽게 양산을 펴며 거부하고 있다. 그러나 이 장면에서 누가 실제로 상황의 주도권을 쥐고 여유만만하게 있는지는 분명하다. 숭배자가 덫에 빠진 것이다.

마찬가지로 막스 클링거도 불쌍한 멍청이가 되어 장서표(서적의 소유자를 명시하기 위해 책에 붙이는 표 - 옮긴이) 안에 주저앉아 있다. 장서표는 그가 수년 동안의 반려자였던 빈의 여성 작가 엘자 아제니예프를 위해서 도안해준 것으로, "미인이 승리한다$^{Belta\ vince}$"라는 표어가 적혀 있다. 표어에 어울리게 매력적인 여성 파트너가 어색하게 쪼그리고 앉은 남자를 손과 발로 눌러 소유권을 드러내고 있다. 두 사람이 해안에서 누드로 있는 모습은, 클링거가 즐겨 주제로 삼은 신비스러움 또는 원형적인 느낌을 그들만의 사적인 유희에 부여한 것이다.

클링거는 그가 대단히 높이 평가한 펠리시앙 롭스와 마찬가지로 그림이야기의 대가였고, 1880년에서 1894년 사이에 여러 편의 뛰어난 판화 연작을 제작했다. 성과 꿈과 죽음이 중심 주제를 이루는 〈이브와 미래, 사랑 또는 장갑〉에는 유발 인자에 대해 강력한 강박적 상상을 하게 되는 페티시즘적 물건이 등장한다. 이는 현대 심리학과 성병리학에 대한 놀라운 선취를 보여주는 예다. 클링거 작품에 나오는 여성의 에로스는 전체적으로 롭스에 비해 덜 악마화된 것으로 보이지만, 그럼에도 우리가 앞서 그의 〈사이렌〉에서 본 것처럼 벗어날 수 없는 재앙과 고대의 권능은 위험한 수위를 넘나든다.

클링거는 창작적 재능과 예술적 기교의 완벽성 그리고 성의 수수께끼에 대한 직감적 표현으로 당대와 후세에 가장 영향력이 큰 예술가 중 하나가 되었다. 초현실주의자 막스 에른스트의 으스스하고 관능적인 콜라주 소설은 클링거가 남긴

유산을 간직하고 있고[220쪽], 쿠빈에게는 클링거의 그래픽 작품들이 역시 여인들이 대부분 죽음을 부르는 괴물로 나타나는 고착된 시각적 환상들의 불씨가 되었다.

그러나 1900년경 세기말 미술에 이르러서는 팜 파탈이 유겐트슈틸 의상을 입게 되었고, 심지어 사라 베르나르와 같이 실제로 살아 있는 디바에게도 양식적인 옷을 입혔다. 이제 다음 장에서는 베르나르와 파리가 우리의 눈길을 끌 것이다.

토마스 테오도르 하이네 | 해먹 |
1892년 | 종이에 혼합재료, 캔버스 부착 | 뮌헨 바이에른 국립미술관
여성의 관능을 특히 괴물 같은 짐승 형태로 악마화하는 작업이 당대의 일반적인 모티브였다. 하이네의 그림에서는 꽃이 만발한 초원과 녹색 자작나무(세간티니의 그림에서는 앙상하게 표현된)를 통해 다산성이 보다 밝게 표현되었다. 그러나 이 매력적인 사교계 회화에서 우리는 말 그대로 여성이 가진 권력에 대한 은근한 불쾌감과 마주치게 된다. 미술비평가라면 활짝 펼친 양산이 추상적으로 표현한 여성의 외음부임을 눈치챌 것이다. 이 외음부는 애벌레의 공격을 다만 방어하는 척할 뿐이고, 곧 가차 없이 애벌레를 집어삼킬 것이다.

막스 클링거 | 엘자 아제니예프를 위한 장서표 |
1898년 | 부식 동판화 | 브레멘 미술관
아마 사랑에 빠진 지 얼마 되지 않은 클링거가 애인에게 이 장서표를 헌정했으리라. 아름다운 여인이 남자의 굴복에 대해 해맑은 우월감을 드러내면서 "미인이 승리한다"고 조롱한다. 그러나 나중에는 아제니예프가 패자가 된다. 새로운 사랑을 만난 화가가 그녀를 둘 사이에서 낳은 딸과 함께 매몰차게 버렸기 때문이다.

르네 랄리크 | 잠자리 | 1897년경 | 금세공에 칠보, 녹옥수, 월장석 | 리스본 칼루스트 굴벤키안 미술관
유겐트슈틸은 팜 파탈을 사악한 보석으로 예찬했다. 사라 베르나르를 위해서도 작업했던 랄리크는 이 브로치에 잠자리의 형상을 부여하여 매우 세밀하게 작업했다. 잠자리가 매혹적으로 아름답지만 파멸을 부르는 존재임을 이미 하인리히 하이네는 시 <잠자리>에서 아이러니한 어조로 경고했다.

벨 에포크
Belle Époque und Fin-de-Siècle

1896년 9월의 온화한 저녁, 파리 생마르탱 거리를 산책하며 오늘 하루를 바리에테 극장 아니면 레스토랑 둘 중 어디서 마감해야 할지 아직 결정을 내리지 못한 사람에게, 마지막 여름의 햇살이 던지는 흐릿한 광휘 속에서 광고 기둥에 붙은 포스터가 눈에 들어온다. 포스터에는 붉은 청동색 머리에 하얀 동백꽃을 꽂고 빛나는 의상을 걸친 섬세한 여인의 모습이 푸른 별들로 가득한 하늘을 배경 삼아 두드러진다. 가까운 르네상스 극장에서 이 시즌의 화제작 〈춘희〉가 다시 사라 베르나르를 주역으로 하여 상연되는 것이다……

철학자 발터 벤야민이 일컬었듯 "19세기의 수도"였던 파리는 최초의 세계적 연극배우를 위한 이상적인 배양토를 제공했다. 1차 대전이 시작되기 전의 태평한 시절 파리에는 부와 예술과 편리함이 꽃피고, 아름다움이 개가를 올리고, 샴페인이 철철 흘러 넘쳤다. 모두가 '벨 에포크Belle Époque'라고 입을 모았다. 보들레르가 "녹색 요정"이라 부른 압생트 술이 좌중을 지배하고, 데카당스 시인들의 손에 잉크가 묻고, 여러 가엾은 악마들이 파멸하고, 시골에서 올라온 몇몇 불쌍한 처녀가 몸을 팔도록 강요당했던 예술가 구역 몽마르트의 초라한 집들과 같은, 파리의 악마적이고 그늘진 측면도 포함해서 말이다.

한편 1865년에 마네가 그려 스캔들을 일으킨 자의식 강한 매춘부 올랭피아의 그림은, 생업의 권리를 쟁취한 여성들이 어느새 파리의 지배자로 부상했다는 사실을 의심할 바 없이 명백하게 보여주었다. 이런 환경이 베르나르의 레퍼토리에도 반영되었다. 그녀는 기호에 따라 무대에서, 그리고 실생활에서도 당시의 고급 매춘부가 사용하던 공작 깃털이나 고대 동방의 여왕이 쓰던 금장식으로 치장하면서 팜 파탈의 새롭고 도시적인 인상을 뚜렷하게 확립했다. 또한 1900년경 빈이나 뮌헨 그리고 특히 파리의 센 강 부근에서는 상징주의적 여성으로 통하는, 거리감을 지닌 신비로운 존재들이 고대 풍으로 세공된 유겐트슈틸의 귀금속 장신구로 형상화되어갔다.

잠자리

몇몇 얼간이 딱정벌레조차
그녀의 파란 베일 달린 옷을 찬탄하네,
자그만 에나멜 몸뚱이를 찬탄하네
그리고 날씬한 허리도.

[…]

오, 내가 차라리 보지 못했으면 좋았을걸
물 위에 떠도는 파리, 푸른빛 고급 창녀
가녀린 허리를 가지고 있는—
아름답고, 되먹지 못한 사기꾼!

_하인리히 하이네

파리의 디바

◆ ◆ ◆ ◆ ◆ ◆

'여신 같은 사라'는 1844년 파리 고급 매춘부의 딸로 태어났다. 연극배우보다는 매춘부로 빠지기 쉬운 가정환경이었다. 그러나 이모와 두 여동생이 매춘부로서의 장사에 열심히 임했던 반면, 사라는 수도원 여학교(!)를 졸업하고 음악학교에 다니다가 18세에 이미 프랑스에서 가장 유명한 극장 코메디 프랑세즈에서 명성을 얻었다. 베르나르는 프랑스 고전작품의 주요 여성인물 역할을 발판으로 유명해졌는데 〈테오도라〉[1884], 〈클레오파트라〉[1890], 〈지스몽다〉[1894] 등 빅토리엥 사르두의 신파극 및 당대 유명작가들의 연극에 탁월한 팜 파탈로서 출연했다. 그러나

그레이엄 로버트슨 | 사라 베르나르 | 1888년 | 종이에 수채물감과 구아슈 | 런던 레이디 제인 애브디 컬렉션
영국 출신의 방문자가 자신을 초대한 사십대 중반의 사라 베르나르를 세련되고 생각에 잠긴 자세를 취한 젊어 보이는 모습으로 수채화에 담았다. 예외적으로 수수한 베르나르의 의상은, 벨 에포크의 우상이었던 그녀가 연극무대에서도 사생활에서도 항상 화려하게 자신을 연출했다는 사실을 잠시 잊게 한다.

그녀의 가장 화려한 등장은 알렉상드르 뒤마의 〈춘희〉[1880]에서 폐결핵에 걸린 매춘부 마르그리트로 분했을 때였다.

베르나르는 파리 전체 그리고 프랑스 전 지역에 이어 유럽과 미국에도 순회공연을 다녔다. 그녀의 명성은 결코 무대에 특이한 모습으로 출연한 이유 때문만이 아니었다. 사라 베르나르는 기이하며 스캔들을 몰고 다니는 디바로서의 사생활을 이용해 무대에서 맡은 역할을 한층 더 빛나게 했다. 그녀는 자신의 개성을 연출하는 데 있어 사진과 컬러 포스터라는 새로운 수단을 유감없이 활용하여 미와 관능, 극단과 비밀의 완벽한 이미지를 창조했다. 즉 베르나르는 이후에 요부형 영화배우들이 행한 일을 그대로 선취한 것이다.

당시 사람들이 사라 베르나르에게 매혹당한 것은 (베를린의 비평가 율리우스 밥이 언급한 것처럼) "평범치 않은 것과 유희"할 수 있는 그녀의 능력이었고, 그것은 무엇보다도 벨 에포크의 고급 매춘부로서의 환경과 고대 세계 사이의 탁월한 교량 역할에서 발휘되었다. 베르나르가 경력을 쌓기 시작한 1882년에 이미 명망 높은 연극비평가 쥘 르메테는 그녀를 공식적으로 인정했다. "그녀는 나에게 이국적인 먼 곳의 느낌을 전달했다. 그녀가 세상이 얼마나 넓은지를 항상 일깨워주는 것에 대해 감사한다……. 나는 그녀의 내면에 살아 있는 모든 미지의 것들을 존경한다." 그는 2년 후 〈테오도라〉 초연을 보고 또 이렇게 덧붙였다. "그녀는 어떤 때는 보헤미안이 되었다가 어떤 때는 집시가 되며, 한때는 이 모습으로 또 한때는 저 모습으로 나타난다. 때문에 나는 그녀의 모습에서 살로메, 살람보 또는 사바의 여왕 중 어떤 것을 떠올려야 할지 도무지 짐작을 할 수 없다. 그리고 베르나르는 각 인물들의 광휘에 대해 기가 막히게 이해하고 있다……. 그녀는 환상적인, 그리고 영원히 손에 닿을 수 없는 꿈의 여인을 예술적으로 능숙하게 연기할 줄 안다."

르메테는 비잔티움의 여황제를 연기한 사라 베르나르를 보고 나서, 그녀 자체가 성경과 고대 신화의(집시로서는 간접적으로 카르멘 캐릭터까지) 팜 파탈 원형과 분명한 관계를 가진 존재임을 간파했다. 1887년에 르메테의 동료 장 로랭은 더 나아가 베르나르를 모로의 상징주의 회화와 직접 관련시키기까지 했다. "수수께끼의 사라는 틀림없이 귀스타브 모로의 딸, 뮤즈의 자매, 세례 요한의 잘린 머리를 들고 있는 여인이다……. 사라 베르나르는 날씬한 자태에 피를 뚝뚝 떨어뜨리며, 유명한 수채화〈현상〉속 살로메의 승리를 뽐내듯 번쩍이는 의상을〈테오도라〉에서도 입고 나왔다." 그림 속에 존재하던 팜 파탈이 이제 피와 살을 가진 실존인물이 되어 연극무대에 오른 것이다! 인기를 먹고 사는 디바와 대중을 꺼리는 화가가 개인적인 친분을 나누지는 않았지만, 그래도 그들은 서로의 재능을 높이 평가했다. 사라 베르나르가 연극에 등장할 때 모로의 그림에서 영감을 받은 의상을 입은 것과 같이, 모로도 거꾸로 자신의 여인 그림들에 이 연극배우를 참고했다고 한다. 흥미로운 점은 역시 1887년 작인 모로의〈왕좌에 앉아 있는 클레오파트라〉세부와, 3년 후 초연된〈클레오파트라〉에서 베르나르의 무대의상이 똑같다는 것이다. 이 연극에서 여주인공은 그림에 표현된 클레오파트라와 똑같이 뱀 머리가 돌출된 금속 띠를 머리에 두르고 있다. 베르나르가 사생활에서도 즐겨 착용한 뱀 모양 황금 팔찌는 관객의 시선을 매우 강렬하게 사로잡았다.

한편 환상적인 그녀의 무대의상은 때로 조롱거리가 되기도 했다. 예컨대 한 언론인은 그녀가 그런 "보석 껍질"을 착용한 채 어떻게 몸을 움직일 수 있는지 의아해했다. 반면에 열광적인 예찬자였던 오스카 와일드는 베르나르에게서 찰랑이는 보석만 걸치고 헤로데 왕 앞에서 춤을 춘 살로메를 상상했다고 한다. 하지만 그의 상상은 현실로 실현될 수 없었으니,〈살로메〉의 공동 초연이 1892년 런던에서 리허설이 진행되던 사이에 검열로 금지되었기 때문이다. 와일드의 이 연극은 1896년에야 비로소 파리에서 무대에 올랐는데, 원래 사라를 위해 만든 작품(와일드 역시 모로의 그림을 보고 영감을 받았다)이었음에도 당시 그녀는 공연에 참여할 수 없었다.

아일랜드 출신의 댄디 오스카 와일드와 파리의 디바가 20년 동안 친분을 유지했던 이유는, 그들이 비슷한 존재로서 기이한 것에 대한 취향을 공유하고 있었기 때문이다. 그리고 사라는 그런 취향을 장 로랭(동성애 성향의 유미주의자이자 사도마조히스트임을 인정한)과 로베르 드 몽테스키외와도 나누었다. 몽테스키외는 막대한 부를 소유한 교양 있는 예술 후원자로서, 위스망스의 소설《거꾸로》의 주인공인 데 제생트의 모델이었다. 또 그는 벨 에포크의 파리에서 유일무이한 건축물로 꼽혔던 저택을 소유하기도 했다—물론 사라 베르나르의 거처를 제외하고 말이다. 이 쾌락주의자 무리의 일원이었던 작가 피에르 로티는, 우리에게도 사라의 방을 한번 들여다볼 수 있도록 하는 글을 남겼다.

화려함 넘치는 커다란 공간. 벽·천장·문·창문 모두 박쥐와 신비로운 괴물이 수놓인 무거운 검은색 중국 비단이 드리워져 있다. 마찬가지로 검은 비단에 싸인 커다란 제단에 향기 나는 나무로 짠 관이 절반쯤 가려진 채 놓여 있다. 관은 하얀 새틴 천으로 불룩하게 싸여 있다. 중후한 천개가 달린 흑단 침대에 검은 커튼이 쳐져 있고, 침대 위에는 또 금색 날개와 발톱을 가진 거대한 붉은 용이 수놓인 덮개가 덮여 있다. 구석에는 검은 벨벳으로 바닥까지 내려오게 테두리를 싼 거울이 서 있는데, 거울 테에서 박제한 흡혈박쥐가 불쑥 솟아 있다……. 박쥐는 털이 북슬한 날개를 활짝 펼치고 있다.

그 독특한 인테리어는 "사랑의 고통으로 인해 죽은 젊고 잘생긴 남자의 뼈대로 완성되었다. 그 뼈대는 라자로라고 불렸고, 마치 윤이 나는 상아처럼 하얀

나폴레옹 사로니 | 클레오파트라 역의 사라 베르나르 | 1890년 | 파리 국립도서관
베르나르는 무슨 일이 있어도 클레오파트라 역을 하려 했고, 역사에 충실하게 클레오파트라에 어울리는 의상을 고르고 보석 장신구로 보완하는 작업에 일주일 내내 매달려 있었다. 뱀 머리가 달린 머리장식은 베르나르가 높이 평가한 귀스타브 모로의 그림에서 차용한 것이라 짐작된다.

게 반짝인다." 여기에 더해 우리는 부드럽게 흘러내리는 시폰 천을 걸치고 터키식 긴 의자에 느긋하게 몸을 눕힌 여주인이 마음을 사로잡는 대화를 건네며 유혹하는 모습을 상상하게 된다. 이처럼 화려한 팜 파탈의 유희 장소에 들어서면, 최대한 빨리 그녀에게 환영받고 싶다는 소망 외에는 달리 바랄 게 없는 것이다.

베르나르의 집에서는 박제한 흡혈박쥐 외에도 다른 동물들과 종종 마주칠 수 있었다! 뱀과 살쾡이를 광적으로 좋아한 그녀는 무대에 클레오파트라로서 살아 있는 뱀을 갖고 등장하기도 했다. 영국 화가 그레이엄 로버트슨이 베르나르를 방문했을 때 살롱에 있는 텅 빈 우리를 보고 이게 여기 왜 있냐고 묻자, 그녀는 얼마 전까지 사자가 그 안에 있었다고 대답했다. 그러나 극장의 여왕은 사막의 왕 사자를 일찌감치 내버렸는데, 사자에게서 연신 지독한 냄새가 풍겨 침실에까지 퍼졌기 때문이다. 사자는 곧이어 냄새가 덜한 새끼호랑이로 대체되었다. 호랑이는 식사 중에도 가끔 식탁에 올라와 돌아다녔고, 로버트슨은 "호랑이가 나에겐 신경도 쓰지 않고 으르렁대며 접시를 향해 걸어올 때" 무척 즐거워했다. 이 예술가는 베르나르의 위험스런 괴벽에도 그다지 혼란스러워하지 않고 자기를 초대한 여주인을 매력적인 수채화로 남겼으며 그녀의 마력에 굴복했다. "신비스런 하얀 옷차림의 사라가 아틀리에로 통하는 계단을 내려오면, 옆에서 스라소니가 소리 없이 따라왔다. 그 모습은 진정 키르케를 연상시켰고, 나도 모르게 자신이 돼지로 변하기를 염원하도록 했다."

이 뛰어난 여배우는 젊은 두 예술가가 빠른 경력을 쌓는 데 도움을 주었다. 바로 체코 뵈멘 출신의 화가이자 그래픽 아티스트 알폰스 무하와 금세공인 르네 랄리크였다. 인쇄업자의 조수로 근근이 생활을 이어가던 무하는 1894년에 동료를 도와 〈지스몽다〉의 플래카드를 도안하였는데, 그것을 본 베르나르는 첫눈에 매료되어 이후 5년 동안 모든 포스터를 무하에게 맡겼다. 유겐트슈틸 예술의 아이

알폰스 무하 | 연극 <사마리아 여인>의 사라 베르나르를 위한 포스터 | 1897년 | 석판화 | 파리 갤러리 도큐멘트 콜렉션

이 포스터에서 무하는 디바의 풍성한 붉은 머리를 엉덩이 아래로 길게 내려오는 금발로 바꾸어놓았다. 보티첼리의 여인상을 연상시키는 이 금발은 심지어 <비너스의 탄생>과 구체적으로 닮았다. 관능적으로 뒤틀어 내민 엉덩이를 감싼 띠는, 비너스에게 저항할 수 없는 매혹의 힘을 부여했다는 마법의 허리띠를 상징한다. 경건한 사마리아 여인이 고혹적으로 변하게 된 것은 상징주의와 세기말의 '성병에 걸린 마돈나' 유형에 따른 것인데, 로세티와 뭉크도 이 유형을 다룬 바 있다.

콩이 된 무하의 플래카드들은 물론 여배우를 귀엽고 한층 젊어보이게 표현하여 그녀에게 아첨했다. 당시 베르나르의 나이가 이미 50세였으니 말이다. 1895년에 〈먼 나라의 공주〉에서 베르나르가 쓰고 나온 왕관도 무하가 도안했으리라 짐작되는데, 제작은 랄리크에게 넘겨졌다. 랄리크는 베르나르에게 무대용 장신구를 여러 번 만들어주었다. 정체불명의 개성을 가진 베르나르와 랄리크가 맺은 친분(아마 몽테스키외의 주선으로 만나게 되었을 것이다)은, 세기말의 천재적 보석 세공인에게 결정적인 추진력이 되었다. 그녀는 랄리크를 부유한 예술 후원자 칼루스트 굴벤키안에게 소개하여 경제적으로 넉넉한 미래를 보장해주었다.

베르나르에게서 영향받은 랄리크는, 고급 장신구를 제작하면서 여인의 모습을 넣을 경우 종종 입을 크게 벌린 사자머리로 두상을 장식하여 맹수의 광포한 느낌을 부여하기도 했다. 정말이지 무대에서 팜 파탈을 재현함에 있어 베르나르를 따를 이는 없었고, 이후 세대에도 마찬가지였다. 세기말이 지난 후에야 비로소 〈춘희〉 베를린 공연

**르네 랄리크 | 맹수 머리 장식을 한 여인 두상 |
1900~02년 | 금세공에 상아, 칠보, 다이아몬드, 사파이어 |
리스본 칼루스트 굴벤키안 미술관**
상아로 제작된 이 여인의 얼굴은 아마 사라 베르나르의 초상일 것인데, 공격적으로 입을 크게 벌린 사자를 머리에 얹고 있다. 유겐트슈틸에서 애용된 파란색 칠보가 값비싼 테두리를 이루고 있다.

에서 베르나르를 본 율리우스 밥은 그녀에게 열광했다.

목소리 하나에서 모든 멜로디가 흘러나온다. 목소리 안에서 눈물이 솟아오르고, 웃음이 흩날리고, 비명이 불타오르고, 영원한 삶이 스며나오는 듯하다. 이제 그 모든 것이 터져나와 우리의 협소한 존재를 찢고 지나가서 이 여인의 삶으로 들어간다.

널리 칭송받은 이 여인이 애인들을 대량으로 해치웠다고 말년에 회고했음은 언급할 필요가 없으리라. 반면 여성 조각가로서 그녀의 상당한 재능은 거의 알려져 있지 않은데, 이런 점에서 그녀가 자신을 수수께끼의 스핑크스로 표현한 것 역시 당연한 일이라 하겠다. 그것도 박쥐 날개를 단 스핑크스였다! 어두움을 상징하는 박쥐 날개는 1900년경 여성의 본성에 대한 일반적인 상징이었는데, 예술의 시야로 들어와 점차 중요성을 얻으면서 위협적인 것에서부터 전도유망한 것에 이르기까지 모든 범주에 들게 되었다.

이 책에 나오는 여성 초상화 대부분은 1880년에서 1910년 사이에 나온 것이다. 그 시대는 예술에서 팜 파탈이라는 주제가 진정한 번성기를 누리며 참으로 다양한 색채의 뛰어난 묘사들이 넘쳐난 때였기 때문이다. 당시 회화에서는 신화적 은폐라는 요구에 의해 관능적 주제가 오래전에 포기되었음에도 불구하고, 살로메·유디트·키르케·클레오파트라는 전과 다름없이 많이 묘사되었다. 이미 마

팜 파 탈

구스타프 클림트 | 모자와 털목도리를 한 부인 | 1910년경 | 캔버스에 유채 | 빈 벨베데레 미술관
그림 속 여인은 화려한 파리 밤거리의 세련되고 버릇없는 여왕으로서, 매혹적이고도 깔보는 시선을 던지며 우리 앞에 나타난다. 대도시의 팜 파탈인 그녀는 벨 에포크에 태어났지만 오랜 선조를 둔 혈통의 일원이다. "클림트는 '새로운 빈의 여성' 그것도 유디트와 살로메를 할머니로 둔 매우 특정한 종류의 빈 여성을 발견했거나 또는 창조했다. 그녀는 너무도 사랑스럽게 방탕하고, 매혹적으로 악하고, 황홀하게 타락했다." 그러나 <일루스트리어튼 비너 엑스트라블라트>의 비평문은 이 여성 유전자의 위험성을 간과하고 있다.

네가 〈올랭피아〉로 신호탄을 쏘아올린 이후였다. 고전적인 베누스의 포즈를 취하고 있는 고급 매춘부를 묘사한 이 작품은 아카데미의 규범에 대한 의식적인 조롱이었다. 1920년대 표현주의가 내놓은 아스팔트 위의 베누스에 이르기까지는 아직 한참 거리가 있지만, 그래도 이제 분명 현대 대도시적 존재로서의 팜 파탈 전형이 생겨난 것이다.

현대 대도시의 팜 파탈 전형은 오스트리아 유겐트슈틸에서 가장 중요한 화가 구스타프 클림트의 그림에서도 찾아볼 수 있다. 여성의 관능을 꾸준히 그리고 천재적으로 천착했던 클림트는 원형적인 여성과 세련된 상류사회 여인의 특성을 결합해 독특한 혼종을 창조했다.

클림트가 1910년에 내놓은 〈모자와 털목도리를 한 부인〉에서는 파리의 분위기를 느낄 수 있다. 풍성한 붉은 머리의 신비스러운 여인이 두터운 남보랏빛 모자와 깃털 달린 목도리를 턱 위로 잔뜩 끌어올려 얼굴을 반쯤 가리고 있는데, 자부심이 배어나는 그녀의 우아함에 비하면 파리의 화려한 리볼리 거리도 장식에 지나지 않으리라! 배경에 드러나는 대도시의 불빛이 그녀가 도시의 존재임을 증명하며, 고혹적으로 내리뜬 눈꺼풀은 그녀가 당시 대도시의 길거리에 떼 지어 있던 매춘부임을 암시한다. 물론 빈에서도 그런 여성 유형을 만날 수 있긴 했지만, 그래도 클림트의 그림 속 부인은 그가 여러 번 전시회를 열었던 파리의 이미지를 되살리게 한다.

벨 에 포 크

뮌헨의 죄악

〈원죄〉라는 명확한 제목 하에, (빈에서도 크게 인정받은) 뮌헨 화가 프란츠 폰 슈투크는 치명적인 여인의 영원한 아이콘을 창조했다. 클림트와 마찬가지로 슈투크도 여성의 관능을 그림의 주제로 삼았지만 여성의 도시적 세련미는 거의 배제되고 성의 위력에 대한 거대한 공포 분위기로 인해 종종 쾌락이 손상되기도 한다. 클림트 또한 진리의 알레고리 〈벌거벗은 진실〉[1899]과 모성의 알레고리 〈희망 I〉[1903]에서 몽롱한 눈과 불타오르는 빨간 머리카락으로 창백한 팜 파탈을 표현했을 때 위협적이고 으스스한 요소를 배제하지는 않았지만, 그래도 장식적인 꾸밈과 우아한 필법으로 이미 감정적인 거리를 두고 있다. 클림트의 경우 〈방종, 쾌락, 무절제〉[107쪽]에서 상징으로 등장한 여인들조차 감각의 결합 속에 서로 묶여 있고, 죽음을 부르는 영향력은 독자적 존재로서 약화되어 있다.

고대에 심취한 슈투크는, 클림트보다 훨씬 더 심도 깊은 그리스와 로마 모티브로 되돌아갔다. 슈투크의 그림들은 〈술에 취한 여자 켄타우로스〉[1892], 〈상처 입은 아마존〉[1904] 같은 제목이 붙어 있어 마치 오비디우스의 《변신 이야기》 속을 두루 산책하는 것 같다. 영원히 지속되는 남녀 간의 갈등도 슈투크는 〈켄타우로스의 싸움〉[1894]이라는 모티브로 담아냈는데, 11년 후 유화 〈여인을 둘러싼 싸움〉에서는 같은 주제를 훨씬 극적으로 묘사한다. 이 그림에서 여인은 남자의 동물적 감각을 일깨운 파멸과 광란과 불화에 대해서는 전혀 개의치 않으며, 마치 조명을 받듯 매혹적이고 자극적인 나체를 환히 드러낸 채 싸우는 남자들 옆에 꼼짝도 하지 않고 서 있다.

모로와 마찬가지로 슈투크도 자신의 그림에 팜 파탈의 계보 전체를 사열시켜

놓았는데, 그중 몇 주제는 같은 내용의 무대 공연을 통해 알게 된 경우도 있었다. 그의 대작 〈살로메〉[6쪽]는 예술가가 자신의 고향에서 공연된 춤에 영감을 받은 것이다. 〈키르케 역의 틸라 뒤리외〉[53쪽]도 이와 비슷하다. 이 유명한 여배우는 1912년의 순회공연 중 이자르 강 근처에서 페드로 드 칼데론의 바로크 연극 주인공으로 등장했다가, 슈투크의 아틀리에에서 여러 장의 스케치와 사진 모델을 서게 되었다. 〈키르케〉와 마찬가지로 〈살로메〉에서도 연극무대 같은 시각과 개인적 만남에서 비롯된 중성화 효과를 알아챌 수 있다. 두 요인이 혼합되어 악마적인 것은 거의 사라지고, 무희는 관능이 넘치며 여배우는 교활하게 유혹적이다. 다시 말해 이 작품들에서는 〈스핑크스의 키스〉[71쪽]처럼 뚜렷하게 드러나는 위험이 거의 사라진 것이다.

그래도 〈인페르노〉[1908]는 쾌활한 대화가 슈투크에게 아직 관능의 일부가 남아 있음을 느끼게 한다. 이 그림에서는 물론 진짜 지옥 장면을 볼 수 있는데, 여러 번 단독 모티브로 제작된 뱀을 두른 여인이 감각과 죄악과 패륜의 화신으로 나온다. 이 그림에는 성서만이 아니라 보들레르의 시 〈뱀파이어의 변신〉 1연도 한 몫했다. "이때 딸기같이 붉은 입술을 한 여인이/ 뜨겁게 작열하는 땅 위에 뱀처럼 꿈틀대며……."[170쪽 참조] 또 하나의 문학적 출처로, 여주인공이 애인에게 몸을 바치기에 앞서 음란한 뱀의 의식을 수행하는 플로베르의 《살람보》가 거론된다.

같은 모티브로 육체적 매력을 과시하는 콜리어의 〈릴리트〉[14쪽]에 비해 절제되었음에도 불구하고, 1893년에 슈투크가 내놓은 〈원죄〉의 첫 번째 버전만 해도 이미 관능적으로 매우 깊이 빠져 들어가 있다. 검은 머리카락을 길게 늘어뜨린 미녀의 벌거벗은 반신이 빛이 분산된 어두운 배경에서 솟아나듯 드러나고, 뱀 한 마리가 그녀의 몸을 단단히 휘감은 채 관찰자를 똑바로 쳐다보고 있다. 어두운 밤과 방종의 여왕이 남자들을 거친 야수로 만들어버릴 수도 있다는 경고처럼 알듯 말듯 핏빛 딸기 같은 입술에 머금은 짓궂은 미소는, 보랏빛 도는 갈색으로 반짝이는 눈동자 속에서 여릿한 메아리로 울린다. 그녀는 육욕의 모나리자로서 당시 화가들에게 곧바로 찬탄을 얻었다. 슈투크는 같은 주제에 조금씩 변화를 주며 대여섯 장의 그림을 그렸는데, 관능성이 뚜렷한 〈누워 있는 죄〉[1894]도 그 연장선이다. 슈투크의 여인 반신상은 그의 아틀리에에 있는 예술가의 제단 일부가 되었고, 오늘날에도 그녀는 여전히 예술과 에로스를 관장하는 암흑의 여신으로서 그 주변의 두 황금 기둥 사이에 우뚝 솟아 있다.

슈투크의 호화로운 작품이 제작된 같은 시대에, 뮌헨의 극작가 프랑크 베데킨트는 여성이 땅의 정령으로 등장해 치명적인 〈판도라의 상자〉를 한번 열었다가 어떤 일이 일어나는지를 남자들에게 분명히 보여주는 비극을 탄생시켰다.

프란츠 폰 슈투크 | 원죄 | 1893년 | 캔버스에 유채 | 뮌헨 근대회화관
그림 속 미인의 어깨 위에서 사람을 주시하고 있는 파충류조차도. 흘러내리는 검은 머리카락으로만 나체를 가린 미인의 매력을 조금도 앗아가지 못한다. 오히려 뱀은 고유의 방식으로 위험한 여인의 유혹과 육체적 죄악이 가진 악마성을 강조한다.

에드바르 뭉크 | 뱀파이어 | 1895~1902년 | 석판화 | 오슬로 뭉크미술관
아라베스크 양식의 머리타래가 유겐트슈틸의 요소를 보이는 한편, 포스터 같은 채색과 얼굴의 평면적 재현은 이미 표현주의를 암시한다. 이 모티브는 화가의 석판화 연작 '사랑'에서 골라낸 5점 중 여성이 행하는 악마적인 음모의 쓰디쓴 결과를 보여준다. 그림에서 여성은 우세한 맹수의 여유를 가지고 희생물의 피와 생명을 빨아들이고 있다. 매우 값비싼 맹수라고 할 수 있을 이 그림은 2008년 11월 소더비 경매에서 3천만 달러에 경매된 버전이다.

사탄의 딸

Satans Töchter

팜 파탈의 맥락에서, 우리는 여성과 사탄의 유대를 다양한 시대의 그림과 문학 텍스트 속에 이미 여러 번 볼 수 있었다. 즉 여성들은 악마의 안식일에는 마녀가 되어 합류하고, 악마의 애인으로서 남자들을 유혹하고, 지옥의 전령으로서 파멸에 빠뜨리고, 뱀파이어가 되어 희생자의 피와 생명을 빨아먹는다. 종국에 가서 여성은 항상 사랑의 파편더미와 불타오른 쾌락의 잿더미 위에 올라선 승리자가 된다.

마녀의 호황기는 중세 회화 세계에서 눈부시게 등장한 후 세기말 낭만적인 문학에서 다시금 정점에 오른다. 유겐트슈틸의 세련된 매춘부와 병행해 1880년 이후 여성은 악마 그 자체라고 비방하는 여성상이 확립되는데, 이런 관념에는 특정하게 정해진 유형이 존재하지 않았다. 아르투어 쇼펜하우어와 프리드리히 니체의 철학을 근거로, 여성의 열등성과 상위로 올라가기 위해 노력하는 남자들에게 미치는 치명적 영향력에 대한 뭔가 난해한 이론이 생겨났다. 화가이자 그래픽 예술가인 알프레드 쿠빈 또는 그의 노르웨이 동료 에드바르 뭉크처럼 남자는 음울하고 관능적인 버전으로 보상을 꾀했다. 여성은 본성과 충동의 생물이 되었고 치명적 존재라는 통념적 의혹을 받았다. 여성은 어린이 같은 존재가 되어서조차 순진무구한 성격을 부여받지 못하고, 오히려 종종 프랑크 베데킨트가 무대에 올린 '야만적이고 아름다운 동물' 룰루 유형의 남자를 살해하는 괴물로 나타난다.

뱀파이어의 변신

이때 딸기같이 붉은 입술을 한 여인이
뜨겁게 작열하는 땅 위에 뱀처럼 꿈틀대며,
단단한 가슴을 코르셋으로 조이고,
사향 냄새같이 유혹적인 말을 흘렸다.
"나로 말하자면 잠자리 속에서 젖은 입술로
케케묵은 양심을 없애는 방법을 알고 있어
내 압도적인 유방 위에선 어떤 눈물도 마르고
늙은이도 어린이 같은 웃음을 웃게 되지.

홀랑 벗은 내 알몸을 보는 이에겐
나는 달이 되고 해가 되고 하늘과 별이 되지!
오—귀여운 학자여
나는 하도 관능에 통달해서
내 무서운 품 안에 사내를 꼭 껴안을 때
혹은 소심하고도 음란하며 여리고도 억센 내가
내 윗도리를 깨물도록 내맡길 때면
넋을 잃은 육체의 이 침상 위에선
정력 잃은 천사들도 지옥에라도 떨어질 지경!"

_샤를 보들레르

여성 혐오

19세기 말에는 뚜렷한 대립 구도가 남녀 성차별 이론의 대부분을 이루었다. 즉 한쪽에는 정신적이며 천부적으로 이성적인 남자가 있고, 다른 쪽에는 감각적이고 정신적으로 하위에 있는 여자가 있는데, 여자는 성적 자극으로 남자를 눈멀게 하고 고귀한 남자의 본성으로부터 유리시키는 존재였다. 니체는 '초인'으로 가는 도상에서 예술가에게 이 대립 상황이 유난히 문제를 많이 일으킨다고 생각했다. 예술가는 한편으로 예민함 탓에 흥분제(에로스에 가장 중요한 요소)가 되는 '디오니소스적인 것', 도취적인 것에 더욱 유혹당하기 쉬웠고, 여성의 부정적인 영향을 통해서도 더 쉽게 파멸되었다.

니체는 자신의 판단(또는 편견) 근거를 쇼펜하우어의 논문 〈성적 사랑의 형이상학에 대하여〉(《의지와 표상으로서의 세계》[1819~59]) 그리고 〈여성에 대하여〉(《소품과 단편집》[1851])에 두었다. 이 논문들은 여성이 종(種)이라는 익명성의 원칙에 소속되며, 여성과는 달리 개성이 부여된 인격을 가진 남성의 상위를 "본능적인 교활함"으로 무력하게 만들 기회를 노린다는 내용이다. 1871년 찰스 다윈은 논문 〈인류의 기원과 성의 선택〉에서 심지어 남성이 존재의 보존 및 여성을 둘러싼 투쟁의 주체로서 원래부터 문명적으로 우월하다는 견해를 내놓았다.

이처럼 여성에 대한 문화인류학적 추방이 더없이 기묘하게 진행되었다. 그리고 이런 견해가 너무도 진지하게 다루어지면서 당시 학문관련 문서들에서 전성기를 맞이했다. 예를 들어 1900년에는 신경과 의사 파울 율리우스 뫼비우스가 이목을 끈 소논문 〈여성의 생리학적 정신박약에 대하여〉을 내놓았고, 3년 후에는 오토 바이닝거의 유명한 연구 논문 〈성과 성격〉이 잇따랐다. 이 연구의 "여

팜
파
탈

펠리시앙 롭스 | 스핑크스 | 1888년 | 니스 에칭 | 파리 국립도서관
벨기에 화가 롭스는 이 그림에서 스핑크스 여인을 악마적 존재로 분명히 규정함으로써 그녀의 비밀을 (일부나마) 풀었다. 롭스가 이 모티프로 속표지를 그린 프랑스 단편소설에도 스핑크스는 이런 모습으로 등장했다. 그의 친구인 심령론자 조제팽 펠라당의 견해에 따르면, 롭스는 "현대의 성도착적 성격을 표현하기에 충분할 만큼 불가사의한" 화가였다.

성은 오직 성적일 뿐이고, 남성도 성적이다"라는 원칙에 아우구스트 스트린드베리와 같은 위대한 작가도 열광적으로 찬성했다. 세 번이나 결혼에 실패한 스웨덴 극작가 스트린드베리는 자신의 희곡 〈율리에 양〉의 여주인공에 대해 이미 1888년에 이렇게 언급한 적이 있었다. "그녀는 현대적인 인물이다. 남자를 잡아먹는 반인반마로서 모든 시대에 존재했다고 하는 여인이어서가 아니라, 지금 발견되었기에 그리고 그녀가 많은 존재를 포함하고 있기 때문이다. 여자 반인반마는 주목을 끄는 유형이다……. 예전에는 돈과 타락을 위해 자신을 판 것처럼 지금은 권력·질서·영예·자격증을 얻기 위해 자신을 판다." 그는 기존의 사회적 역할에 반기를 드는 여성해방운동의 발발에 대한 불편한 심기를 드러내고 있다. 이는 종종 여성의 원초적인 성적 힘에 대한 공포(스트린드베리의 경우도 물론)와 함께 어우러져 '남자와 다른 성'에 대한 혼란스러운 증오로 이어졌다. 당시 이런 식의 사고와 감정들이 팽배했다는 사실을 1905년에 프란츠 폰 슈투크가 그린 복수의 여신 〈에리니에스〉가 뚜렷하게 보여준다. 이 그림에는 고대 그리스의 왕자 오레스테스가 현대 남성을 대표하는 존재로서, 여성의 육체적인 매력을 지녔지만 골상학적으로는 혐오스러운 복수의 유령에게 쫓기고 있다.

    슈투크가 여인을 재앙으로 간주하면서 은근히 관능적인 고대의 메타포로 옷을 입혀 나타낸 한편, 벨기에 화가인 펠리시앙 롭스는 남자를 확 뒤집어놓는 위험한 존재, 사탄의 것으로 바뀐 기독교로서 여성을 표현한다. 때문에 롭스는 1883년에 동판화 연작 '악마'에서 사탄에 대한 여성의 추구와 여인으로 인한 남자의 파멸을 묘사했다. 영원히 "독이 있고 벌거벗은 동물, 악마의 절대적인 여노예"(위스망스의 견해와 같이)는 한편 신성모독적인 '골고다 언덕'에서 끝나는 심판을 겪고 "잡초의 씨를 뿌리는 악마"의 그림에 투입된다. 성서에 나오는 악의 씨를 뿌리는 자의 비유(마태복음 13장 24~30절)를 반영한 그림에는, 긴장감 넘치는 보름달이 뜬 파리의 밤하늘에 거대한 악마 형상을 한 여인이 암컷 애벌레를 흩뿌린다. 이로써 세기말 미술에서 처음으로 여성이 단순히 악한 존재가 아니라 명확히 악마 그 자체로 호명되었다.

개인에 내재된 악마는 롭스의 다른 관능적인 그림들에도 등장한다. 롭스는 고대 신화에서 따온 모티프로 1886년경 바르베 도르비이의《악녀들》[1874] 표지 삽화를 그렸다. 나체 여인이 매우 헌신적으로 스핑크스 입상에 찰싹 달라붙어 있고, 낫 모양의 스핑크스 날개 사이에 현대식 양복을 입은 사탄이 앉아 만족스러운 미소를 띤 채 그녀의 행위를 지켜본다.

롭스의 대단한 숭배자이자 그 자신도 악마적 천재였던 후세대 예술가로 알프레드 쿠빈이 있다. 쿠빈은 1901년에 펜화 〈여성의 생식〉에서 악마의 패거리인 여성 모티브를 취해 생식행위를 구체적으로 풍부하게 묘사했다. 즉 사탄의 사지에서 여성의 몸이 솟아나오는 것이다! 쿠빈에게서는 스핑크스도 다른 성격을 얻어 남성적 존재가 되고, 유령과 같은 여인의 나체 밑에서 받침대에 박혀 있는 형상일 뿐이다.

쿠빈의 우주에는 여성적 개성도 남성적 개성도 존재하지 않는다. 그의 그림은 마치 성서에서 언급된 재앙을 예고하는 후기 상징주의적인 경고판처럼 보인다. 구체적인 예로 1902년 작의 혼란스러운 수채화 〈대(大)바빌론〉이 있다. 이 그림에서 구약성서의 위대한 창녀이자 묵시록의 무희는 아름답고 음울하고 위엄 있게 전리품, 즉 잘려나간 남근더미 옆을 과장된 동작으로 걸어간다. 강력한 여성에 의한 남자의 처형이라는 모티브는 그보다 1년 전 여자의 성이라는 심연으로 〈죽음에의 도약〉[1901]을 하는 그림에서 상징적 결핍으로 표현되었다.

이보다는 더 시적이고 극악무도한 면은 좀 덜하지만, 그래도 여성을 악의 원칙으로 간주하는 편견이 더 뚜렷해진 작품은 오토 그라이너가 스승 막스 클링

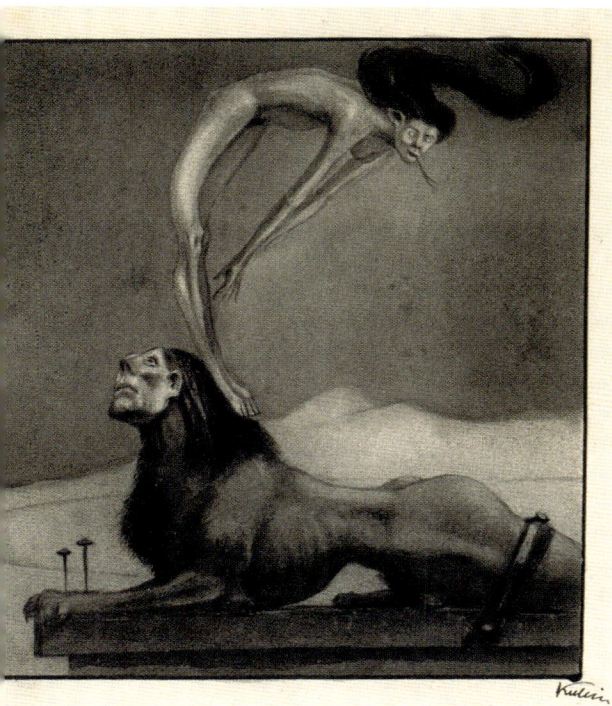 

알프레드 쿠빈 | 남자 스핑크스 | 1903년경 | 뮌헨 렌바흐하우스
쿠빈이 분명히 롭스의 삽화에 고무되어 그린 스핑크스 버전 자화상이다. 매우 섬세한 필치를 보이는 이 그림은, 특히 혜성 꼬리 같은 머리카락에 유리병 모양의 유령 같은 여성이 혀를 날름거리며 죽음의 눈길로 (그녀보다 오직 물리적으로만 강한) 남성을 굴복시킨 형상에서 볼 수 있듯이, 비유적인 착상의 풍부함에서 원본을 능가한다.

오토 그라이너 | 악마가 군중에게 여인을 보여주다 | 1898년
롭스의 영향으로 소급되는 그라이너의 연작 '여자에 대하여'에서 세 번째 작품('매춘'이라는 제목도 붙어 있다)이 완성된 여성 창조의 순간을 묘사하는데, 여자는 악마에 의해 거의 남자들로만 구성된 군중에게 내보여진다. 여자가 죄악의 상징인 뱀을 몸에 감은 채 뻔뻔스러운 나체로 있다. 검은 스타킹은 당시 매춘부를 묘사할 때 전형적으로 사용된 소재다.

거에게 헌정한 펜 석판화 연작 '여자에 대하여'다. 그라이너도 물론 알고 있었을 《악녀들》에 나오는 것과 마찬가지로 이 연작은 악마의 존재인 여자가 완성되는 5단계 과정의 역사와 그리스도의 수난사가 이야기되고 있는데, '인간의 창조'로 시작해 '골고다' 단계에서 끝난다. 세 번째 작품 〈매춘〉에 노골적으로 묘사된 여자의 뻔뻔함에 의해, 죽음과 악마는 인류에 대한 지배권을 장악한다.

마돈나와 뱀파이어

당대 예술가들 중에서도, 여성이 남성의 영혼을 최우선적으로 지배한다는 생각에 사로잡혀 인상 깊은 그림을 남긴 사람으로는 노르웨이 화가 에드바르 뭉크를 따를 자가 없다. 쇼펜하우어와 니체의 철학에 기댄 뭉크에게는 도취상태가 존재와 예술 창작의 원동력으로 통했고, 삶은 성욕과 질투 그리고 살인 욕구와 공포 등 극단적 감정들의 춤으로 각인되었다. 이러한 감정을 일으키는 근본적인 존재는, 한편으로 성모 마리아로서 숭배를 받으며 다른 한편으로 매춘부이자 뱀파이어로서 혐오스러운 여성이었다. 그래서 여성은 대부분 지옥의 상징으로서 빨간 머리로 표현되었다.

연작 '사랑'$^{1895~1902}$의 의미심장한 마지막 작품은 뭉크를 표현주의의 아이콘으로 만든 절망에 가득 찬 〈절규〉이다. 또한 세 번째 작품인 〈마돈나〉는 전통적 기독교 성모상에 대한 독특한 변화를 보여준다. 뭉크의 마돈나에게서 "영원한 생식 열광의 은밀한 신비"의 상징을 본 그의 친구이자 폴란드 작가 스타니슬라프 프쉬비셰프스키는, 연작의 네 번째 그림 〈뱀파이어〉에 대해서 이렇게 언급했다.

에드바르 뭉크 | 재(부분) | 13쪽 참고

177

사탄의 딸

이 그림에는 끔찍할 정도의 차분함, 열정의 상실이라 할 형용할 수 없는 체념의 불운이 서려 있다. 그러나 남자는 뱀파이어에게서 풀려나지 못하고…… 또한 고통에서도 풀려날 수 없다. 그리고 여인은 계속 그 자리에 앉아 천 개의 독니와 천 개의 뱀 혀로 영원히 물게 된다.

뭉크는 1894년에도 이미 보들레르의 시에서 영감을 받았을 동판화 〈하피〉에서 뱀파이어의 공격을 표현한 적이 있다. 이 그림에서는 고대 전설 속 존재(새의 몸뚱이를 가진 여자로, 얼굴은 〈마돈나〉를 연상시킨다)가 발톱으로 희생물을 갈기갈기 찢는다. 뱀파이어도 한번 무는 것에 그치지 않고 물결처럼 넘실대는 붉은 머리채로써 남자를 상징적으로 교살한다. 이 소재는 뭉크가 나중에 〈살로메-패러프레이즈〉에서 또다시 다루었다. 이 그림에서는 세례 요한의 머리를 움켜쥔 손 안에서 단순화된 머리타래가 끝난다.

뭉크의 몇몇 그림에서는 예외적으로 여성이 지배적인 존재로서 나타난다. 판화 〈재〉[13쪽]도 그중 하나다. 그녀의 파트너가 성교를 마친 후의 비애에 잠겨 굳어 있는 반면, 여인은 남자 옆에 상황의 지배자로서 일어서 있는 모습은 다시 한 번 "고르곤의 머리"와 같은 섬뜩한 장면이 된다. 이는 뭉크 자신의 체험을 그대로 녹여내 남녀 간의 갈등을 묘사한 것이다. 뭉크는 마침내 여성성을 예술적 발전의 방해요소라고 결론짓고 그의 전기 작가 롤프 스테너센에게 자신이 "환멸에 찬 여성혐오자"라고 터놓았다.

뭉크는 살면서 여성과 몇몇 관계를 가졌지만 모두 짧게 끝났다. 그는 어떤 여성도 즐거움이나 감사하는 마음으로 기억하지 않았다. 다정하게 대해주는 여성일수록 더욱 그를 겁먹게 만들었다. 뭉크는 모든 여성이 애인이나 남편감을 사냥하는 것이라 생각했다.

여자들은 남자들에 의해 살아가는 일종의 거머리이며 허벅다리에 '호두까기 인형의 근육'이라도 가지고 있는 것 같다고 했다. 뭉크는 여성을 기이하고 낯선 존재로 보고, 절망에 빠진 희생자의 피를 빨아먹는 날개 달린 괴물로 묘사했다.

간간이 술에 의존했고 환각을 쉽게 경험했으며 심각한 노이로제 증세가 있던 화가의 심리 상태도 한몫했으리라 짐작된다. 물론 뭉크가 베를린에서 지낸 1892년부터 1896년까지는 실제 팜 파탈이 그를 괴롭히긴 한 것 같다. 뭉크는 스트린드베리가 베를린의 보헤미안들과 늘 어울리던 단골술집 '검은 돼지'에서 그들과 교제를 나누곤 했다. 이 모임에 뭉크는 젊고 그림처럼 아름다운 오슬로 출신의 피아니스트 다그니 유을 끌어들였다. 그녀는 신경질적이고 연약한 유형으로, 클림트나 크노프의 이상적인 모델이 될 수 있었을 여자였다. 자유연애에 대해 끊임없이 논쟁을 벌이던 모임에서, 유을은 실제로 자유연애의 주도권을 쥐면서 이들의 관계를 엉망진창으로 만들어버렸다. 유을은 곧 프쉬비셰프스키를 남편으로 결정하고, 뭉크를 비롯해 그녀를 우상처럼 숭배하던 스트린드베리도 차버렸다. 스트린드베리는 그녀와 뭉크의 정사에 반쯤 미쳐서 "폴란드 창녀" "악마의 계집"이라며 비방했다.

하지만 화가의 인생을 분열시킬 만큼의 영향력을 행사한 여성은, 포도주 상인의 딸로 뭉크와 혼돈 그 자체의 연애행각을 벌인 아름답고 변덕스러운 툴라 라르센이었다. 그녀는 그를 죽이고 자살하기 위해 권총을 쏘는 소동으로 추문의 정점을 찍었다. 뭉크는 툴라와 헤어진 후부터 오직 유곽에서만 여자를 만났다고 한다. 그러나 그는 "악의적인 빨간 머리의 작은 짐승"에게서 결코 완전히 풀려나지 못했다. 그래서 수년이 지난 후에도 그녀는 치명적인 키메라가 되어 '녹색방' 연작[1907~08] 같은 뭉크의 그림들에 출몰했다.

팜
파
탈

에드바르 뭉크 | 마돈나 | 1896년 | 석판화
기독교 성화에 대한 과감한 전용이다. 태아 형상으로 표현된 아기 예수는 정자들로 장식된 테두리에 고립되었고, 나체의 마돈나는 관능적 희열에 도취되어 있다.

치명적인 애인으로부터 헤어나는 일이 얼마나 어려운지는, 족히 수십 년이 지난 후 마찬가지로 화가였던 오스카 코코슈카가 스캔들에 둘러싸인 작곡가의 미망인 알마 말러에게 복수한 그로테스크한 방식을 보면 알 수 있다. 코코슈카는 알마 말러의 등신대 인형을 주문 제작하여 벙어리 뮤즈이자 그가 내키는 대로 숭배하거나 학대할 수 있는, 의지 없는 물신으로 삼았다.

팜 파탈에 대한 물불 가리지 않는 복수로서 상징적이거나 실제로 일어난 치정살인은 당대 연극의 주제이기도 했다. 뭉크와 동향인 작가 헨리크 입센이 〈노라(또는 인형의 집)〉[1879]를 비롯한 여성해방 연극들로 성차별적 유형 체계에 새로운 길을 트고 스트린드베리가 〈죽음의 춤〉[1901]과 〈유령 소나타〉[1907]로 결혼의 실체를 밝힌 한편, 한 독일 작가는 새로운 관점으로서 아이 같은 여성을 무대에 올렸다. 그것은 이른바 순진무구하지만 실제로는 세상의 모든 악을 담고 있는 '판도라의 상자'였다.

룰루와 롤리타

뭉크를 유명하게 만든 작품 중 하나가 〈사춘기〉[1893, 1895]였다. 이 모티브는 진정 그의 대담한 구성 솜씨를 보여주지만, 당시의 대중에게는 낯설게 느껴졌을 것이 분명하다. 발가벗은 소녀가 눈부신 빛 속에서 보잘것없는 침상 모서리에 움츠리고 앉아, 허벅지를 꽉 오므리고는 피로 빨개진 두 손을 오른쪽 무릎 위에 교차시켜 놓았다. 그녀의 옆에 갓 눈뜬 여성성을 상징하는 검은 그림자가 솟아오르고, 거부하는 듯한 소녀의 시선이 공허하게 관찰자를 지나친다.

우리가 오늘날 이 그림을 보고 소녀에게는 아직 미지의 대상인 성의 불길한 힘을 인지하는 반면, 당대 사람들은 오히려 여성이 남성에게 가하는 잠재적 위협의 표현이라고 인지하는 쪽이 더 많았다. 다시 말해 여성의 내면에는 애초에 치명적인 요소가 들어 있다는 인식이다. 뭉크의 친구 프쉬비셰프스키는 이렇게 단언했다. "사람들은 〈사춘기〉에 '남자의 세계사'라는 제목을 붙여도 좋을 것이다…… 그 그림 앞에서 자기 내면의 가장 깊은 상처를 감지하지 않을 남자는 아무도 없다."

아직 꽃피지 않은 봉오리 상태인 여성성을 앞에 두고 무서워 물러서는 현상은, 또다시 〈여성에 대하여〉에서 언급한 쇼펜하우어의 성철학으로 소급된다.

소녀에게서는 연극 용어로 무대효과라고 일컬을만한 그런 본성을 알아챌 수 있다. 소녀는 몇 년 이내에 남은 전 생애를 대가로 한 놀라운 아름다움·매력·충만으로 피어나기 때문이다…… 고귀하고 완전한 것일수록 더 늦게 천천히 성숙에 이른다. 남자는 28세나 되어야 이성과 정신력이 성숙한다. 반면에 여성은 18세면 성숙한다…… 때문에 여자는 평생 어린아이로 머물러 있는 것이다.

이 그림에 관련해 뭉크는 도르비이의 《악녀들》을 위한 롭스의 삽화에서도 영감을 얻었다. 단편은 조숙하고 사악한 13세 소녀가 어머니의 애인에게 탐닉하는 이야기를 다루고 있는데, 어머니와 몸매가 똑같은 소녀는 가슴이 이미 뚜렷하게 봉긋해졌고, 표정에는 은근한 육욕이 가득하다. 상징주의 회화 속을 종종 배회하는 양성적이고 공기같이 영묘한 여성 존재와 달리, 롭스는 관능적으로 유혹하는 어린 여성을 묘사함으로써 표현주의에 이르러서야 일반화될 유형을 선취했다. 이런 유형은 이후 에곤 실레나 키르히너. 페히슈타인 등 다리파 화가들의

그림에서 흔히 볼 수 있다. 스위스 화가 쿠노 아미트도 〈노란 소녀들〉에서 자신이 어린 아프로디테의 바이러스에 감염되었음을 보여준다. 소녀들은 얼핏 보기에만 위험하지 않을 뿐이다.

한편 발튀스는 사춘기 미인을 전 작품의 주요 모티브로 삼았다. 발튀스의 가장 유명한 작품 중 하나인 〈방〉은 누드로 관능적 포즈를 취한 소녀를 중심에 두

발튀스 | 방 | 1954~58년 | 캔버스에 유채 | 개인 소장
여자 옷을 입고 남자 가면을 쓴 난쟁이가 커튼을 옆으로 걷어. 오싹하고 한편 노골적으로 음란하기도 한 장면을 드러낸다. 발튀스의 그림에는 고양이가 여성 관능의 야생동물 같은 본질을 상징하는 관객으로서 자주 등장한다.

쿠노 아미트 | 노란 소녀들 | 1931년 | 캔버스에 템페라 | 베른 미술관
민들레꽃 양탄자에 앉은 이들은 어쩌면 암사자의 성질도 지니고 있는지 모른다(민들레꽃은 뾰족한 잎 때문에 독일어로 '사자 이빨 Löwenzahn'이라는 이름을 가지고 있다 – 옮긴이). 이 그림 속에서 살포시 피어나는 소녀들이 은근히 성숙한 자태를 드러내고 있는 것처럼 말이다. 소녀들의 새빨간 입술이 단지 표현주의자들의 과감한 색채표현 때문이었다고 말할 수는 없을 것이다. 1931년 그린 원본이 뮌헨 글라스팔라스트의 화재로 파손되자 화가 본인이 이 사본을 완성했다.

었다. 그래서 발튀스의 많은 그림들은 자극적이고, 그 연령대에는 사실 전혀 지닐 수 없는(관습상 지녀서도 안 되는) 에로틱함이 발산되기에 으스스한 느낌도 풍긴다. 이를 통해 발튀스는 예측할 수 없고 위험하기 짝이 없는 자신의 본성에 대해 많은 것을 누설했다. 바로 이것이 비극 〈룰루〉에서 치명적인 어린아이 여성을 탁월하게 창조한 프랑크 베데킨트의 1891년 작 사춘기극 〈스프링 어웨이크닝〉의 주제가 되었다.

베데킨트가 1892년에서 1894년까지 저술한 〈룰루〉 초고에는 〈판도라의 상자〉라는 제목이 붙어 있었다. 마법의 상자에 인류의 불행을 담아놓은 고대 신화 속 제우스의 딸 판도라를 암시하는 이 비극에서는 어린애같이 거침없는 사랑과 권력욕을 지닌 젊은 여성이 그녀와 관계한 모든 남자들에게 불행을 불러온다. 그리고 남자들은 '땅의 정령'(극의 또 다른 제목이기도 하다)에게서 벗어날 수도 없다. 그녀의 첫 번째 남편은 벼락을 맞고, 두 번째 남편은 심지어 그녀의 외도와 성적 방탕의 현장에서 단도로 자살한다. 그녀의 양아버지이자 세 번째 남편은 자신이 속수무책으로 예속되어 있음을 깨닫고 그녀에게 자살하라고 강요하지만, 그녀는 자살하긴커녕 도리어 그를 총으로 쏜다. 1913년에야 비로소 〈룰루〉라는 제목으로 나온 2부작 드라마는 피바다로 막을 내린다. 감옥에서 탈출한 그녀가 런던의 빈민구제소에서 지내면서 몸을 파는데, 네 번째 손님이 그 유명한 살인마 잭 더 리퍼였던 것이다…….

룰루는 "진정한 동물, 야만적이고 아름다운 동물"로서, 이미 연극의 프롤로그에서 사자를 부리는 사람(베데킨트 자신이 이 역할을 즐겨 맡았다)에 의해 소개된다. 말하자면 그녀는 모든 도덕률 너머에 존재하는 인물이다. 극에는 시민사회의 이중도덕과 창조주에 대한 반발도 포함되어 있는데, 특히 룰루에게서 오직 자신의 피조물만 보는 그녀의 양아버지 쉔 박사 역시 비판을 면치 못한다. 하지만 이

비극의 성공은 역시나 큰 반향을 일으킨 매혹적인 여주인공에서 비롯된 것으로, 룰루라는 이름은 파멸과 재앙의 동의어가 되어 알반 베르크의 오페라 〈룰루〉[1937]로 무대에 올랐고 이후에는 영화로도 제작되었다. 영화라는 새로운 매체가 당장 이 화젯거리를 다시 다룬 것은 우연이 아니다. 그리고 룰루는 당시 스크린 속 악녀들의 대명사인 최초의 '요부'가 되었다.

폴커 데르라트 | 연극 <룰루>의 브리기테 호프마이어와 토마스 퀴라우 | 2004년
우아한 살쾡이가 발레복을 입고 있다. 적갈색 머리에 가냘픈 브리기테 호프마이어의 외모는 마치 이 역할을 위해 만들어진 듯하다. 호프마이어는 2004년 뮌헨 볼크스테아터(크리스토프 슈튀크 연출)에서 룰루라는 인물이 수백 년이 지나도 도발적인 매력을 전혀 잃지 않았음을 탁월하게 증명했다. 이 장면에서는 양아버지 쉔 박사(토마스 퀴라우)가 자신의 피조물을 황홀한 눈으로 유심히 훑어보고 있다.

<판도라의 상자> 영화 포스터 | 1930년경
그림처럼 아름다운 루이즈 브룩스는 우아한 야회복과 버라이어티 쇼의 타조깃털 장식으로 단장하고 영화 포스터에 등장하였으며, 그녀를 룰루로 여겨 양심의 가책을 느끼는 남자들의 얼굴로 둘러싸여 있다.

요부 혹은 디바

Vamps

그레타 가르보는 1926년 작 영화 <악마 여인>에서 오만하면서도 교태 섞인 몸짓으로 하얀 야회복의 박쥐날개 모양 소매를 펼친다. 남자를 잡는 실크의 덫이다. 이것이 가르보가 보여준 초기 영화의 전형적 팜 파탈이었다. 이제 팜 파탈은 화가들의 캔버스로부터 어른거리는 스크린으로 자리를 옮기면서 상징주의·유겐트스틸·표현주의가 즐겨 묘사한 작열하는 색채를 잃었다. 그러나 대신에 움직이는 그림 속의 새로운 삶과 '요부(Vamp, 뱀프)'라는 새로운 이름을 얻었다.

뱀파이어의 축약어인 뱀프는, 우리가 보들레르나 뭉크에게서 이미 접했듯이 남자의 피와 생명을 빨아먹는 존재로서의 여성에 대한 편견과 관계되어 있다. 더불어 이 명칭으로 스캔들을 몰고 다니는 디바라는 현대여성 유형이 확립된다. 즉 사라 베르나르를 선두로 영화와 신문의 가십 기사에서 너무도 매혹적인 글래머 여성을 연출한 테다 바라, 그레타 가르보, 아스타 닐센, 루이즈 브룩스, 폴라 네그리 같은 스타들이다.

이 배우들을 만날 수 있는 영화들은, 앞서 파리의 무대 아이콘들을 배출했던 팜 파탈이 등장하는 광범위한 레퍼토리를 그대로 따른다. 살로메와 델릴라에서 클레오파트라와 카르멘을 지나 룰루에 이르기까지 유명한 모든 이름들이 등장한다. 그리고 이 새로운 바빌론을 일컬어 독일에서는 바벨스베르크, 미국에서는 할리우드라고 불렀다.

박쥐의 날개

우리는 이미 여자 뱀파이어를 여럿 만나보았다. 마지막으로는 뭉크의 그림에서 보았고, 그 전에는 보들레르와 고티에의 시에서였다. 문학과 영화에서는 피에 굶주린 존재가 대부분 남성으로 등장하는데, 예를 들어 아일랜드 작가 브램 스토커가 1897년 독자들에게 공개한 드라큘라 백작 같은 인물이다. 하지만 여성 흡혈귀의 경우에도 전통적 계보는 매우 오래 전으로 거슬러 올라가 성서의 릴리트처럼 살인적인 악녀에까지 이른다.

문학적 원전으로 치면, 고대 말기를 반영한 괴테의 발라드 〈코린트의 신부〉[1797]를 들 수 있겠다. 이 발라드에서는 영묘한 미녀가 초야에 약혼자를 완전히 죽여 버린다. 그녀는 식사를 하면서 "창백한 입술로…… 검붉은 핏빛 포도주를" 걸신 들린 듯 들이켜고, 남자의 뜨거운 사랑이 "그녀의 굳은 피를 따뜻하게 한다." 하지만 "그녀의 가슴에서는 심장이 뛰지 않는다." 그녀가 흡혈귀이니 당연한 얘기다.

> 나는 무덤에서 나오게 되었지,
> 아직 아쉬운 것을 찾아야 하기에,
> 이미 파멸한 남자를 사랑하기 위해

이때 피를 빨아먹는다는 것은 육체적이라기보다 상징적으로 이해되어야 한다. 이 전제하에서, 어린 시절에 성사된 약혼으로 음침한 낙인이 찍힌 여주인공은 사실 죽은 신부와 같은 특별한 종류에 속하게 된다. 반면 진짜배기 여자 뱀파이어는 고티에의 단편 〈죽은 연인〉에 나오는 아름다운 매춘부 클라리몽드다. 그녀는 여드레 낮과 밤 동안 통음난무를 벌인 후에 죽는다.

그것은 지옥 같은 환락이었다. 벨사살(구약 다니엘서 5장에 나오는 바빌로니아 최후의 왕 - 옮긴이)의 만행과 클레오파트라의 연회가 다시 시작된 것이다……. 이 클라리몽드를 두고 늘 너무도 기이한 이야기가 떠돌았다. 그녀의 모든 애인들이 불운 또는 폭력적인 죽음을 당했다. 그러니까, 그녀가 시체를 뜯어먹었다고 한다. 그녀가 여자 뱀파이어라는 것이다. 하지만 내 생각에 그녀는 악마 왕의 화신이다. 그녀는 분명 한 번만 죽었던 게 아닐 것이다.

이 대목은 다빈치의 모나리자를 보고 월터 페이터가 한 평을 거의 그대로 취한 것이다("그녀는 뱀파이어와 마찬가지로 이미 여러 번 죽었음에 틀림없고, 무덤의 비밀을 잘 알고 있다"). 이 단편에서는 관능이 무절제의 탐닉으로 고조된다. 그리고 마찬가지로 이후 영화세계의 '뱀프'도 카메라 앞에서나 뒤에서나 관능성이 크게 두드러진다.

고티에의 클라리몽드보다 한 세대 후 아일랜드 작가 조지프 셰리든 레퍼뉴의 〈카르밀라〉[1872]로 또 하나의 여자 뱀파이어가 문학의 무대에 등장했다. 카르밀라는 공포를 자아내는 모든 장치를 다 갖춘 최초의 뱀파이어였다. 바늘같이 뾰족한 치아로 무장한 이 납골당의 존재는 머리를 절단하고 심장에 말뚝을 박아야만 완전히 처치할 수 있다. 카르밀라의 성적 취향과 피에 굶주린 갈구는 특이하게도 동성인 로라를 향했다. 어릴 때부터 꿈에 나왔던 로라를 만나자 카르밀라는 환희에 넘쳐 로라의 가슴을 깨문다. 그럼으로써 카르밀라는 17세기 헝가리에서 소문에 따르면 수백 명의 소녀를 강간하고 죽였다고 하는 '피의 여백작'에르제베트 바토리와 같은 관능적 애호를 보이는 것이다.

레퍼뉴의 단편은 여러모로 뿌리를 같이 하는 브램 스토커의 드라큘라 소설에 근간을 두었는데, 물론 레즈비언 요소는 예외였다. 그러니까 일반적으로 여자 뱀파이어는 보들레르의 《악의 꽃》에 표현되었듯이 "그녀의 팔이 허약한 남자를 끔찍하게 휘감을 때" 치명적이 되는 것이다. 여기서나 다른 작품에서나 여자 뱀파이어가 남자를 무는 행위는 역시 채워지지 않는 관능적 욕구의 표현이고, 남성의 입장에서는 죽음의 위협과도 같은 지고의 약속으로서 경험되는 것이다. 사랑과 고통과 죽음이 사도마조히즘적인 의례로 행해지는 뭉크의 그림 〈뱀파이어〉보다 이 점을 더 뚜렷하게 표현한 작품은 없을 것이다. 얼마 지나지 않아 라파엘 전파 화가의 아들인 필립 번-존스는 〈여자 뱀파이어〉에서 의식을 잃고 축 늘어진 남자를 거만하게 비웃는 모습으로, 한층 실제 사교계 인물에 가까운 뱀파이어를 묘사했다.

여자 뱀파이어가 완전히 여성의 정체성 모델로 떠올랐다는 사실은 예컨대 사라 베

필립 번-존스 | 여자 뱀파이어 | 1897년 | 개인 소장
이 뱀파이어는 관상학적으로 화가의 아버지 에드워드 번-존스가 종종 화폭에 담았던 영묘하고 몽유병적인 팜 파탈을 연상시킨다. 이 그림에서 사실상 전대미문의 요소는 당시 런던 극장의 스캔들을 암시하고 있다는 것이다. 젊은 비평가 조지 버나드 쇼가 유명한 여배우의 연기를 혹평했다가, 곧 그 여배우에게 유혹당해 정사에 빠짐으로써 응징된 것이다. 여배우는 그런 식으로 비평가의 혼을 빼놓음으로써 자신의 관능적 매력을 증명해보였다.

살로메 역의 틸라 뒤리외 | 1903년
빈 토박이인 여배우 틸라 뒤리외는 1900년경 수많은 팜 파탈 역할로 빛을 발했다. 이 모습은 그녀가 베를린의 소극장에서 막스 라인하르트가 연출한 오스카 와일드의 단막극 <살로메>에 출연했을 때다.

르나르가 박쥐 날개를 한 스핑크스의 모습으로 자화상 조각을 만들고, 열린 관 속에서 잠을 자는 유별난 기호(소설 속에서 카르밀라가 그랬듯)를 지녔던 것이 증명한다. 파리의 디바가 승승장구한 것처럼 오스트리아 여배우 틸라 뒤리외도 무대에서 살로메·유디트·델릴라·룰루까지 중요한 역할을 모두 도맡았다. 무대에서 일어난 팜 파탈의 호황기는 곧이어 초기 영화로 옮겨지고, 당시 영화에 나오는 뱀프의 모습에서 팜 파탈의 모든 소재와 유형이 다시 나타나게 되었다.

초기 영화의 디바들

1900년 이후, 고전적 방식의 시각예술들은 영사기라는 기술로 빠르게 그들을 앞질러가는 매체와 경쟁해야 했다. 영화는 아직 무성이긴 했지만 움직이는 그림을 가지고 있었다. 스크린 앞에 앉은 관객들은 연극이나 오페라를 관람할 때보다 한층 더 실제 사건을 지켜보고 있다는 기분에 빠졌다. 게다가 공연장인 무대와의 연결이 사라지고, 장면 편집과 몽타주가 새로운 이미지의 세계와 서사 전개를 탄생시켰다. 또한 세부를 확대 촬영하는 기술도 시계(視界)에 혁명을 일으킴으로써, 말 그대로 눈앞에 펼쳐지는 사건을 볼 수 있게 되었다. 특히 클로즈업이 가능해지면서 배우의 표정에서 지극히 섬세한 뉘앙스까지 인지할 수 있었다. 무성영화에서는 연극무대와 달리 음성이 빠져 있기에 이를 보상하기 위해 종종 과장된 '팬터마임'이 나타나기도 했지만, 그럼에도 현대 영사기술이 나오기 전까지 관객들이 그토록 생생한 모습으로 배우를 볼 수 있었던 적은 없었다.

　영화에 색채가 빠졌다는 것조차 큰 문제는 되지 않았다. 정제된 명암 연출이

클레오파트라 역의 테다 바라 | 1917년
고대의 이국적 팜 파탈인 살로메·델릴라·클레오파트라 같은 인물들도 호사스런 분위기와 환상적이고 과감한 의상 그리고 빼놓을 수 없는 액세서리인 뱀으로 단장해 무성영화에서 큰 성공을 거두었다. 황금 머리장식은 사라 베르나르가 연극무대에서 사용한 진짜 장신구와는 달리, 그저 종이를 붙여 만들고 색을 칠한 것이다.

라는 새로운 영상미학이 생겨났기 때문이다. 더욱이 영화는 보급 반경도 크게 넓어져 모든 대도시 영화관에서 동시에 상영할 수 있었다. 이는 대중을 상대로 한 매력적인 오락산업을 위한 이상적인 조합이었다. 그리고 물론 이 오락산업은 기존 예술에서 사랑받아온 주제, 특별한 매력의 팜 파탈을 포함해 관능이라는 주제가 가진 모든 종류의 장점을 유감없이 활용했다.

스타 숭배라는 이름으로 나타난 이러한 활용은, 영화의 등장과 마찬가지로 1911년 포츠담-바벨스베르크와 할리우드에 세워진 스튜디오에서 디바들이 행한 사생활 공개에도 역시 해당되는 일이었다. 그럼으로써 사라 베르나르와 이탈리아 출신의 여배우 엘레오노라 두세가 한 세대 앞서 확립해놓은 트렌드를 계속 이어나가게 되었다.

미국 무성영화 최초의 섹시스타 테다 바라는 면면히 이어져온 팜 파탈 모티브와 유형의 전통을 탁월하게 보여주었다. 바라의 경력은 1915년, 러디어드 키플링의 시 〈뱀파이어〉[1897]를 원전으로 한 영화 〈한 바보가 있었네〉로 시작되었다. 이 영화에서 바라는 분방한 육욕을 지니고 체계적으로 남자들을 유혹해 파멸시키는 탕녀 역할을 맡았다. 마지막 장면에서 그녀는 수수께끼 같은 미소를 지은 채 말 그대로 '시체를 넘어간다'. 〈악마의 딸〉 〈지옥의 사이렌〉 〈호랑이 여인〉 등, 바라가 출연한 여러 영화들의 제목만 보아도 그녀의 역할이 어떤 종류의 관능성을 지닌 유형이었는지 족히 짐작할 수 있다. 그러나 바라의 레퍼토리에는 〈카르멘〉[1915], 〈클레오파트라〉[1917], 〈살로메〉[1918] 유의 팜 파탈도 있다.

덴마크 여배우 아스타 닐센의 영화 데뷔작도 이미 제목에서부터 그녀가 여성 영혼의 〈심연〉[1910]에 대해 정통해 있음을 암시하고, 그렇기에 곧이어 에로틱한 한 쌍의 〈죽음의 춤〉[1912]이 이루어진다. 닐센은 초기 영화의 슈퍼스타이자 섹스심벌로 떠올랐다. 1920년대 독일 영화를 다룬 다큐멘터리 〈악마의 스크린〉에서, 여성 영화사가 로테 아이스너는 닐센의 여성적 광휘를 이렇게 칭송했다. "닐센은 악마적인 룰루로 화했고, 〈땅의 정령〉[1922]을 근간으로 한 에스너의 영화에서는 릴리트로 화했다. 금·은박으로 장식한 긴 옷자락의 몸에 딱 달라붙는 검은색 옷이 그녀를 파충류로 만든다……."

폴란드 여배우 폴라 네그리는 17세에 이미 바르샤바 극장의 스타였고, 능란하고 매력적인 춤으로 무대에서 빛을 발했다. 그녀는 막스 라인하르트의 외설적인 하렘 환상을 원작으로 한 독일 영화 〈수무룬〉[1920]의 레테르 역을 맡기도 했다. 감독은 네그리에게 가장 중요한 예술인생의 동반자이자 후원자였던 에른스트 루비치였다. 루비치는 그보다 2년 전 〈카르멘〉을 통해 이미 네그리를 국제적으로 알려지게 만든 바 있었다. 네그리는 빨아들이는 듯한 시선과 이국적 분위기의 신비스러운 유혹녀로서 스크린을 장악했을 뿐만 아니라, 찰리 채플린과 루돌프 발렌티노와의 연애관계로 신문 머리기사까지 장식함으로써 세상을 떠들썩하게 만들었다.

한편 1925년에는 게오르크 빌헬름 팝스트의 〈기쁨 없는 거리〉에 아스타 닐센과 나란히 출연한 또 하나의 스칸디나비아 여배우가 세계적 스타이자 불가항력적인 영화계 미녀의 대표로 부상했는데, 그녀가 바로 그레타 가르보다. 클로즈업에서 드러나는 이 스웨덴 여성의 부드럽고 인상 깊은 얼굴은 영화사의 아이콘이 되었다. 가르보는 특히 초기에 팜 파탈 역을 많이 맡았는데, 예컨대 두 편 다 1926년 작인 〈열정의 홍수〉와 〈악마 여인〉, 그리고 1927년 작인 유성영화 〈육체와 악마〉를 들 수 있다.

유성영화 제작자들도 초기부터 '스웨덴의 스핑크스' 가르보를 선호해 1931년 멜로영화 〈마타하리〉에 출연시켰다. 여기서 가르보는 제스처와 의상이 관능적인 악명 높은 첩보원으로 변신했다.

<수무룬>의 폴라 네그리 | 1920년

성서나 그리스 로마 신화에만 팜 파탈을 위한 이상적이고 호사롭고 장식적인 전쟁터가 존재했던 것은 아니다. 《천일야화》라는 환상적 이야기도 빼놓을 수 없을 것이다. 이 영화에서 폴라 네그리는 무희 요나이아가 되어 젊은 술탄 역을 맡은 하리 립트케를 흘렸다. 테다 바라의 클레오파트라 의상과 마찬가지로, 네그리의 의상도 흑백 미학의 대조효과에 의해 호화롭다.

MCM 영화사에 소속된 그레타 가르보의 경쟁자로, 파라마운트 영화사는 독일 여배우 마를레네 디트리히를 길러냈다. 디트리히는 무성영화에서 이미 어느 정도 유명세를 얻었지만 1930년에야 비로소 〈푸른 천사〉로 영화의 역사에 오르게 되었다. 재능 있는 빈 출신의 영화감독 요제프 폰 슈테른베르크는 〈마로코〉[1931], 〈상하이 익스프레스〉[1932], 카르멘을 남유럽 스타일로 의역한 〈악마는 여자다〉[1935]에 디트리히를 출연시켜 이상적인 금발 요부로 만들어놓았다.

그러면 영화에서 팜 파탈을 연기한 여성들의 사생활은 어땠을까? 사실 앞에 언급한 여배우들에 대해(영화에서 소심한 성격으로 나오곤 했던 폴라 네그리까지 포함해) 사람들은 주변 환경상 으레 소소한 연애사건들이 있으리라 여겼다. 역할에 의한 상투적인 편견, 즉 공개적 이미지와 본래 성격 간에 분열이 나타나는 징후는 디트리히가 30대 중반에 불편한 심기를 드러낸 발언에서 엿볼 수 있다. 끊임없이 방종한 악녀 역할을 하는 데 질렸다는 것이었다. 그러니 스크린의 요부라고 해서 실생활에서도 그런 생활을 했을 거라는 가정은 거두어야겠다.

하지만 끊임없이 섹스와 마약 스캔들이 난무하던 타락한 도시 할리우드에 방종은 당연히 그리고 매우 널리 퍼져 있었다. 이에 걸맞은 예로, 클라라 보는 사생활이 〈함정〉[1926]에서보다 더 심한 '남자 함정'으로 유명했다. 그러니 〈그녀 이름은 야만인〉[1932]이라는 출연작 제목이 참으로 어울린 셈이다! 하지만 클라라 보는 남자를 잡아먹는 자유연애를 지상과제로 삼은 메이 웨스트에 비하면 아무것도 아니었다. 브로드웨이 작가이기도 했던 그녀는 연극 〈섹스〉[1926]를 공연한 후 작품의 음란성을 이유로 며칠간 구류에 처해지기도 하고, 곧이어 영화에서 매우 분방한 팜 파탈의 모습을 보여주어 정숙한 체하는 미국에서는 보이콧당하기도 했다. 메이 웨스트는 자서전에 《나는 천사가 아니다》[1933]라고 그녀에게 잘 어울리는 제목을 붙여놓고서 주도면밀하게 광고성 짙은 내용을 넣었다.

팜 파탈

영화라는 꿈의 공장의 초기 디바들 다수는 오늘날 우리에게는 신비스러움이라고는 없는 오로지 섹스의 여신이라는 느낌을 주지만, 당시는 팜 파탈로서의 이미지를 크게 내세워 성공했다. 1938년에 초현실주의 화가 살바도르 달리는 메이 웨스트의 두툼한 입술 곡선 모양으로 만든 새빨간 가죽 소파에 그녀의 이름을 붙이기도 했다. 그러나 무성영화 시대의 여성 스타 중에 몇몇 '악한' 배우는 사람들에게 너무 기이하게 보이기도 한 모양이었다. 바로 이런 여배우들이, 새로운 대중매체에 존재하는 치명적인 여성인물이 엄청난 대중성을 얻고 그 이미

<악마 여인>의 그레타 가르보 | 1926년
두 번째 할리우드 출연작에서 그레타 가르보는.다음 번 희생자를 향해 서늘한 시선을 보낸다. 이 시선에 곧 여러 남자들이 굴복한다.

메이 웨스트 | 1930년
할리우드의 전설 메이 웨스트는 풍만한 가슴으로 가녀린 그레타 가르보에 대조를 이루었다.

지가 지속적으로 각인되게 하는 데 큰 역할을 했다. 그래서 〈라이프〉지는 1958년 사진작가 리처드 아베든에게 (이미 유명해져 있던) 마릴린 먼로를 당시의 섹스 심벌로 묘사하는 연작을 제작하게 했다. 이 연작에는 테다 바라가 클레오파트라로 분한 사진도 포함되어 있다.

악마의 스크린
◆ ◆ ◆ ◆ ◆

할리우드가 상업적 성공을 우선시해서 무성영화 시대부터 테다 바라 주연의 〈클레오파트라〉나 D.W. 그리피스 감독의 〈인톨러런스〉[1916] 등 블록버스터 역사물을 제작한 데 반해, 독일 바벨스베르크의 예술적 가치를 추구하는 영화는 보다 높은 위상을 누렸다. 프리츠 랑, 프리드리히 빌헬름 무르나우, 게오르크 빌헬름 팝스트, 파울 베게너와 같은 거장 감독들은 주로 환상영화 장르를 통해 세계적으로 인정받는 고전주의자들이 되었으며, 뿐만 아니라 문학작품을 근간으로 한 악마적 관능의 영역도 계속 유지했다.

그레타 가르보가 미국 영화에 진출하여 주목받게 된 것도 그녀의 멘토였던 스웨덴 감독 모리츠 스틸러의 제의 덕택이었다. 1926년 그는 에스파냐 작가 비센테 블라스코 이바네스의 소설 〈고향〉[1899]을 각색한 영화 〈악마 여인〉을 감독했다. 이 영화에서 가르보는 남편을 자살하게 만들고 수없이 많은 정사를 벌이며 그때마다 일어난 남자들의 사고사에 간접적으로 책임이 있는 '사랑에 미친' 엘레나 역을 맡아 두각을 나타냈다. 그럼으로써 이 유혹녀[temptress](이 영화의 영어 제목 그대로)는 고대의 직계조상 헬레나의 명예를 드높였다.

1922년 제작된 프랑크 베데킨트의 비극 〈룰루〉의 첫 영화 버전은 특이하게 만들어졌다. 유명한 베를린 무대감독 레오폴트 예스너가 〈땅의 정령〉을 제작하면서, 주인공 룰루 역을 맡은 아스타 닐센의 요청에 따라 배우들이 입술을 움직이지 않고 팬터마임처럼 오로지 몸짓으로만 연기하도록 한 것이다. 닐센은 양식적으로 표현주의 실험영화(로베르트 비네가 감독한 〈칼리가리 박사의 밀실〉[1920] 같은)에 접근해 룰루라는 인물에 기묘한 의상을 입히고 "흥분한 동작과 시선"으로 표현함으로써, 새로운 매체가 팜 파탈이라는 오래된 주제에 어떤 묘사 관점을 제공할 수 있는지를 뛰어나게 증명해보였다.

예스너 감독, 닐센 주연의 〈땅의 정령〉에 심리적 차별화를 보인 작품이 1929년 게오르크 빌헬름 팝스트가 감독한 〈판도라의 상자〉였다. 그는 그림처럼 아름답고 열정적인 미국 배우 루이스 브룩스를 룰루 역으로 택했고, 그녀는 인물 묘사에 대한 고난도의 요구를 유감없이 만족시킨 동시에 팬터마임으로 그녀와 경쟁한 닐센보다 더 많은 관객층을 매료시켰다. 쇤 박사 역을 맡은 프리츠 코르트너와 함께 브룩스는 독일 영화계에서도 자리매김을 했다. 영화의 성공은 직접적으로 팝스트와 브룩스의 또 다른 합작인 멜로영화 〈사라진 소녀의 일기〉로 이어졌지만, 여배우의 기억에는 무엇보다 베데킨트 작품의 영화화라는 획기적인 일이 더 기억에 남은 모양이었다. 때문에 브룩스는 1982년에 자전적 회고록을 《할리우드의 룰루》라는 이름으로 내놓았다.

금발 팜 파탈의 전형인 마를레네 디트리히도 재차 미국에서 경력을 쌓았다. 미국에서 디트리히의 데뷔는 1930년 요세프 폰 슈테른베르크 감독의 〈푸른 천사〉에서 카바레 여가수 롤라(이름이 룰루와 비슷한 것은 우연이 아니다) 역이었으며, 이는 대서양 너머에서도 그녀가 남긴 가장 탁월한 영화유산이 되었다. 감독이 카를 추크마이어와 공동집필한 영화대본은 하인리히 만의 소설 《운라트 교수》¹⁹⁰⁵를 기초로 했다. 운라트 교수는 소도시의 매춘부가 가진 매력에 치명적으로 굴복한다. 즉 그녀는 한번 즐기고 난 후 그 대가로 교수의 이성과 존재를 빼앗는다. 이 영화에서 가장 유명한 장면을 꼽으면 아마도 디트리히가 〈나는 머리부터 발끝까지 사랑을 찾아요〉라는 노래를 부르며 이중적 의미를 띤 몸짓으로 에밀 야닝스(운라트 교수 역)로 하여금 시민으로서의 도덕 원칙을 어기게 만든 장면일 것이다.

최초의 독일 유성영화 중 하나인 〈푸른 천사〉는 센세이션을 일으키며 그동안 무성영화 속에서 말없이 움직이던 팜 파탈들에게 목소리를 되돌려주었다. 팜 파탈이 관객들에게 얼마나 인기를 누릴지, 그리고 이후의 영화에서도 살아남을 수 있을지는 같은 해에 한스 하인츠 에버스의 인기 소설 〈알라우네〉¹⁹¹¹의 새 영화화가 증명했다. 이 작품은 프랑켄슈타인 신화와 룰루 캐릭터에 의거해 인공적으로 창조된 여성 존재를 다룬 것으로, 그녀는 비도덕적이고 뱀파이어와 같은 성적 요소로써 자신의 창조자를 파멸로 몰아넣는다. 리하르트 오스발트가 감

〈판도라의 상자〉에서 룰루 역의 루이스 브룩스 | 1929년
루이스 브룩스는 특이한 의상과 팬터마임뿐만이 아니라 미모와 자연스럽고 살아 있는 연기를 통해서도 관객들의 마음을 사로잡았다.

<땅의 정령>에서 룰루 역의 아스타 닐센 | 1922년
이 비극에 기반한 초기 영화들에서 룰루는 대체로 어깨가 드러난 의상을 입고 있다. "아스타 닐센이 냉소적으로 비틀린 입술을 하고 서 있을 때, 눈을 반쯤 뜨고 있을 때, 룰루가 영화의 언어로 훌륭하게 옮겨진다." 비평가 헤르베르트 이어링은 이렇게 닐센을 칭송했다.

독한 이 영화의 주연을 맡은 브리기테 헬름은 이미 1928년에 무성영화를 통해 볼 수 있었으며, 그보다 한 해 전에는 프리츠 랑이 감독한 미래파풍의 기발한 공상과학 영화 〈메트로폴리스〉에서 기계여인을 연기했다. 헬름은 '포효하는 20년대' 곳곳에서 초현실주의의 뮤즈로서 모습을 드러낸다.

<푸른 천사> 영화 포스터 | 1930년경
슈테른베르크 감독은 하인리히 만의 소설을 영화화하며 관능적 여가수 롤라 역에 이상적인 배우로 마를레네 디트리히를 택했고, 독일 영화의 몇 안 되는 세계적 성공을 이끌어냈다.

<메트로폴리스>의 브리기테 헬름 | 1927년
프리츠 랑 감독의 미래에 대한 음울한 비전이자 가장 중요한 독일 무성영화 중 하나인 이 영화에서 팜 파탈은 인공적 기계인간으로 변이되었다. 기계인간의 미소가 혈관 속 피를 얼어붙게 만든다.

타마라 드 렘피카 | 자화상, 혹은 녹색 부가티를 탄 타마라 | 1925년 | 목판에 유채 | 개인 소장
스포츠카의 굉음이 사모트라케의 니케만큼이나 아름답다는 이탈리아 미래파 예술가들의 원칙에 따라, 1920년대의 팜 파탈들도 현대 기술 환경 속에 프리츠 랑 감독의 <메트로폴리스>에서 인간을 유혹하는 기계여인이나, 혹은 이 자화상처럼 스포츠카의 핸들을 잡은 냉담한 디바가 되어 자유롭게 번창했다. 이 그림은 베를린의 유명 여성잡지 <디 다메> 1929년 7월호 표지를 장식했다.

초/현실의 뮤즈

Sur/Reale Musen

최고급 의상으로 차리고 외알 안경을 결코 빼놓지 않는 유명한 영화감독 프리츠 랑이 탄, 눈처럼 하얗게 빛나는 메르세데스 쿠페가 매일 밤마다 베를린 쿠담 거리를 지나가는 행인들의 시선을 끈다. 초 역 근처 우파 영화사가 있는 길에서 라이프치히 가의 야간술집까지 이르는 길, 그보다 십 년 전 창녀들이 떼 지어 몰려나와 있었으며 표현주의자 에른스트 루드비히 키르히너가 신경병적인 연필 스케치로 포착한 곳이기도 하다.

어느덧 이곳에는 코카인이라는 마법의 눈이 내려앉았다. 코카인은 작열하는 색채로 죄악을 감추고 1920년대의 코를 붉게 물들였다. 그 시대는 마약의 도취와 부도덕한 환락 속에서 전쟁과 인플레이션을 잊으려 했고 삶을 무모한 행위로 연출하려 했다. 화려한 거리의 네온사인 아래, 어스름하게 불을 밝힌 카바레 그리고 영화 촬영소의 조명 앞에서 팜 파탈의 새로운 세대가 무대에 올랐다. 그녀들은 예컨대 스캔들에 둘러싸인 나체의 무희 아니타 베르버가 보여준 것과 같은 차원에서 방자하고 방탕한 존재였다.

프리츠 랑의 미래 서사시 <메트로폴리스> 속 로봇 여인은 수많은 남자들을 불행으로 몰고 간다. 하지만 이제 단지 영화 스크린만 기계인간 요부를 만들어내는 것이 아니었다. 여성 화가 타마라 드 렘피카는 자화상으로 녹색 부가티의 핸들을 잡은 현대 사교계 여성을 그렸고, 초현실주의 예술가들의 무의식을 향한 시선은 혼합종의 관능적 여인들을 세상에 드러내는데, 갈라 달리와 페기 구겐하임 같은 실제 뮤즈들과 마찬가지로 그녀들 또한 불안한 존재들이었다.

타락의 춤
◆ ◆ ◆ ◆ ◆

1920년대의 전형적 요부로서 예술과 매혹과 스캔들 사이를 종횡무진 누비다가 방탕한 사생활로 인해 종국에는 극단적 결말로 치달은 여성이 바로 무희이자 영화 디바였던 아니타 베르버다. 베르버는 1899년 라이프치히에서 바이올린 대가인 아버지와 샹송 가수 어머니 사이에서 태어났으며, 16세에 시끌벅적한 베를린으로 와서 발레와 배우 수업을 받고 매우 에로틱한 춤 공연으로 곧 주목을 끌었다. 위대한 춤 교육가 그레트 팔루카도 "절대적 예술성을 지녔다"고 평한 베르버는, 어느 동시대인이 묘사한 것처럼 음란과 악마성의 경계를 파악하려고 노력했다.

팜 파 탈

이 여성이 창조한 방종과 전율과 광기의 춤을 출 때면 그녀는 자기 자신을 춤추는 것이다. 그것은 그녀의 환상이 아니라 눈부신 나체로 자신을 관객에게 드러내는 그녀만의 존재방식이다. 그녀는 춤의 리듬을 통해, 고전미를 지닌 육체의 표범과 같은 유연함을 통해 매혹을 발산한다. 또 그녀는 얼굴 표정 그리고 번들거리는 광기와 부도덕이 뿜어져 나오는 독특한 눈빛으로 관객의 정신상태에 따라 경탄 또는 경악을 자아낸다.

떠오르는 무대 스타 베르버는 뷜로 가에 위치한 극장 '인티멘 테아터'에서 배우로서의 경력을 쌓으며, 멜로극 〈싸구려 술집〉 공연으로 비평가 막스 헤르만-나이세를 감탄하게 만든다. "아니타 베르버는 루치네라는 캐릭터에게 아름답고 잘 단련된 육체에서 나오는 동물처럼 차분하고 유연한 움직임을 부여한다…… 연극의 마지막에는 그녀의 팬터마임 춤 〈압생트〉 공연이 있다. 그 춤에서 베르버가 현실을 망각케 하는 압생트에 취해 고양이처럼 웅크리고 희생물을 잡으러 한걸음씩 옮길 때면, 매우 인상적인 그림 한 장면을 보는 것 같다."

1921년에 베르버는 "동방의 가장 아름다운 꽃 살로메"가 되어 함부르크 관객들을 광란의 도가니로 몰아넣었는데, 살색의 삼각형 천 조각 하나만 몸에 걸치고 있었다고 한다(이로써 그녀는 함부르크의 홍등가 상파울리에서 첫 스트립쇼를 한 댄서가 되었다). 이후 그녀는 베를린의 한 공연에서 아주 대담한 포즈로 매혹의 절정에 올랐다.

아니타 베르버가 에릭 사티의 음악에 맞춰 춤을 추었다. 나체였다. 몸에는 돌 몇 개만 붙어 있었다…… 그녀가 무릎을 턱까지 잡아당기고, 이어 천천히…… 다리를 완전히 바깥쪽으로 벌려 쭉 뻗었다.

그러는 사이에 유명한 사건이 벌어졌다. 베르버가 파트너 세바스티안 드로스테와 함께 빈에서 레뷰(화려한 장식과 음악, 춤이 있는 무대극 – 옮긴이) 〈방종과 전율과

도라 칼무스 | 〈코카인〉의 아니타 베르버 | 1922년
표현력 풍부한 무희 아니타 베르버는 '포효하는 20년대'의 부도덕이 난무하는 베를린에 존재한 방종의 화신이었다. 그녀의 춤 〈코카인〉은 카미유 생상스의 교향시 〈죽음의 무도〉(1874)의 유령이라도 나올 것 같은 신경질적인 곡조에 어울리는 전설적인 공연이었다. 생상스는 성경 속 팜 파탈을 다룬 유명한 오페라 〈삼손과 델릴라〉(1877)를 작곡하기도 했다.

광기의 춤〉을 만들어 스캔들에 가까운 성공을 거두고는, 세 번째 공연에서 경찰에 의해 중단된 것이다.

이 두 무희는 단순히 관능적인 황홀경만 도발적으로 연출한 것이 아니라, 당시에 유행한 마약인 모르핀과 코카인에 의한 도취감도 (매우 익숙한 실제 경험을 바탕으로) '병리학적 연구'라는 예술로 소화해냈다. 베르버의 너무도 자연스러운 당당함은 악명 높은 카바레 '흰 쥐'에서의 공연을 앞두고 한 인터뷰에서 드러났다. 베르버의 분장실에서 〈베를린 일보〉의 문예란 편집장이 인터뷰를 진행했는데, 그녀는 옷을 입지 않은 채로 거울 앞에 앉아 화장을 하고 있었다. 저널리스트는 곧 베르버의 모습에 넋을 잃었다. "그녀의 몸매는 감탄스러웠다. 눈처럼 하얗고 넓은 어깨, 짙고 넓은 유륜과 불룩한 가슴, 놀라운 곡선을 그리는 엉덩이, 아름다운 허벅지 선, 흠잡을 데 없이 매끈한 다리였다. 그녀는 미인이었다. 아마 수많은 남자들의 혼을 빼놓을 수 있으리라—그리고 의도하지 않았음에도 실제로 남자들의 혼을 빼놓았다. 얼굴에는 아직 화장을 하지 않았다. 엄청나게 크고 검은 눈에 붉은 금발머리였다. 그런 모습의 베르버, 죄악의 화신이 내 앞에서 왔다갔다 걸어다녔다." 그가 춤 예술의 본질에 대해 묻자 이 '놀라운 여인'은 이렇게 대답했다.

난 타락했어요. 코카인을 들이마시죠. 내 콧방울은 이미 코카인 때문에 움찔거려요……. 하지만 공연은 나에게 진지한 일이죠. 무용수 아가씨들과 함께 춤에 대해 많이 연구했어요. 우리는 죽음·병·임신·매독·광기·사망·지병·자살을 춤추어요. 그런데 남자들은 우리를 진지하게 여기지 않아요. 그저 우리의 베일만 뚫어지게 쳐다보죠. 그 속으로 뭔가 보이나 하고. 돼지들.

이제 인터뷰어는 베르버라는 존재를 간파해냈다. "이 나체의 무희는 너무도 끔찍한 주제를 다루는 진지한 프로그램을 가지고 춤을 추었다…… 그리고 관능적으로 즐기려는 관객들이 그 점을 알아채기를 요구했다." 관객들이 베르버를 존중하지 않고 심지어 외설적인 말로 괴롭히자 그녀는 대뜸 샴페인 병을 움켜잡아 앞 탁자에 앉은 한 불평꾼의 머리통을 내리쳤다!

(약간은 이미지 관리 차원에서 연출한 것이기도 하지만) 그런 폭발에 대해서 사람들이 잊어선 안 되는 사실은, 아니타 베르버를 예술가로 인정하고 합당한 평가를 해야 한다는 것이었다. 유명한 영화감독 프리츠 랑이 갱단 드라마 〈도박사 마부제 박사〉[1922]에서 그녀의 춤 연기를 세 번 등장시킬 정도로 대단한 예술가라는 것을 말이다. 타고난 재능을 가진 감독이자 제작자인 리하르트 오스발트가 베르버의 영화 파트너가 되었다. 〈매춘〉[1919]같이 금기시된 주제로 당대의 신경을 건드린 오스발트는 베르버를 〈루크레치아 보르자〉[1922] 같은 영화에 이상적인 주연으로 보았다. 베르버의 연기는 1918년 슈베르트 전기영화인 〈세 아가씨의 집〉과 팝스트의 〈사라진 소녀의 일기〉 속편 〈디다 입센의 이야기〉를 시작으로, 1919년 대작이라 할 수 있는 에피소드 영화 〈으스스한 이야기/공포의 밤〉에서 절정에 올랐다. 안타깝게도 같은 해에 베르버가 파울 베게너의 파트너로 나온 모습을 볼 수 있는 오스발트 감독의 영화 〈밤의 형상〉은 소실되고 말았다.

베르버가 베를린 슈프레 강가에 모인 영화계 유명인들 사이에서도 중요 인물이었다는 사실은, 쿠퓌어슈텐탐 거리의 한 극장 관객으로 여성 스타 세 명이 왔던 때에 대한 배우 루돌프 포르스터의 회고를 들어보면 잘 알 수 있다.

머리부터 발끝까지 모든 것이 진짜인 그들이었다. 위대한 악녀 배우 두 명이 아래편에 앉아 있었다. 한 여성은 금발에 다리가 길었다. 한동안 그녀는 루벤스 그림 속의 여자들

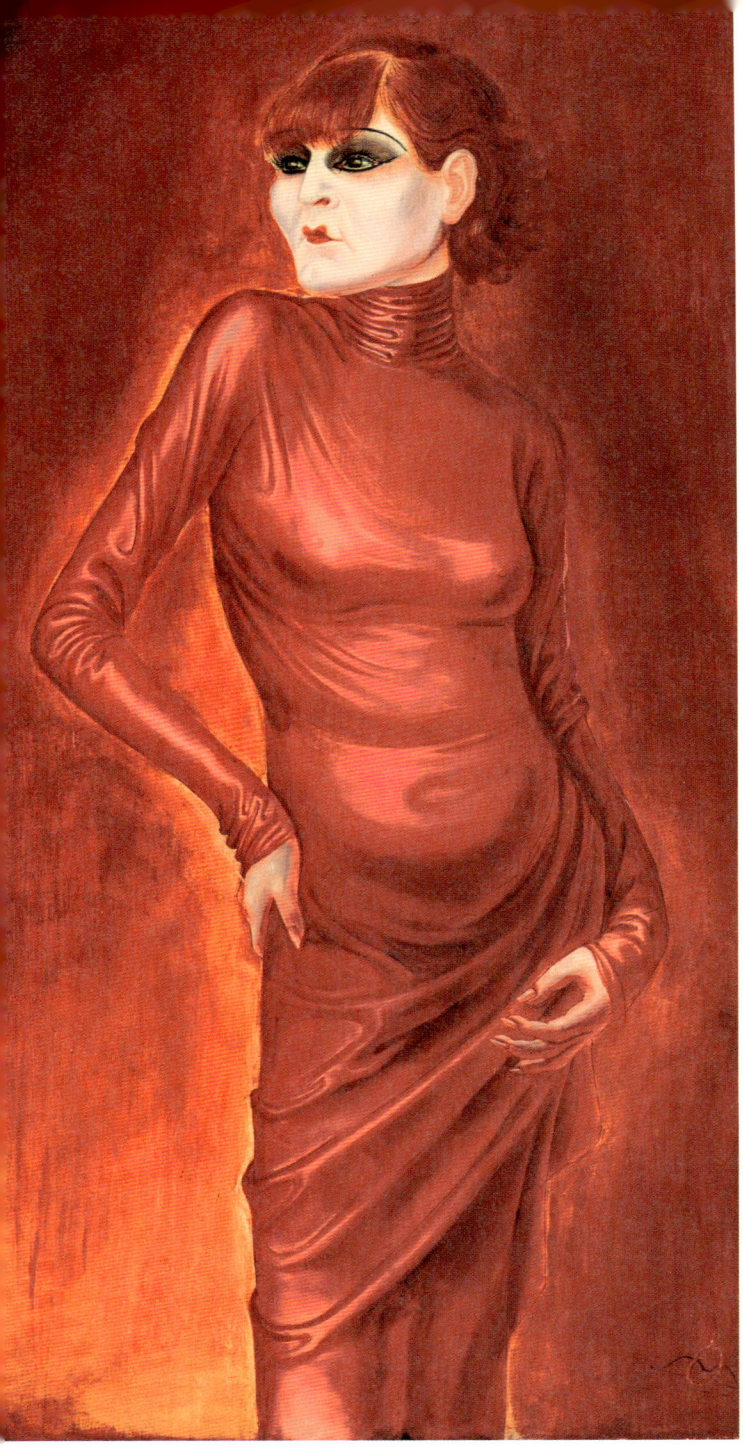

**오토 딕스 | 무희 아니타 베르버 | 1925년 |
목판에 템페라와 유채 | 슈투트가르트 미술관**
베르버는 뒤셀도르프에서 초청공연을 하던 중 이 그림의 모델을 섰다. 착 달라붙어 몸매를 강조하는 의상이 렘피카가 그린 몇몇 여성을 떠올리게 하지만, 얼굴 표정은 크게 차별화된다. 딕스는 삶의 실제성을 위해 그림에서 관습적인 과장된 묘사를 포기하고, 베르버의 모습에 때 이른 조로를 은근히 암시했다. 이 그림에서 우리가 겨우 26세의 여성을 보고 있다는 사실은 믿기 어려울 것이다.

같은 몸매로 변하는가 싶었지만 열심히 그로부터 벗어났다. 두 번째 여성은 흑청색 머리카락에 얼굴은 귀엽고 천진난만하기가 시스티나의 성모 발치에 있는 아기 천사와도 같았다. 세 번째 배우는 그야말로 유일무이한 빨간 머리와, 수천 수만 명의 여성들이 동경해 마지않는 꽃잎처럼 하얀 피부를 가지고 있었다. 위대한 중세 독일 화가의 그림에서나 볼 수 있는, 절로 탄복하게 하는 피부였다. 그녀들은 마를레네 디트리히, 리야 드 푸티, 아니타 베르버였다……. 아니타 베르버는 나체의 무희였다. 남자들과 여자들이 차례차례로 베르버에게 쓰러졌다. 베르버는 야간술집의 여신이었고, 그것이 그녀의 저주였다.

'아니타 베르버의 저주'는 실제로 그녀가 기괴하고 상궤를 벗어난 연애와 술과 마약에 중독되게 만들었다. 클라우스 만이 1922년경 전성기에 있는 베르버를 알았던 반면에("코카인, 살로메, 최후의 변태적 언행…… 그것이 그녀가 가진 영광의 후광을 이룬다.") 오토 딕스의 그림에서 그녀는 조로한 모습으로 보인다. 1920년대 말 안무가 요에 옌칙은 세간에 음울한 이야기를 퍼뜨리고 다녔다. 베르버가 폐인이 되어 아드론 호텔 특실에서 기거하고 있다는 얘기였다. "눈썹 또는 아예 눈도 없는 밀랍처럼 창백한 얼굴, 몸은 침대 위나 욕조 안에 축 늘어져 있고, 손에는 채찍을 들고 머리에는 타조깃털을 쓰고, 혀로는 코카인을 핥고, 살갗에는 모르핀 주사를 맞고, 코냑에 취해 의식을 잃고 있다. 옷은 침대 밑과 양탄자 밑에 처박혀 있고 몸은 침대 시트에 가려져 있다. 남자, 여자, 노인, 청소년, 성인, 건강한 사람, 불구자 들이 베르버의 이름으로 채찍질과 강간을 당하고 노예가 되었다."

이 타락녀의 생명은 1928년 11월, 허약해진 육체로는 이겨낼 수 없었던 폐결핵에 스러지고 말았다. 그녀는 죽음의 침상에서 경건하게 전향하였다. '포효하는 20년대'의 메살리나가 마지막에 마리아 막달레나로 변한 것이다.

강철의 번쩍임

◆ ◆ ◆ ◆ ◆ ◆

이른 나이에 파국으로 끝난 아니타 베르버의 인생에 비해 동시대의 또 다른 여성, 마찬가지로 자기 방식대로 살면서 여성화가로서 1920년대의 요부 그림을 결정적으로 각인시킨 타마라 드 렘피카의 인생은 완전히 다르게 전개되었다.

바르샤바의 부유한 집안 출신인 렘피카는 무엇보다도 좋은 지위에 있는 남자들과 결혼함으로써 언제나 상류층에 머물렀다. 그녀는 삼십대 초반에(그녀보다 일 년 늦게 태어난 베르버는 이미 땅에 묻혀 있을 때였다) 드디어 쿠프너 여남작으로서 사교계 무대에 두각을 나타냈는데, 이는 세습귀족과 재력가라는 이미지를 스스로 찢어버린 셈이었다. 베르버도 역시 유행을 주도하였고 가끔은 명품을 위해 포즈를 취하긴 했지만, 렘피카는 더 나아가 코코 샤넬과 가까운 친분을 맺고 〈하퍼스 바자〉나 〈디 다메〉와 같은 잡지에서 정기적으로 일했다. 그러나 그녀는 특히 아르데코의 차가운 매력을 포함해 당대에 유행하던 장신구를 관능적인 회화 세계로 옮겨놓을 수 있었다.

이 맥락에서, 렘피카의 자화상 〈녹색 부가티를 탄 타마라〉(그러나 실제로 그녀가 이 차를 소유한 적은 없었다)는 좋은 예가 될 것이다. 거만한 시선, 새빨간 입술, 경주용 헬멧, 유행하는 숄, 가죽장갑. 이런 요소들은 소재와 표현에 있어 이중적으로 기계의 세상을 환영하는 것이었다. 예술사조에 입각해 말하자면, 그녀의 그림에서는 파리에서 앙드레 로트에게 배운 종합적 입체파의 냉담함도 볼 수 있다. 로트는 그밖에도 (렘피카의 다음번 스승 모리스 드니도 그랬듯이) 그녀의 구상적인 재능에 주목하고, 초상화 외에도 여성 누드라는 가장 중요한 주제를 일깨워주었다.

사람들이 지금껏 보지 못한 누드화, 여성이 그린 데다가 마천루를 배경으로 한 누드화가 렘피카를 현대 도시적 분위기를 대표하는 여성으로 만들었다. 풍만한 몸매에도 불구하고 이 나체 여인들은 피와 살로 된 존재가 아닌 것처럼 보인다. 그녀들의 살갗은 거울처럼 매끄럽고 빛나서 마치 스포츠카의 냉각기 커버 같다. 1925년 작 〈네 명의 나체 여인들〉에 묘사된 여자들이 그렇다. 이 그림 속 여성들의 머리카락도 결코 자연스럽게 보이지 않고 금속 띠나 널빤지 같은 느낌으로 추상화되었다. 렘피카가 루브르 미술관에서 고전주의 화가 앵그르의 작품을 통해 배운 풍성한 육감성마저도 강철의 금속성 형태에 고정되어 있는데, 이 형태는 초상화들에서도 역시 의상을 에워싸고 있다. 이 의상들은 당시의 오트쿠튀르를 반영한 것으로, 종종 밀착된 제2의 피부로서 기하학적으로 양식화되었음에도 불구하고 해부학을 효과적으로 구현하였다.

렘피카의 그림에 나오는 여인들은 종종 뱀과 같이 꼬인 몸에 눈은 흐릿한 불꽃으로 타오르며 지복의 약속을 발산하지만, 그럼에도 냉랭하고 불감증적으로 보여 다가갈 수 없는 느낌이다. 마치 에드워드 번-존스가 그린 영묘한 수수께끼의 존재와 같다. 오만한 자기애에 빠진 무미건조한 그녀들은, 1918년에 화가 조르조 데 키리코가 〈불안한 뮤즈들〉이라는 제목으로 예술계에 던져놓은 (초현실주의의 여명을 알리는 신호탄이 된) 그림 속의 무시무시한 마네킹과 닮아 있음을 부정하지 않는다.

**타마라 드 렘피카 | 네 명의 나체 여인들 |
1925년 | 캔버스에 유채 | 개인 소장**

마치 앵그르가 1862년에 그린 <터키탕>의 매혹적인 시녀들을(렘피카의 여인들에게서는 앵그르의 분명한 모방을 볼 수 있다) 헬스클럽에 보내기라도 한 듯, 이 그림의 여인들은 관능을 자극하는 근육질 아마존 전사들의 앙상블을 이루고 있다. 이처럼 레즈비언 뉘앙스를 가진 자의식 있고 자기만족에 빠진 여성들은, 양성애 성향을 지녔던 여성 화가에게 익숙한 존재였다.

도라 칼무스 | 타마라 드 렘피카 | 1929년

"제2의 존재가 되기를 거부한다." 그래서 1927년 빈 여성 '마담 도라'는 스튜디오를 파리로 이전해 모리스 슈발리에의 전속 사진작가가 되었다. 타마라 드 렘피카 외에도 조세핀 베이커나 코코 샤넬 같은 우아한 저명인사들의 사진을 찍었다.

불안한 뮤즈들

◆ ◆ ◆ ◆ ◆

타마라 드 렘피카가 그린 아르데코 풍의 조각적 육체들은 현대 도회세계의 현상으로, 신즉물주의 독일 예술가들에게서도 몇 가지 유사성을 볼 수 있다. 신즉물주의 화가 크리스티안 샤드의 그림 속 여성들은 주로 냉담하고 우아한 스핑크스로 나타난다. 예컨대 〈소냐〉[1928] 또는 화가의 애인 〈마이카〉[1929]에서처럼 검은 단발머리에 거리감이 느껴지는 양성적 미인들이다. 샤드의 초현실주의적 양식으로 인해 그녀들의 존재는 윤기 나는 표면에 제한됨으로써 일종의 유령 같은 모습이 된다. 반대로 오토 딕스는 캐리커처식의 과장된 표현과 도발적인 추함의 미학을 선호했다. 그는 유명한 세폭화 〈대도시〉[1927~28]에서 매춘부를 매독에 걸린 끔찍한 유령으로 묘사해 남자를 공격하게 한다.

당대 파리의 초현실주의자들도 공격적 비판의 태도로 성이라는 주제를 다루었는데, 그들은 사회 현실보다는 심리적 내면세계에서 더 많은 모티브를 가져왔다. 성의 권력과 편재성이 프랑스 시인 앙드레 브르통과 그 동료들의 예술에서 핵심주제가 되었으며, 그 범위는 경쾌하고 시적인 것에서부터 충격적 미학에 이르기까지 매우 풍부한 뉘앙스를 띄었다. 그리고 비밀과 악마성이라는 요소도 종종 반인(半人) 유령의 존재로 꿈의 세계를 떠돌아다니는 수수께끼의 여성을 묘사한 그림에 끊임없이 변화를 주는 마법의 주문이 되었다.

특히 막스 에른스트는 〈사랑 만세, 또는 매력적인 나라〉[1923]처럼 경쾌함에 가까운 그림에서부터 콜라주 소설 〈백 개의 여자 머리들〉[1929]에서 보여준 음침한 장면에 이르기까지, 여성의 관능이라는 건반을 능란하게 다루었다. 이 콜라주 소설의 제목이 지닌 함축적인 의미는 우연히 붙여진 것이 아니다. 즉 백 개의 머리를 가진 존재가 다른 극단으로 가면 머리를 잃게 된다는 뜻으로, 제목 자체가 알아맞히기 그림 기능을 하고 있다.

벨기에 화가 르네 마그리트도 관능의 모티브를 섬세하게 다루었다. 그러나 그는 성관계를 싸움으로 파악하고(〈거대한 나날〉1928) 풍만한 나체의 곡선을 〈암살〉1932로 여겼으며, 〈발견〉223쪽에서 여성을 맹수 같은 선정적인 자연물로 묘사했다. 한스 벨머도 음란하고 신성모독적이며 해부학적인 화법으로 여성의 신체를 재차 강박적으로 다루었다. 그래서 〈천 명의 소녀〉1939들은 해부학적 관절이 되어 하나의 흉측한 여성 형상을 이룬다.

렘피카의 그림 속 여성들은 단순히 마네킹을 연상시킬 뿐이지만, 초현실주의자들은 여성을 예술의 대상으로 삼아 환상적인 무늬로 소외효과를 주고 기이한 성적 주물(呪物)로 들어올렸다. 예컨대 1938년 파리에서의 대규모 초현실주의 회고전에서는 전시장 전체를 설치공간으로 만들어 방문자들이 말없는 아프로디테의 내부를 걸어 다녔다. 인형으로서의 여성(벨머는 이 모티

막스 에른스트 | 노래의 열쇠 (연작 '다정함의 일주일' 중) | 1934년 | 다니엘 필리파치 컬렉션
막스 에른스트의 콜라주 소설에서도 여성은 자주 남성 공격성의 제물이 된다. 하지만 또 여성은 이 그림에서처럼 연체동물 머리와 고대 그리스 여신 아테네의 상징을 가진 초현실주의적인 스핑크스, 수수께끼의 괴물로 등장하기도 한다. 이 그림에서 조개껍질은 투구가 되고, 여인의 하체는 방패로 가려져 있고, 필수적인 메두사의 머리는 왼쪽에 따로 묘사되었다.

프에 오싹할 정도로 극단적인 애착을 보였다)에 대한 열광은 이탈리아 화가 조르조 데 키리코의 그림을 전형으로 삼은 것이었다. 키리코의 그림 속 얼굴이 없고 원뿔형 머리를 한 마네킹은 산업시대 예술가들을 위한 유사-기계의 이상적인 뮤즈가 되어 살아 있는 여성의 자리를 대신한다.

사실 살아 있는 뮤즈들이 물신을 다루는 데 있어 남성 창조자에 비해 못하지만은 않다는 것을 스위스의 여성화가 메레트 오펜하임이 증명해보였다. 본래 천재적인 사진작가 만 레이의 모델이었던 오펜하임은 〈모피를 입은 아침식사〉[1936] 같은 황홀한 착상으로 그녀 자신도 뛰어난 오브제 예술가가 되었다. 그녀는 단순히 모피를 씌움으로써 찻잔·받침접시·스푼을 창조적이고 관능적인 대상으로 변화시켰다. 한편 러시아 여성 엘레나 디아코노바는 예술가라기보다는 기이한 연인이자 아내로서 초현실주의자들의 계보에 편입된다. 그녀는 18세에 스위스의 요양지 다보스에서 프랑스 시인 폴 엘뤼아르를 알게 되었다. 시인은 '갈라'라는 애칭으로 불리게 된 이 그림같이 예쁘고 맹렬한 여성과 5년 후에 결혼했다. 그녀는 전통적 여성의 역할을 거부했고, 둘이서 낳은 딸에 대한 어머니로서의 의무를 비롯하여 어떤 범주에 제한되는 것을 싫어했다. 갈라의 관능적 모습에 심심한 숭배를 바쳤던 엘뤼아르는, 이를 비롯해 그녀가 수많은 다른 남자와 정사를 나누는 것조차 관대하게 받아들였다. 그중에는 몇 년 동안 지속된 막스 에른스트와의 연애관계도 있었다. 갈라는 마침내 초현실주의자들 사이에 '무서운 아이'로 통한 살바도르 달리에게 딱 맞는 인생의 동반자가 되었다.

엘뤼아르와 마그리트 그리고 그 아내들이 1929년 여름 에스파냐의 카다케스에 있는 카탈루냐 화가 달리의 거처를 방문했을 때, 달리는 독특한 러시아 여인에게 대책 없이 빠져버렸고 즉각 청혼하였다. 달리보다 열 살 연상인 갈라는 제멋대로인 댄디 화가와 결혼하면서 그의 매니저이자 수많은 그림의 모티브가 되었다. 갈라는 달리로부터 예속에 이를 지경으로 숭배받으며 미인이자 쾌락의 우상으로서 항상 새로이 변화된 모습으로 그림에 나타난다. 〈나체의 내 아내〉[224쪽]에는 그녀가 이중으로 나타난다. 검은 머리다발을 늘어뜨리고 등을 보인 나체와, 불가해한 건축학적 환상의 이미지 두 가지로 나타나는 것이다. 색광이었던 달리는 다작의 생활과 자신의 편집증 속에서 팜 파탈과의 생산성 있는 공생관계에 안착했다. 이 관계에서 달리는 독점적 희생양이 됨으로써 팜 파탈과 눈높이를 맞추었다. 이러한 조합은 한 세대 전에 프시비셰프스키와 스트린드베리가 다그니 유을의 매력에 예속되는 것을 자신의 과제로 삼았던 것, 또한 뭉크가 툴라 라르센에게 그랬던 것과 같은 마조히즘적 생활태도를 연상시킨다.

그럼에도 불구하고 초현실주의자의 뮤즈들 중에 가장 뛰어난 인물은 미국의 백만장자 페기 구겐하임이다. 그녀는 렘피카와 같은 해에 뉴욕에서 태어나 아직 미성년이던 1912년 타이타닉 호 침몰로 아버지 벤저민을 잃은 후 거주지를 센 강 근처로 옮겼다. 파리에서 그녀는 과도한 성적 탐닉과 엄청난 재력을 수단으로 여성 돈 후안이 되어 예술계에서 선풍을 일으켰다. 수집가 솔로몬 구겐하임의 조카딸이기도 했던 구겐하임은 애인을 선택할 때 공공연히 극성스런 소녀팬처럼 행동했고, 같이 자는 남자들마다 그가 유명인사라는 면에서 흥분했음을 드러냈다. 같은 맥락에서, 그녀는 왜 막스 에른스트를 사랑하느냐는 질문에 이렇게 고백한 적이 있다. "그가 너무도 아름답고 또 너무도 유명하기 때문이죠." 그녀와 여러 해 결혼생활을 유지하기까지 했던 에른스트와의 관계는, 그녀가 미국에 다시 돌아와 살면서 대전 중에 이미 끝이 났다. 구겐하임은 미국에서 서서히 믿을 만한 예술 후원가로 탈바꿈했고 후세를 위해서 중요한 인물이 되었다. 그녀가 파리 예술가들의 팜 파탈로서 방탕하게 살던 한때, 예술가들을 차례차례 유혹하고 싫증나면 가차 없이 차버리곤 하던 시절은 오래 전에 지나갔다. 행실

르네 마그리트 | 발견 | 1928년 | 캔버스에 유채 | 개인 소장
그림에서 관능적 자연물로 폭로된 여인은 나무 재질로 상징되었다. 호피무늬와 비슷한 나뭇결이 여인이 가진 야생동물적인 성격을 드러낸다. 묘사의 매끄러움과 냉담함에도 불구하고, 뭉크의 1902년 작 <야수>에서처럼 야생성을 느낄 수 있다.

만 레이 | 메레트 오펜하임 | 1933년
만 레이는 자신의 뮤즈가 가슴을 가리고 있는 속도조절 바퀴 뒤에 이렇게 손자국을 찍음으로써, 성의 해부학적 지표를 가진 세련된 유희를 연출했다. 이런 파격 속에서 관능적 긴장감을 피부로 느낄 수 있을 정도다. 이 사진은 메레트 오펜하임이 여러 번 등장하면서 때로 고야의 <옷을 벗은 마하> 포즈를 취하기도 한 만 레이의 사진 연작 '베일에 가려진 에로틱'에서 나온 것이다.

팜 파 탈

살바도르 달리 | 자신의 육체가 계단 원주의 세 척추, 하늘과 건축물로 변하는 것을 지켜보는 나체의 내 아내 |
1945년 | 목판에 유채 | 개인 소장
속살을 자세히 관찰하는 것은 초현실주의자들에게 항상 영혼을 들여다보는 시선이기도 했고, 특히 '편집증적 에로스'
의 화신으로서 아내 갈라를 광적으로 숭배한 달리의 경우 더욱 그랬다.

이 문란하고 부유한 여성 바람둥이가 사실 카리스마 있는 모습이었음을 1924년 만 레이가 찍은 일련의 사진들로 알 수 있다. 이 사진들에서 구겐하임은 사치스런 옷을 입고 유혹적인 어두운 눈빛으로 카메라 앞에서 포즈를 취했다. 그녀 자신은 한 번도 화가의 이젤 앞에 앉은 적이 없음에도 불구하고, 사람들은 페기 구겐하임을 간접적이지만 대단히 창조적인 뮤즈로서 자신을 공공연히 관능적으로 드러낸 최초의 여성 예술가 세대 중 하나로 꼽는다. 한편 그동안에 영화의 팜 파탈들은 오락산업의 대량생산품으로 변하는 중이었다.

만 레이 | 페기 구겐하임 | 1924년
폴 푸아레가 디자인한 금빛 야회복과 베라 스트라빈스키의 사치스런 머리띠. 이 사진에서는 돈과 기민함과 초현실로 침강하는 관능적 취향을 가진 미국 여성이 파리에서 포즈를 취하고 있다. 어느 면에서 보나 세련된 취향을 가진 요부다.

〈길다〉의 이탈리아판 영화 포스터 | 1946년
한때 무희였던 리타 헤이워드는 1940년대 할리우드 여배우 중에서 빨간 머리의 뛰어난 팜 파탈이 되었다. 그녀는 〈길다〉로 대단한 성공을 거두고 다른 영화에서 카르멘과 살로메 역을 맡기도 했다. 여기에서는 다른 〈길다〉 포스터와는 달리, 누아르 영화에 나오는 세련된 악녀들에게 거의 필수적인 소품이라 할 담배 또는 긴 물부리가 달린 담뱃대로 연기를 뿜는 모습이 빠져 있다.

환상의 여인

Delikate Diven

마치 베토벤의 <월광> 소나타처럼, 왠지 우리에게 친근한 장면이 펼쳐진다. 로스앤젤레스의 야경이 파노라마로 죽 비춰지다가 장면이 깜깜해진다. 이어 서치라이트를 켠 검은색 리무진이 나타나고, 차바퀴가 고요한 별장 앞에 깔린 자갈을 밟으며 다가와서는 엔진 소리를 낮춘다. 트렌치코트를 입은 남자 주인공이 차에서 내려 담배꽁초를 휙 던져버리고 초인종을 울리면 야회복을 입은 늘씬하고 아름다운 미인이 맞이한다. 위스키 잔의 얼음이 경쾌하게 달그락거리고 남자가 그녀에게도 라이터 불을 켜주는 순간, 그녀가 찬 팔찌의 보석이 번쩍인다.

실내에서 나선을 그리며 올라가고 있는 담배 연기 속에 방금 전 발사된 권총의 화약 연기가 섞여 있는 일도 빈번하다. 소파에 앉은 숙녀가 첫눈에 아무리 순진해 보인다 해도 좋은 일을 꾸미는 경우는 드물다. <거대한 잠>에 비비안 스턴우드로 나오는 로렌 바콜, 또는 <길다>의 리타 헤이워드처럼 말이다. 1940년대 할리우드의 이상적인 여성들만이 스크린에 등장한 팜 파탈에게 새로운 국면을 부여한 것은 아니다. 십 년쯤 지나 프랑스 코트다쥐르 지방의 눈부신 태양 아래 브리지트 바르도에 의해 금발의 피조물이 기지개를 폈다. '그리고 신은 여자를 창조했다.' 애인이자 살인공범이 '사형대의 엘리베이터'에 꼼짝없이 붙들려 있는 사이에 비 내리는 파리의 밤거리를 흐트러진 머리로 황망히 걷는 젊은 잔 모로의 모습도 있었다. 뿐만 아니라 1990년대에도 여전히, 심지 굳은 로스앤젤레스 경찰에게조차 샤론 스톤과의 관계에서 남자의 '원초적 본능'은 재앙이 된다.

누아르 영화

냉혹한 형사와 우아한 팜 파탈. 1941년 대실 해미트의 소설을 기초로 존 허스튼이 감독한 〈몰타의 매〉로 시작된 미국 범죄영화 장르, 소위 '누아르' 영화(2차 세계대전 후 영화비평가들이 범죄와 파멸이 반복되는 내용을 다룬 일련의 할리우드 영화에 부여한 명칭이다 – 옮긴이)에서는 이들이 핵심인물이다. 해미트는 샌프란시스코에서 끊임없이 담배를 피우며 위스키를 가득 채운 잔과 더불어 달각거리는 레밍턴 타자기 앞에 앉아 비밀에 싸인 위험한 여성인물을 고안했는데, 곧 로스앤젤레스에서 나타난 만만찮은 경쟁자를 맞이했다. 다름 아닌 레이먼드 챈들러였다. 챈들러는 1947년 자신의 〈거대한 잠〉이 하워드 혹스 감독에 의해 영화화될 때 직접 영화대본 작업에 참여하면서, 험프리 보가트와 로렌 바콜이라는 새로운 환상적 콤비에게 남녀 주인공을 맡기는 특권을 누리기도 했다. 코넬 울리치, 그리고 영화 〈포스트맨은 벨을 두 번 울린다〉[1946]의 원작소설을 쓴 제임스 M. 케인도 누아르의 중요한 작가들로서 자리를 굳혔다.

   이 모든 드라마들의 핵심주제인 돈에 대한 탐욕, 사랑, 범죄는 으스스한 미로 같은 대도시의 장면 속으로 스며들었다. 인물과 행동에 있어서 선과 악의 경계가 뚜렷하지 않고, 흑백의 강렬한 대조가 분위기를 지배한다. 흑백의 강렬한 대조는 독일 무성영화의 대작들에서 추구한 미학이었지만, 1935년에 요제프 폰 슈테른베르크가 감독하고 마를레네 디트리히가 주연을 맡은 〈악마는 여자다〉 같은 초기 유성영화 걸작에서도 볼 수 있었다.

   남성세계가 영화에 창조한 여성인물들은 종종 범죄에의 강력한 에너지를 가진 수수께끼의 섹스폭탄, 또는 〈거대한 잠〉에 나오는 비비안 스턴우드와 같이 '악하

<거대한 잠>의 로렌 바콜과 험프리 보가트 | 1947년
사설탐정 필립 말로우 역을 맡은 보가트는 이 장면에서 이중적 의미로 사로잡힌다. 밧줄과 젊은 비비안 스턴우드의 개성에 사로잡힌 것이다. 이 역은 당시 가장 우아한 영화 디바 중의 하나였던 로렌 바콜이 맡았다. 두 사람은 사생활에서도 환상의 커플이었다.

<이중 배상>의 바바라 스탠위크 | 1944년
바바라 스탠위크는 1940년대 미국 영화의 팜 파탈 중에서 매혹적인 금발 미인으로 두각을 나타냈다. 그녀는 <마사 아이버스의 위험한 사랑>(1946)과 로버트 시오드막의 공포영화 <델마 조던의 파일>(1950)에서도 양심 없는 여자 역을 맡았다.

고 선한 여성'이다. 연약하면서도 속을 알 수 없는 백만장자의 딸은 심지어 교활한 사설탐정 필립 말로우마저 유혹한다. 뛰어난 매력을 지닌 젊은 로렌 바콜은 그 역할에 이상적인 배우였음을 여실히 증명하였다. 이 영화에서는 험프리 보가트가 셔츠바람으로 열심히 수사하면서 그녀의 부자연스러운 거동을 알고서도 그 다정함과 어두운 비밀에 얽혀드는 과정이 참으로 볼만하다. 말로우가 때로 비비안의 뜻을 거슬러 행동하면서도 결국 추적을 계속할 수밖에 없었던 이유는 오직 하나, 그녀가 그를 강렬하게 매혹한 탓이었다. 거의 그의 목숨을 내놓을 정도로 말이다! 하지만 마지막에 가서는 영화의 예고편에서 방금 불을 붙인 담배 두 대가 재떨이에 마주하고 있는 장면, 관객에게 보이지 않는 화면 밖에서 이루어지는 키스와 포옹을 명백히 암시하는 이 장면처럼 두 사람은 연인이 된다.

이 영화에서는 불행이 제한적인 반면, 〈이중 배상〉[1944]에서 필리스 디트리히슨으로 나오는 바바라 스탠위크는 독일판 영화제목처럼 정말로 '양심 없는 여인'이다. 필리스는 자신의 매력과 음모의 그물에 걸려든 젊은 보험설계사의 도움으로 파렴치하게 남편의 돈을 빼돌리려 하지만, 그녀 자신이 위험에 빠지는 것으로 결말이 난다. 애인이 자신도 속았다는 것을 알고 범죄를 저지른 악녀에게 총을 쏘았기 때문이다. 스탠위크는 빌리 와일더 감독의 이 훌륭한 영화에 출연한 것을 계기로 누아르 영화에 나오는 교활하고 냉정한 유혹녀의 이미지로 줄곧 각인되었다. 한편 그녀는 이전에 헨리 폰다와 함께 〈레이디 이브〉[1941]에서 사기꾼 역에도 대단한 재능을 보여준 바 있었다.

1907년에 출생한 매혹적인 금발 미인 스탠위크는 할리우드 스타 중 가장 출연료를 많이 받는 배우 측에 들었는데, 같은 부류로 〈딸기색 금발 미인〉[1941]에 나온 그녀보다 열한 살 어린 구릿빛 머리의 리타 헤이워드를 들 수 있다. 그녀는 나이트클럽 여가수 〈길다〉[1946] 역으로 전설이 되었다. 이 영화에서 헤이워드는 두 남

자에게 불화의 원인이 되는데, 검은 색 긴 장갑 한쪽을 교태롭고 요염하게 벗으면서 노래 〈Put the Blame on Mame〉를 부르며 등장하는 황홀한 장면을 보여주었다. 2년 후 헤이워드는 〈카르멘의 사랑〉에서 열정적인 고전적 팜 파탈로 변신하고, 1953년에는 더 나아가 〈살로메〉의 통속물 버전을 매우 잘 팔리는 상품으로 만들었다.

누아르 영화에서 우리에게 친숙한 인물과 주제를 얼마나 많이 볼 수 있는지는 분명 언급하고 넘어갈 만하다. 오토 플레밍거 감독의 〈로라〉[1946]에서, 제목과

〈길다〉의 리타 헤이워드 | 1946년
푸른 연기 속에 붉은 여신이 있다. 완벽하게 손질한 머리채, 어깨를 드러낸 야회복, 윤기 도는 짙은 색에 육감적으로 도톰한 입술을 살짝 벌린 관능적인 입. 지긋이 내리깐 채 바라보는 시선과 세심하게 매니큐어를 칠한 긴 손가락 사이로 느긋하게 피어오르는 담배 연기까지.

진 티어니 | 1944년
야회복을 입은 화려한 미인 진 티어니의 자태를 보면 알 수 있듯이. 그녀는 모든 면에서 '치명적 죄악'이라 불릴 만하다.

같은 여주인공의 이름은 프란체스코 페트라르카의 소네트에 나오는 다가갈 수 없는 애인(라파엘전파의 이상적 미인)을 넌지시 암시한다. 그리고 미술작품에 대한 사랑과 시체에 대한 잠재적 성도착증이라는 피그말리온 모티브도 스크린의 '검은 낭만주의'에서 기본 주제이다. 로라 헌트의 살인사건을 수사 중인 형사가 등신대로 그려진 죽은 여인의 유화를 보고 사랑에 빠지는데, 마침내 죽은 여자가 자신의 버려진 거처에 다시 나타난다……. 오늘날에는 거의 잊혔지만 당시에는 유명한 할리우드 미녀로 인기가 높았던 진 티어니가 로라 역을 매우 매력적으로 소화해냈다. 티어니는 전년도에 이미 빈센트 프라이스와 함께 너무도 아름다운 〈치명적 죄악〉으로 관객들을 사로잡았다.

간통·배반·살인과 같은 치명적 죄악은 제임스 M. 케인의 원작 〈포스트맨은 벨을 두 번 울린다〉의 최초 영화 버전에서 라나 터너와 함께 나오는 배우들도 역시 저지른 일이었다. 라나 터너는 사생활에서도 일곱 번의 이혼과 수많은 연애사건으로 입에 오르내렸을 뿐만 아니라, 어린 딸이 그녀의 애인을 칼로 찔러 죽인 사건으로 법정에서 의혹을 사기도 했다.

 1944년에는 프리츠 랑이 〈창속의 여인〉으로 한 여성과의 위험한 만남을 연출했다. 여기서도 초상화를 보고 즉흥적인 사랑에 빠지는 것을 계기로 불행이 시작된다. 그리고 불행은 하필이면 (에드워드 G. 로빈슨이 연기한) 범죄심리학자를 덮친다. 그는 곧 초상화의 실제 주인공과 알게 되어 그녀를 집에 데려다주었다가, 질투심에 사로잡힌 여인의 정부와 격투를 벌이고 이어 정당방위에 의한 살해, 공갈, 독살 시도 등 심각한 범죄의 소용돌이에 휘말린다. 1949년에 나온 조셉 H. 루이스 감독의 영화 〈건 크레이지〉는 끝에 가서 모든 것이 꿈으로 끝나고 말지만 줄거리 자체는 전형적 누아르 영화와 같기 때문에 독일어 제목은 〈여자가 치명적이다〉로 붙여졌다. 〈보니와 클라이드〉의 시초라 할 법한 이 작품에서 남주인공은 무기에 대해 아무것도 모르는 순진한 사람이고, 정작 그의 애인이 부와 방탕한 생활의 꿈을 실현하려고 사람들에게 무자비하게 총질을 한다.

누벨바그

미국의 누아르 영화 속 여성들, 위기가 닥치면 지극히 매정하게 흔들리지 않고 자기 갈 길을 가는 자의식 강하고 관능적인 야회복 차림의 여성들은 1950년대 말에 이르러 나체의 브리지트 바르도와 경쟁하게 된다. 카메라를 다시 유럽으로 돌려 햇볕이 뜨겁게 내리쬐는 남프랑스 코트다쥐르 해안을 비추면, 세 번째 컷에서 곧 BB 즉 브리지트 바르도가 신이 창조한 그대로의 나체로 등장한다. 로제 바딤이 감독한 영화 〈그리고 신은 여자를 창조했다〉[1956]의 장면이다. 푸른 클럽 유니폼을 단정하게 입은 신사 역할의 쿠르트 위르겐스가 발가벗은 그녀를 발견했을 때 그녀는 조금도 당황하지 않는다. 오히려 이 조숙한 여성은 여신같이 아름다운 육체가 남성에게 행사하는 영향력과, 그로 인해 자신이 느끼는 쾌락을 거리낌 없이 인정한다.

이 영화로 인해, 고요하기 짝이 없는 어촌 생트로페와 스물네 살의 여배우(그전부터 이미 마네킹 같은 몸매로 선망의 대상이었지만)는 하룻밤 사이에 유명해졌다. 페미니스트와는 거리가 먼 바르도의 역할에도 불구하고, 비판적 지성인 축에 드는 시몬 드 보부아르마저 이 영화의 등장이 불러온 여성해방의 폭발력을 전통적 성역할이 전복되는 징후로 받아들였다. 바르도는 뛰어난 표정연기보다는 통속적인 줄거리와 도발적이고 관능적인 장면으로 센세이션을 일으켰다. 즉 예쁘고 삶에 대한 집착이 큰 고아 처녀 쥘리에트가 세 남자 사이에서 이리저리 흔들린다는 내용 말이다. 부유한 나이트클럽 사장인 앙투안(쿠르트 위르겐스) 외에 두 형제도 그녀가 쳐놓은 덫에 걸린다. 쥘리에트는 멋있는 앙투안이 자신을 그저 시간 때우기 상대로 여긴다는 것을 알아내고, 평소에 그녀를 숭배하던 소심한 미셸(장 루이 트랭티냥)과 결혼한다. 하지만 그녀는 여전히 형 앙투안에게 욕망을 품는다. 이제 불행이 본격적으로 나래를 편다…….

바르도의 영화 경력도 승승장구하였다. 그녀가 출연한 영화 제목들을 보면 〈사랑을 향한 욕망〉[1955]부터 〈여인의 무기〉[1958]와 〈악마 같은 여인〉[1958]에 이르기까지 실로 그녀를 위해 맞춰놓은 프로그램이다 싶을 정도다. 바르도는 장 뤽 고다르 감독의 〈경멸〉[1963] 같은 유명 감독들의 작품에서 개성적 역할배우로서의 재능도 확인했지만, 대체로 매력적인 〈유혹녀〉[1963]나 팜 파탈(〈아름다운 헬레나〉[1955]) 역할에 머물렀다. 1965년에 바르도는 루이 말 감독의 요란한 코미디 영화 〈비바 마리

**<그리고 신은 여자를 창조했다>의
브리지트 바르도와 장 루이 트랭티냥** | 1956년

쥐아 쥘리에트(사드의 악명 높은 소설에 나오는 여주인공을 암시하는 이름)로 나오는 바르도는 마초적인 앙투안에게서 매력을 느끼는데, 그의 형제와 결혼을 했으면서도 마음이 달라지지 않는다. 이 영화에서 달라진 것은 팜 파탈의 주변환경이다. 누아르 영화에서 필수적인 흑백 대신, 누벨바그에서는 프랑스 남부의 화려한 색채가 배경으로 제공되어 바르도의 아름다운 피부를 더욱 매혹적으로 보이게 한다.

<악마 같은 여인> 영화 포스터 | 1958년
쥘리앙 뒤비비에가 감독한 영화(세비야의 카르멘 신화에 속한 내용임이 암시된다)에서 바르도는 그 야말로 악마 같은 여자다. 독일판 영화 포스터는 그녀를 "모든 남자들에게 숙명적인 여인" 즉 명백한 팜 파탈로 칭한다.

아!〉에서 자조적인 태도 하나로 자신의 섹스어필에 대단한 효과를 가미할 수 있다는 것을 보여주기도 했다. 그리고 이 영화에서 함께 출연한 그녀보다 여섯 살 많은 여배우는 캐릭터 연기에 있어 지속적인 명성을 떨쳤으니, 바로 잔 모로였다.

사라 베르나르와 마찬가지로 레뷰 무희의 딸인 잔 모로는 표정이 거의 없으면서도 그지없이 인상 깊고 아름다운 얼굴을 스크린에 드러내기에 앞서, 유명한 코메디 프랑세즈에서 탄탄한 연극수업을 받고 졸업했다. 모로는 입가의 가벼운 실룩임 또는 눈썹을 살짝 찌푸리는 표정만으로도 찰나에 짙은 감정을 표현할 줄 알았다. 모로는 1950년대 후반과 1960년대 영화에서 강하며 관능적이고, 종종 탐욕적이며 방탕하고, 때론 부도덕한 여인을 섬세하고 풍부한 뉘앙스로 연기했다. 모로는 '누벨바그(새로운 물결)'의 스핑크스가 되었다. 누벨바그란 당시 프랑스 영화의 상업화에 예술적으로 수준 높은 양식을 투입하는 과정에서, 누아르 영화에 많은 자극을 받아 인위적인 흑백영상 등을 선호한 젊은 감독들이 만들어낸 영화를 말한다.

　모로는 자신이 수수께끼의 여인으로 이상적인 변신을 할 수 있기 때문에 감독들이 찾아오는 것이라고 어느 인터뷰에서 말한 바 있다. 그녀가 스타가 된 것은 루이 말 감독의 범죄심리학적 대작 〈사형대의 엘리베이터〉[1958]에서 간통을 한 여인 플로랑스 카라라로 출연하면서였다. 카라라가 남편을 두고 꾸민 교활한 살인 공모가 대여섯 사람의 목을 끊는 파국으로 치달으면서 불행한 우연의 사슬이 치명적인 영향을 펼친다. 카라라의 애인(모리스 로네)이 연적을 살인한 후 탄 엘리베이터가 정지해버린 우연처럼……. 루이 말 감독은 관객들이 특히 감정적으로 휩쓸려드는 명장면, 마일즈 데이비스의 재즈 트럼펫 연주가 애절하게 울려 퍼지는 가운데 플로랑스가 파리의 밤거리를 정신없이 헤매는 장면을 창조했다. 결국 플로랑스는 교활한 계획이 실패로 끝났으며 자신의 삶이 파괴되었음을 깨닫고 경악한다.

　잔 모로는 10년 후 프랑수아 트뤼포 감독의 〈검은 옷의 신부〉에서 무자비한 복수의 여신으로 빛을 발한다. 이 영화에서 그녀는 결혼식 직후 일어난 남편의 죽음에 책임이 있는 네 남자를 차례차례 집요하고 용의주도하게 찾아내면서, 그들이 가진 여성 취향을 유감없이 이용해 각각의 남자들에게 이상형의 여인으로 나타난다. 그녀는 살인자로 판결을 받고 감옥에 갇힌 후에도 칼을 훔쳐 남편의 죽음에 가담한 다섯 번째 남자를 찔러 죽임으로써 처형식을 마무리한다.

　이 특별한 여배우는 트뤼포 감독과 함께하면서 아마 그녀의 가장 잘 알려진 역할로 꼽을 수 있을 여주인공, 삼각관계를 다룬 가장 감동적인 로맨스영화 〈쥘과 짐〉[1962]의 아름다운 카트린도 연기했다. 이 영화의 불운은 한 여자가 두 남자를 동시에 사랑하겠다고 작정하는 데서 비롯된다. 그녀의 결심은 두 남자의 동의와 그녀를 향한 애정에도 불구하고 결국 두 친구 사이에 끼어드는 일이 되어

버린다. 또한 두 남자는 카트린이 자기들을 사랑해주는 것을 기꺼워하지만, 그녀를 결코 완전히 손에 넣을 수는 없다.

이 영화의 표제는 괴테의 시 〈쉼 없는 사랑〉에 나오는 구절 네 줄이다. "마음에서 마음으로 기우는/ 모든 것들아/ 내 마음처럼/ 아픔을 만들어내는구나!" 여기서 우울한 느낌을 자아내는 것은 바로 지고한 행복과 동시에 너무도 깊은 고통을 주는 사랑의 이중성에서 나온 체념적인 통찰이다. 모로가 기타를 치면서 뭔가 알겠다는 듯 미묘한 미소를 띠고 부르는 팜 파탈의 노래 〈인생의 소용돌이〉는, 짐을 옆에 태운 채 그녀가 몰고 가던 차가 끊어진 다리를 넘어 센 강으로 돌진하는 파국으로 끝이 난다.

이 여주인공의 극단적인 행동방식이 나쁘다고 생각하는 사람은 여간해선 찾아보기 어렵다. 모로의 뛰어난 연기로 인해, 쥘(오스카 베르너)과 짐(앙리 세르)이 카트린에게서 느끼는 매혹이 관객에게까지 전이되기 때문이다. 모로는 이후 루이스 부뉴엘이 감독한 〈시녀의 일기〉1964를 비롯해 수많은 유명 감독의 영화에서 빛을 발했다. 하

〈사형대의 엘리베이터〉의 잔 모로 | 1958년
모로는 여러 나라 감독들의 작가주의 영화 스타로서 '지식인들의 브리지트 바르도'라고도 불렸다. 그녀는 영화사의 대전환기에 루이 말이 감독한 이 음침한 서스펜스 영화를 통해 전세계적으로 유명해졌다. 마일즈 데이비스의 음악이 배경으로 흐르는 파리의 화려한 밤거리를 헤매는 장면이다.

지만 모로의 가장 이상적인 파트너는 트뤼포 감독이었는데, 트뤼포는 그녀를 일컬어 결코 시시한 농지거리가 아닌 진정한 사랑에 대해 생각하게끔 하는 여성이라며 격찬을 아끼지 않았다.

잔 모로는 사생활에 있어서도 자의식 강하고 독립적인 여성이었다. 거기에 팜 파탈 성향도 살짝 갖고 있어서, 수많은 연애관계를 맺었음은 물론 자기 마음에 들었다 하면 일단 저지르고 보는 성격이었다. 너무도 매혹적이면서도 가까이 다가갈 수 없는, 의지가 강한 동시에 쉽게 상처 입을 수 있는 여성 캐릭터들은 배우 자체가 그런 성격을 가지지 않고서는 아마 연기해낼 수 없었으리라. 프랑수와 오종이 감독한 〈남아 있는 나날〉[2005]에서, 모로는 거의 80세가 되었음에도 불구하고 수수께끼 같으면서도 여유로운 관능을 보여주었다. 성인이 된 손자가 어

〈쥘과 짐〉의 잔 모로와 앙리 세르 | 1962년
카트린은 결국엔 존재의 허울을 벗기는 거울 앞에 서서, 사랑의 성취에 터무니없는 요구가 덧없음을 깨달아야 한다. 카트린을 바라보고 있는 남자는 이런 깨달음을 위해 생명이라는 대가를 지불한다.

리광을 부리면서 그녀의 침대에 눕고 싶어 하자, 자기는 발가벗고 잠을 자는 습관이 있는데 불편하지 않겠냐고 스스럼없이 묻는 장면을 보라.

> 그녀는 오팔색 눈을 가졌네,
> 그 눈이 나를 매혹하네, 매혹하네.
> 그리고 이 창백한 타원형 얼굴
> 팜 파탈, 그녀는 치명적이라네.
>
> _보리스 바샥(〈쥘과 짐〉의 질베르), 〈인생의 소용돌이〉

롤리타

트뤼포가 감독하고 잔 모로가 주연을 맡은 걸작 영화 〈쥘과 짐〉의 주제는 괴테와 관련이 있지만, 문학적 토대는 영화대본 작업에도 참여한 앙리-피에르 로슈의 동명 자전소설에 두고 있다. 로슈는 친구인 작가 프란츠 헤셀, 그리고 그의 아내 헬렌과 나눈 경험을 개작했던 것이다. 그리고 이렇게 해서 헬렌 헤셀이 어린 팜 파탈을 다룬 유명한 소설, 나보코프의 《롤리타》1955를 독일어로 최초 번역하게 되었다는 독특한 뒷이야기가 생겨났다. 여주인공 롤리타는 사랑스럽게 애교를 부리면서 때로 무서운 파멸을 부르는 미성년 유혹녀의 전형이 되었다. 롤리타의 짐짓 어린이다운 순수함은 남자에게 관능적인 자극을 더 강하게 주는 동시에 그녀를 쉽게 지배할 수 있다고 오해를 하게끔 만든다. 나보코프는 롤리타로 베데킨트의 룰루만큼이나 위험한 존재를 창조했으며, 1962년에 스탠리 큐브릭 감독

241

환상의 여인

〈롤리타〉의 수 라이언 | 1962년
나보코프가 소설 《롤리타》를 쓸 때는 늙은 유아성도착자에게 유괴당해 2년 동안 성폭행당한 11살 소녀 샐리 호너의 실제 사건도 어느 정도 동기가 되었다. 하지만 이 책과 영화에서는 현실과 다르게 상황이 진행된다. 수 라이언을 보기만 해도 바로 알 수 있으리라. 여기 교활한 어린 야수가 카메라를 쳐다보고 있다.

이 이 소설을 최초로 영화화하여 스크린에서도 볼 수 있게 되었다.

영화는 불문학자 험버트(제임스 메이슨)의 미국여행으로 시작된다. 험버트는 오하이오 대학에서 교수생활을 시작하기 전에 뉴햄프셔로 휴가를 떠난다. 남자로서 원숙기에 있는 험버트는 하숙집 여주인의 열두 살 난 조숙한 딸을 보고 광적으로 사랑에 빠지며, 여주인이 갑작스럽게 죽게 되자 롤리타(수 라이언)를 데리고 서쪽을 향해 무작정 여행을 떠난다. 둘이 함께 모텔에서 밤을 보내면서 곧 육체관계가 시작된다. 이 관계는 몇 달 사이에 폐소공포증적인 성격을 띠게 되는데, 사람들에게 끊임없이 관계를 숨겨야 한다는 강박때문이기도 하다. 때문에 험버트는 새로운 직장을 구한 마을에서 롤리타의 의붓아버지를 자청한다. 한편 롤리타는 험버트의 극단적인 질투와 권위적인 태도에 맞서, 섹스 봉사를 하는 대가로 돈을 달라고 요구한다.

이렇게 두 주인공은 파국적인 새장에 갇히게 된다. 그리고 롤리타도 그 새장 안에서 도망칠 능력이 없다는 사실이, 험버트가 다시 롤리타를 데리고 미국 전역을 떠도는 여행을 통해서 밝혀진다. 롤리타는 마침내 미심쩍은 멋쟁이 청년과 몰래 달아나지만 6년 후 험버트에게 편지로 다시 연락을 취한다. 그사이에 결혼을 해 임신한 그녀가 급하게 경제적 지원을 청한 것이다. 그리고 옛 애인 험버트가 정체성을 포기한 대가는 롤리타에게도 돌아간다. 험버트와 똑같이 어린 소녀만 좋아하는 클레어 퀼티(피터 셀러스)가, 바로 그 이유로 험버트가 쏜 총에 맞아 죽는 것이다.

이 책과 영화에서 펼쳐지는 관능적 마력의 희비극은 애초부터 검열을 예고하는 것이나 다름없었고, 위선적인 미국의 요구로 당시 16세였던 여주인공은 영화 최초 개봉 시 입장이 금지되었다! 1964년 〈이구아나의 밤〉에서 다시 한 번 성욕이 왕성한 십대 소녀로 나와 리처드 버튼을 곤경에 빠지게 한 수 라이언은 정녕 어린 야수 역할에 완벽한 배우였다고 하겠다.

원초적 본능

1960년대 초반에 〈롤리타〉가 세간에 불러일으킨 도덕적 분격은 오늘날의 사고방식으로는 이해하기 어려운 얘기다. 그사이에 몇 가지는 완전히 달라졌고, 실생활과 영화에서 성인 여성의 역할 이해도 크게 달라졌다. 좋은 예가 큐브릭 감독이 마지막으로 완성한 영화 〈아이즈 와이드 셧〉[1999]이다. 원작인 아르투어 슈니츨러의 〈꿈의 노벨레〉[1925]와 달리, 영화에서 아내(니콜 키드먼)는 처음엔 남편(톰 크루즈)과 마찬가지로 충동세계의 심연에 두려운 반응을 보이지만 그래도 수수께끼 같은 사건들 속에서 여유로운 자세를 보이고 심지어 경악스러운 비밀을 숨기기까지 한다.

큐브릭은 1900년대 빈에서 일어난 사건을 현대 뉴욕으로 옮겨왔지만, 영화가 지닌 미묘한 공포는 전형적인 유럽의 이야기방식이 가진 추진력에 의해 살아난다. 누벨바그 이후 팜 파탈들이 미국 영화에서보다 대서양 건너 유럽 영화에서 대규모로 증가한 현상은 분명히 우연이 아니다. 〈클레오파트라〉[1963]의 엘리자베스 테일러 또는 〈7년 만의 외출〉[1955]의 마릴린 먼로 같은 유명한 유혹녀들에게는 카트린 드뇌브가 루이스 부뉴엘 감독의 매춘해학극 〈세브린느〉[1967]에서, 이자벨 위페르가 클로드 샤브롤 감독의 실내극 〈달콤한 독〉[2000]에서, 그리고 로미 슈나이더가 많은 역할에서 뛰어나게 보여준 바 있는 본질적 특징을 이루는 배경이랄 게 없다. 결국 뉴욕과 비벌리힐스에서 활동한 로렌 바콜 유형 디바들의 시대가,

244

팜
파
탈

<원초적 본능>의 샤론 스톤 | 1992년
냉정한 금발 미인이 얼음송곳인 동시에 살인무기를 손에 쥐고 있다. 그리고 강력반 형사도 역시 그녀의 손아귀에 완전히 잡혀 있다. 형사는 그녀의 침대에 묶여 있다가 절망적인 패자가 되어 샌프란시스코 거리에서 쫓기는 신세가 된다. 로렌 바콜이나 리타 헤이워드에게는 악녀의 당연한 액세서리이던 담배가, 1990년대 로스앤젤레스에서는 더 이상 가지고 다니기 쉽지 않은 소지품이 되었다. 관할 경찰서에서 살인혐의에 대한 취조 담당자가 금연구역이라고 주의를 주자 그녀는 비웃으며 반문한다. "그러니까 어쩌자는 거죠? 담배를 피웠다고 체포할 건가요?"

센 강에서 활동한 디바들의 시대보다 더 빨리 지나가버리게 되었다.

유럽 감독이지만 제작방식은 완전히 미국적인 폴 버호벤 감독은 1992년 〈원초적 본능〉이라는 탁월한 작품을 만들었다. 이 영화에서는 무엇보다도 샤론 스톤이 여주인공인 유명한 여성 작가 캐서린 트라멜 역을 맡아 열정적이고 교활하고 매우 매력적인 팜 파탈로서 화려하게 등장했다. 트라멜의 침대에서 록 스타의 시체가 발견되었는데, 이를 조사하러 온 형사 닉 커랜(마이클 더글라스) 앞에서 그녀는 얼음송곳으로 무자비하게 얼음을 부순다. 그밖에도 잔인한 살인방법을 자기 소설에 아주 정확하게 묘사해놓은 일 등으로 인해 형사의 눈에 그녀는 분명한 살인혐의자로 보인다. 하지만 트라멜을 멀리하려는 형사의 노력은 일시에 물거품이 되고 만다. 트라멜은 격렬한 섹스의 소용돌이와 이어지는 살인에 형사를 끌어들이고 자신의 과거와 계획을 드러내 그를 경악시키는 한편, 관할 경찰서에서는 도발적이고 오만한 태도를 보인다. 속옷을 입지 않은 트라멜이 취조 담당자들이 들여다볼 수 있게 의도적으로 다리를 꼬고 앉은 장면은 유명하다.

이 영화로 샤론 스톤은 하룻밤 사이에 1990년대의 섹스 아이콘이 되었다. 말하자면 바바라 스탠위크 같은 누아르 영화 여주인공과 알프레드 히치콕 감독의 영화에 나오는 냉정한 금발 미인(예를 들어 〈현기증〉의 킴 노박)이 결합된 여성이다.

한편 한동안 통속물 제작에 사로잡혀 있던 브라이언 드 팔마 감독은, 2002년이 되어서야 〈팜 파탈〉이라는 이름의 영화로 걸작의 영예를 되찾으려 노력했지만 실패하고 말았다. 하지만 노력의 결과로 그는 4년 후 〈블랙 달리아〉[251쪽 참조]를 통해 누아르 영화의 유산이 현대에 완벽하게 반영된 놀라운 악의 꽃을 피어나게 했다.

<사랑의 추억>의 샤를로트 램플링 | 2000년
샤를로트 램플링은 이탈리아 감독 릴리아나 카바니의 <비엔나 호텔의 야간 배달부>(1973)에서 사도마조히즘적 성격의 루치아를 훌륭하게 연기한 후 복합적인 팜 파탈이라는 꼬리표를 계속 달게 되었고, 이후로도 그런 역할에서 늘 확신에 찬 연기를 보여주었다. 그녀는 젊은 감독 프랑수아 오종과 처음으로 함께한 영화에서도 그런 태도를 충분히 증명해보였고, 이 때문에 오종의 뮤즈가 되었다. 램플링은 비밀에 가득 차고 때로 음흉한 유혹녀 역할에 이상적인 우리 시대의 스타 여배우로 전무후무한 존재다.

현대의 신화

시대의 조류 속에서 바비, 바바렐라, 캣우먼, 라라 크로프트같이 통속적인 스타일이 여성적 매력의 아이콘으로 부상하면서 비밀에 싸인 팜 파탈들은 서서히 존속 근거를 잃는 것 같았다. 하지만 그녀들의 자취가 사라졌다는 생각은 오해일 뿐이다. 영화 <사랑의 추억>에서 샤를로트 램플링의 모습에는 여전히 팜 파탈이 보인다. 이 영국 영화배우는 매혹적이고, 비밀스럽고, 가까이 다가갈 수 없는 팜 파탈의 유산을 수많은 다른 영화에서도 계속 간직했다.

영화·연극·오페라 무대에서 전통적인 팜 파탈 캐릭터가 계속 이어지는 것과 병행해 예술계에서는 흥미로운 변화가 일어났다. 말하자면 작품을 통해서 아이러니한 방식으로 젠더에 대한 상투적 관념의 배후를 추적하여 여성의 관능을 새로이 정의하려는 여성들이 많이 생겨난 것이다. 사진작가 신디 셔먼이나 행위예술가이자 사진작가인 베티나 랑스의 작품에서 팜 파탈은 지금까지 없었던 큰 변화를 이루었다. 전형적인 남성 환상 속의 존재였던 팜 파탈이 이제 자의식 강하고 동등한 존재로서 여성 정체성의 모범이 된 것이다.

관능과 자의식

◆ ◆ ◆ ◆ ◆

〈원초적 본능 2〉[2006]에서 캐서린 트라멜의 새로운 역할을 위해 런던으로 건너간 샤론 스톤은, 샤를로트 램플링이 연기한 독특한 여성 범죄심리학자 밀레나 가도쉬와 친분을 나눈다. 금발 섹스여신 트라멜의 자유분방한 등장으로 수수께끼 같은 램플링은 약간 불리한 상황에 처하지만, 그래도 그녀의 푸른 눈동자가 던지는 차가운 시선은 사실상 두 팜 파탈의 결정적인 대면이 이루어졌음을 암시한다! 비록 두 사람이 유형적으로는 매우 달라서 마치 바바라 스탠위크와 로렌 바콜의 조합 같다고 해도, 두 여배우의 정신적인 동질성은 간과할 수 없는 것이다.

영화배우로서의 월계관은 1945년 출생한 영국 여성 샤를로트 램플링이 먼저 받았다. 램플링은 〈비엔나 호텔의 야간 배달부〉[1973]에서, 그녀 입장에선 매우 충격적인 캐릭터였을 과거 나치 친위대 장교의 사도마조히즘적 애인 루치아 역을 맡았다. 이 영화를 통해 램플링은 도발적인 관능과 우울한 상실감을 탁월하게 결합해낸 고도의 성격묘사 배우이자 복합적 팜 파탈을 만들어냈다는 명성을 얻었다. 2년 후 램플링은 레이먼드 챈들러의 소설을 영화화한 누아르의 고전 〈굿바이 마이 러브〉 리메이크에서 비밀에 둘러싸인 갱스터의 신부 벨마로 빛을 발했다. 험프리 보가트의 뛰어난 후계자인 로버트 미첨이 탐정 필립 말로우를 연기한 이 영화에서, 램플링은 자신의 위대한 모범이라고 한 바 있는 로렌 바콜을 실로 놀랍게 환기시켰다.

램플링은 우디 앨런이 감독한 〈스타더스트 메모리즈〉[1980]에서 노이로제에 걸린 작가의 이상적인 뮤즈가 되어 다시 한 번 절정에 올랐다. 램플링이 양탄자 위에서 살쾡이처럼 기지개를 펴는 장면을 보고 있자면, 따뜻한 뉴욕의 오후에 루이 암스트롱의 음악과 함께 이처럼 아름다운 여성을 보고 있다는 사실이 바로 행복이라고 정의를 내리는 사람에게 당장 동의하게 되지 않을까! 하지만 그런 행복에도 악의적인 면이 있음은 물론이다. 자크 드레이가 감독한 스릴러 영화 〈우리는 두 번 죽지 않는다〉[1985]에서 램플링이 연기한 색정증 연인만큼은 아니겠지만 말이다. 이 영화는 할리우드 누아르 영화에서 검증된, 사설탐정과 정체를 알 수 없는 위험하고 유혹적인 숙녀라는 캐릭터 조합에 근거하고 있다.

요제프 로트의 원작을 악셀 코티가 감독한 〈라데츠키 행진곡〉[1995] 같은 문예작품에서 소소한 역할을 맡았을 때도 램플링은 연극적인 걸작을 만들어냈고, 2000년에는 프랑수아 오종 감독이 그녀의 성숙 단계를 위해 이상적인 역할을 했다. 영화 〈사랑의 추억〉에서 램플링을 의심스러운 상황에 남편이 실종된 속내를 알 수 없는 매혹적인 과부로 만든 것이다. 그리고 〈스위밍 풀〉[2003]에서는 여성작가 사라 모튼의 역을 맡겨, 램플링 자신의 말에 의하면 잠재적 소설인물로서 뱀파이어처럼 사람들을 착취하게 했다. 모튼과 사랑스럽고 젊은 쥘리(악마화된 바르도의 면모를 지닌 뤼디빈 사니에르)와의 상호관계 속에서 여성 영혼의 미로에 대한 은근한 교훈극이 풍자적 뉘앙스와 더불어 진행된다.

2007년에 램플링은 훌리오 메뎀 감독의 〈혼란스러운 아나〉에서 매력적이지만 수상한 예술 후원자 쥐스틴이 되어(이 역시 사드의 소설 여주인공에 대한 오마주다) 동료 여배우 잔 모로를 연상시키는 뛰어난 광휘와 미묘한 관능을 발휘했다. 램플링은 연기자로서의 자신과 사적 자아의 구별이 분명하지 않은 점에서도 모로와 비슷했으며, 만일 자신에게 약간의 나르시시즘과 정신적인 심연이 없었다면 그 수많은 역들을 연기해내지 못했을 것이라고 어느 인터뷰에서 밝힌 바 있다. 아무튼 그녀에게는 냉담한 팜 파탈이라는 상투적 역할을 부각시킬 수 있는 대단한 능력이 있었다. 사진작가 헬무트 뉴턴이 2002년에 찍은 사진에서 램플링은 (30여년 전에 이미 한 번 선보인 것과 같이) 모피를 두른 베누스의 오만한 모습으로 나타난다.

카트린 드뇌브나 나스타샤 킨스키같이 팜 파탈로서 어필하는 다른 여배우들도 뉴턴의 카메라 앞에서 포즈를 취한 바 있다. 그러나 뉴턴은 주로 무명 모델들의 사진을 찍는 패션작가이자 나체사진의 대가로 정평이 나 있었다. 뉴턴의 첫 화보 〈화이트 우먼〉[1976]은 이미 양식적이면서도 사진에서 드러나는 솔직한 관능으로 유명해졌고, 〈빅 누드〉[1982], 〈월드 위드아웃 멘〉[1984]을 비롯한 다른 화보들도 섹슈얼하고 인종차별적이고 파시즘적인 사진이라는 얘기에 이르기까지 페미니스트들의 뜨거운 비판을 받았다. 하지만 뉴턴은 그런 비판을 부인하면서 자신이 페미니스트라고 주장했다. 그가 여성들을 사랑하며 항상 자의식이 있고 지배적인 모습으로 여성을 표현한다는 의미에서 그렇다는 것이다. 동시에 뉴턴은 물론 관능·글래머·퇴폐로 구성된 자신의 우주에는 하이힐과 실크스타킹 등에 대한 페티시즘도 한자리를 차지하고 있다고 인정했다.

뉴턴의 사진을 보면, 첫눈에는 모델들이 남성 육욕의 상투적인 대상인 것 같다. 그러나 자세히 관찰하면 모델들의 모습에 자부심·강인함·거리감이 보인다는 것을 알아차릴 수 있다. 사실 뉴턴의 사진들은 무엇보다 누아르 영화의 미학을 근거로 하고 슈니츨러의 〈꿈의 노벨레〉 같은 문학 텍스트와 챈들러의 소설 속 팜 파탈들이 주는 환상이 어우러진 여성 관능성의 향연이라 하겠다.

여성의 힘

브라이언 드 팔마 감독은 2006년 영화 〈블랙 달리아〉로 다시 한 번 옛 팜 파탈의 전형을 되살릴 수 있었다. 이 영화는 미국 범죄소설가 제임스 엘로이의 음침한 로스앤젤레스 4부작 중 1부를 가지고 만들어졌다. 사건이 벌어지는 배경은 1940년대 로스앤젤레스이고, 줄거리의 모태는 수수께끼처럼 죽은 한 여인을 둘러싸고 여러 부류의 유명인사가 연루된 1947년의 실제 범죄사건에 두고 있다. 마치 현실이 영화를 모방한 것 같은 사건이었다. 예쁘고 어린 여배우가 잔인하게 살해된 실제 사건은, 여러 면에서 1946년 작 누아르 영화 〈블루 달리아〉(레이먼드 챈들러가 대본을 썼다)와 딱 들어맞았던 것이다. 2006년 영화에서는 힐러리 스웽크가 교활한 갈색 머리 여인 매들레인 린스코트 역을 맡아, 팜 파탈이 가진 고전적 단면마저도 우리 시대의 영화에서 여전히 매혹적으로 통한다는 것을 증명해보였다.

〈원초적 본능〉에 나오는 캐서린 트라멜도 본질적으로는 초기 누아르 영화의 여러 여주인공을 둘러싼 구성을 재차 반복한다. 그러니까 흥미로운 혁신은 14년 후에 나온 〈원초적 본능 2〉에서야 비로소 이루어졌다는 얘기다. 그런데 2부에 출연한 당시 샤론 스톤의 나이는 48세였다! 이 시점에서 과거를 돌아보면, 60세의 샤를로트 램플링이나 70세가 넘은 잔 모로가 영화 스크린에서 자극적인 관능성을 가진 팜 파탈로서 관객의 마음을 얼마나 사로잡았는지를 실감할 수 있다. 그녀들은 어느새 자신들이 기존의 여성관으로는 나이 면에서 한계치에 이르렀다는 사실을 드러내는 것도 두려워하지 않았다.

이는 요즘 우리 사회 어디서나 늘어가는 현상이기도 하며, 비교적 많은 나이

팜 파탈

신디 셔먼 | 무제 | 1989년
'역사 초상화' 연작에서. 1954년에 출생한 이 예술가는 상상 속의 영화들로부터 나온 '스틸 사진' 연작과 마찬가지로 설명적인 제목을 포기한다. 이 연작은 여성성에 대한 새로운 시각을 촉구하는 가상 예술사의 일부다. 이 사진에서는 마스크의 유희와 진짜 가슴에 붙인 플라스틱 가슴이라는 수단으로 새로운 여성성을 촉구한다.

를 '인생의 절정기'로 치는 가치관의 변화를 반영하는 일이다. 하지만 이 현상은 다른 한편으로, 아니타 베르버와 타마라 드 렘피카 등 초현실주의 여성들이 예술적인 방식으로 공표했던 남녀 성역할 이해에 대한 특수한 패러다임 전환에서 비롯된 것이기도 하다. 이 패러다임 전환은 1960년대 성혁명에서 신선한 자양분을 얻어, 마침내 여성의 새로운 자기이해를 위한 페미니스트적인 단초를 얻게 되었다. 마스크의 변화를 통해 남성에게 충격효과를 주는 실험, 또는 1920년대에 초현실주의 여성 사진작가 클로드 카엉이 행했던 양성적 연출에서 핵심요소는 남성의 시선과 남성의 전형적인 기대로부터 연결고리를 풀어내는 일이었다.

이러한 선대 여성들에 비해 훨씬 더 극단적이고 다층적인 작업을 하는 현대 사진작가로 미국 여성 신디 셔먼이 있다. 셔먼은 1940년대와 1950년대 멜로영화 속의 수줍어하는 금발 소녀, 귀부인, 방탕한 요부 등의 여성인물들을 포착해 대형 사진으로 만든 '무제 스틸 사진' 연작[1977~80]으로 유명해졌다. 셔먼은 철저한 점유와 의도적 파괴를 통해서 상투성을 해체하기 위해 전형적인 포즈와 소품을 최대한 세밀하게 모방했다. 비록 셔먼 자신이 사진 모델로 나왔을지라도, 그것은 결코 자화상이 아니라 빌려온 정체성을 보여주는 요술거울이다.

셔먼은 패션과 패션 사진에 존재하는 전형적 여성 유형에 대한 분노의 신호탄으로서 '재난'[1985~89]과 '섹스 사진'[1992] 연작들을 제작했다. 셔먼은 마치 전복된 프랑켄슈타인처럼 인공 신체나 썩은 음식이나 그와 비슷하게 역겨운 추함의 아이콘들, 나아가 초현실주의자 한스 벨머의 오싹한 인형을 능가하는 사진들을 정렬해놓았다. 이후 셔먼은 덜 노골적이지만 더 환상적인 '역사 초상화' 연작[1988~90]에서 예술사에 존재하는 여성 역할에 저항했다. 즉 유명한 그림의 일부를 모방해 그대로 묘사하되 얼굴에 가면을 쓰고, 과도한 화장을 하고, 진짜 가슴 대신 모조품을 붙여놓아 그것이 가짜임을 즉시 알아볼 수 있게 했다.

셔먼의 프랑스 동료 베티나 랑스도 찬란하게 만들어놓은 여성미의 요구를 반대하는 일에 동참했다. 랑스의 사진들은 셔먼의 사진에서 나타나는 쓰라림과 중압감에 비하면 온화하게 보이지만 마찬가지로 당황스러운 악센트가 부여된다. 이 특성은 랑스를 유명하게 한 1991년의 '암컷 소동' 연작에서도 이미 존재했고, 2006년의 '히로인' 연작에도 적용되었다. 이 연작의 '여주인공들'은 눈 밑의 다크써클, 검버섯, 지문, 치아와 속옷의 얼룩 투성이다. '저스트 라이크 어 우먼'[2008]에서, 깨어나는 순간에 포착된 젊고 예쁜 여성들조차도 피부에 붙은 그런 흔적들에서 벗어나지 못한다. 이 흔적은 랑스가 에곤 실레와 루시안 프로이트의 작품에 있던 것들을 자신의 작업에 포함시킨 것이다.

    랑스에게 사진작업을 가르친 스승 중 헬무트 뉴턴도 있었다는 사실은 언급할 만하다. 뉴턴의 나체 사진에서 보이는 매끄러운 냉기를 랑스의 작품에서 찾을 수는 없지만, 자의식 있는 아름다운 여성을 표현하는 데 있어서의 완벽함은 뉴턴에게서 물려받은 것이다. 그에 더해 결정적인 것은 최소한의 수단으로 남성이 원하는 완벽한 환상을 이중적 의미, 다루기 까다로운 요소, 비밀에 가득 찬 것들로 낯설게 만드는 능력이다. 이런 관점에서 특히 흥미로운 작품이 1992년 발표된 '닫힌 방' 연작이다. 이 연작은 초라한 호텔 방에서 나체 또는 반나체 여인들을 찍은 것이다. 지배적이고 몇몇 장신구들로 인해 은근히 위협적으로 보이는 성숙한 여인들의 현혹적인 나체 옆에서, 다양한 모습의 롤리타들이 때로는 순진무구하게 때로는 유혹적으로 카메라를 쳐다본다. 이 롤리타들은 자신의 성적 매력을 최대한 드러내는 동시에 기피하는 여성들이다.

    랑스는 2008년 인터뷰에서 페미니스트들이 특히 '닫힌 방'을 비판한 데 대해 "나는 늘 자율적이면서도 부서지기 쉬운 면을 지니고 있는 여성들을 보여주고자 했다"고 언급했다. 덧붙이자면 랑스는 여성의 관능을 다루는 노련한 유희

완다 율츠 | 나와 고양이 | 1932년
이탈리아의 미래주의 여성 사진예술가는 자신의 몽타주에 팜 파탈의 동물적 구성요소를 넣어 아주 매력적인 이미지를 만들어냈다. 이런 여성의 유혹이라면, 트루먼 커포티의 소설 <티파니에서의 아침을>(1958)에서 처세에 능한 홀리 고라이틀리가 바에 앉아 넌지시 한 말처럼 "그런 거친 계집에겐 마음을 빼앗겨서는 안 돼요. 그런 계집들은 그럴수록 점점 더 드세어지니까요"라고 경고해봤자 아무 소용이 없을 것이다.

255

현대의 신화

로 인해 페미니스트들이 뉴턴의 사진에 대해 보였던 것 같은 오해를 사게 된 것이다. 남성의 시선에 의해 여성이 단순하게 점유당하는 데 대한 예술적 반항의 첫 선례로 이미 19세기 중반에 카스틸리오네 백작부인의 나르시스적인 초상화가 있었고, 이후 미래주의 이탈리아 예술가 완다 율츠는 실험적 사진들을 통해 팜 파탈 신화의 새로운 표현방법을 자신의 방식으로 창조해냈다. 이는 더 이상 남성들의 환상이 아니라 여성이 자아확장의 의미로서 선택하는 표현을 뜻한다.

물론 돈 후안에 못지않은 바람둥이 여성 유형도 항상 존재했고, 남성성이 각인된 예술과 문학은 매우 아름답고 재앙을 부르는 유혹녀를 양가적인 애매한 매혹으로 추켜올렸다. 하지만 이제는 거기에 투사된 관능적 이상과 공포 모두가 여성들 자신의 손을 거쳐 완벽해진 새로운 요술거울 속에 드러나기 시작한 것 같다. 그럼으로써 이제 팜 파탈도 드디어 어느 정도는 자기 정체를 얻게 된 것이다.

<티파니에서의 아침을>에서 홀리 고라이틀리 역의 오드리 헵번 | 1961년

에드워드 스타이켄 | 글로리아 스완슨(잡지 <배니티 페어> 표지사진 부분) | 1924년

에필로그

Epilog : Ungehaltene Nachrede eines Vamps

정말 기쁘네요, 당신이 애프터눈 티 초대에 응해주다니……. 설탕 드시나요? 물론 갈색 설탕이 아니라, 다이아몬드같이 하얀 설탕을 조금만 넣는 거죠. 이처럼 훌륭한 다르질링 홍차를 지독한 단맛으로 망쳐버리진 않으시겠지요? 이 진주조개 접시에 여러 가지 다과가 있으니 차에 맞는 걸로 고르면 돼요. 당신이 오신다기에 제일 좋은 시간을 골랐지요. 불그레한 마지막 햇살이 살짝 열린 커튼 사이로 비쳐드니 마치 당신이 오스카 와일드의 《도리안 그레이의 초상》에 들어오기라도 한 것 같네요. 아니면 마르셀 프루스트의 《잃어버린 시간을 찾아서》에 나오는 스왕의 변덕스러운 애인 오데트에게 와 있는 것 같기도 하고요.

당신도 물론 여기서 이중적 의미에서 몇 가지를 발견하게 될 거에요. 그리고 또 어쩌면 오래 전에 잃어버렸을 무언가에 대한 동경에 사로잡힐지도 몰라요. 그렇지 않다면 당신이 지금 여기 내 탁자 앞에 앉아 있지 않을 테니까요. 지금 당신은 호기심 어린 눈으로 주위를 둘러보면서 안락의자 옆에서 어렴풋이 빛을 받는 영국장미에 감탄하고는, 이 방에 있는 장미가 혹시 가시에 찔리면 위험한 《악의 꽃》이 아닌가 하는 의심을 품고 있지요. 아닌가요? 그러고는 금세공한 도자기 찻잔에 담긴 '봄을 닮은 다르질링'을 음미하면서 베일 뒤에 있는 내 눈을 들여다보며, 혹시 내가 차림새만이 아니라 내면에 아직 조금이라도 젊음을 간직하고 있는지 짐작해보려는 중이죠?

나는 무척 나이가 많은 동시에 나이가 없답니다. 신화와 마찬가지죠. 말 그대로, 나는 하나의 개념인 거죠. 시인들의 펜이 150년 전에 보르도 지방과 이 도시의 화려한 거리 어디에선가 나를 발견했어요. 나는 파리지엔이랍니다, 짜잔! 내가 시골에서 뭘 할 수 있겠어요? 팜 파탈인 내가요? 시골 같은 곳에서는 신들린 사람만이 나를 발견할 수 있죠. 그러니까 플로베르 같은 사람이랄까요? 루앙의 골목길에서 내가 플로베르에게 모습을 드러냈죠. 당신은 지금 요란한 자동차의 경적소리를 듣고는 갑자기 어리둥절해진 것같이 보이네요. 나를 다른 시대에 와 있는 낡은 화석이라고 착각하고 있는 거죠. 오, 세상에나. 틀렸어요! 자동차의 요란한 경적은 사라 베르나르의 예쁜 귀에도 이미 들렸답니다…… 그런데 베르나르가 살롱에서 즐겨 데리고 있던 살쾡이에 대해서는 두려워할 필요가 없어요. 아무튼 나는 살롱에서 야생동물 냄새가 나는 걸 좋아하지 않거든요. 그 대신 추울 때 모피를 어깨에 두르는 편이 더 좋아요.

당신은 벨 에포크의 책을 가져왔네요. 그리고 나에게 벨 에포크에 즐겨마시던 묘약을 선물할 생각으로 무척 흥분해 있군요. 샴페인! 내 마음 속 얼음으로 샴페인을 차갑게 만들어주기를 기대하고 있나요? 만일 내가 릴리트라면, 이걸 그냥 차가운 죄악의 뱀에게 처리하라고 줘버리겠어요. 당신들 남자들은 죄악의 뱀과 뜨거운 환상으로 엮여 있잖아요. 그리고 당신들이 아담의 첫 번째 아내 릴리트에게 덮어씌우지 않았던 죄가 있었나요! 당신들은 훌륭한 여성 영웅을 음탕한 독부로 만들고, 클레오파트라에서 육욕의 화신 메살리나를 만들어냈잖아요. 사실 당신들이야말로, 특별한 환락의 밤을 보내고 나서 눈을 떠보니 뱀의 독으로 몸이 마비된 채 스틱스 강가에 서 있는 위험을 무릅쓰는 것도 개의치 않을 사람들이죠.

이제 여기도 밤이 되었네요. 악천후의 검은 구름이 몰려오는군요. 자, 이제 창문을 닫을게요. 내가 상징주의자들의 화풍 속에 있는 연약한 요정의 모습으로 꽃이 만발한 초원에서 당신을 만나지 않은 걸 다행으로 여기세요. 그랬다면 지금 우린 비에 홀딱 젖고 말았을 테죠. 혹은 내가 황량한 암벽 위에 앉아 있는 스핑크스라고 상상해보세요. 어휴, 얼마나 소름끼쳐요! 우리들, 수백 년에 걸쳐 변화를 거듭한 아름다운 팜 파탈들에게 당신들은 스핑크스 모습으로 화한 이승의 수수께끼를 꼭 있어야 하는 장식물로 붙여주었지만, 그건 사실 몇몇 이에게만 속하는 것이었어요. 게다가 우리는 늘 예측할 수도 없는 존재이지요(당신은 불행에 빠질지도 몰라요, 하지만 벗어날 수 없답니다). 그리고 확고해요. 남자들이라면 다만 돈 후안 정도나 우리와 비교할 수 있을까요.

네, 당신들은 숱한 도나 아나, 도나 엘비라, 체리나에게 양심의 가책을 느끼는 돈 후안에게는 참으로 관대하지요! 우리가 고대 마법사이든, 르네상스의 여군주이든, 영화에 나오는 악녀이든 왜 우리에겐 그와 같은 권리가 주어지지 않나요? 우리로 말하자면 분명 당신들을 위험에 빠뜨릴 수 있는 유일한 애인들이 아니잖아요. 오히려 그런 위험한 존재들 중에 같이 담소를 나누어도 좋을 유일한 여성들인데 말이에요. 담소뿐이겠어요? 당신들은 금발 머리, 검은 머리, 불같이 빨간 머리를 두고 글을 쓰고 시를 짓고 그림을 그리기도 하지요. 당신들이 우리 내면에서 지옥의 화염을 발견하든 또는 그 화염에 불타버리든 다 당신들 자신에게 달린 얘기잖아요.

그러고 보니 정말 조심스럽게 불을 건네주시네요. 자, 그럼 내가 푸른 연기로 조심스레 우리를 덮을게요. 게다가 도취의 천재인 당신들이 쾌락 속에 깃든 암흑을 알아채고 그것을 즐기는 것 역시 당신들에게 달린 거죠. 결국 권력과 달콤한 혼절을 둘러싼 유희가 아니겠어요? 마치 뱀파이어처럼, 희생자와 악인 사이 은연 중에 이루어지는 합의 말이죠.

악인? 아니, 악마와의 합의죠! 고대 그리스에서는 악마성이 그래도 대단한 것이었어요. 경악스러운 동시에 마법으로 가득한 것, 일상세계를 크게 넘어서는 무엇이었지요. 아마 그 악마성이 우리를 매혹적으로 만드는 것 같아요. 우리의 사랑이 불러오는 쾌락 그리고 고통의 차원이죠. 그런데 당신들이 우리를 유령에 비유하고 유령이나 다름없다고 한다면, 당신들에게 흥미로운 일이라곤 일어나지 않겠죠. 우리가 전연 해롭지 않은 건 아니지만, 그래도 고귀하신 분들에게는 결코 치명적이지 않답니다. 대신 가장 협소한 의미의 파국에 있어서 '숙명적'일 뿐이죠.

어머, 차가 식어버렸네요. 당신도 그다지 뜨거워진 것 같지 않고요. 그런데 이건 내 향수 냄샌가? 창문을 다시 열까요? 이젠 정말 밤이 되었어요. 저녁식사를 하고 가시죠? 내가 사라 베르나르에게 콩소메 스프를 전설적인 요리사 에스코피에의 요리법대로 준비하라고 했어요. 그리고 나서 식사 후에 섬섬옥수로 훌륭한 디저트를 내드리는 게 내 즐거움이죠……. 그러면 당신은 완전히 사로잡히게 될 거에요.

"오데트는 분홍색 비단으로 된, 목과 팔이 드러난 실내복을 입고 그를 맞이했다…… 그러고는 살롱의 모서리에 있는 비좁고 한적한 틈새로 그를 끌고 들어갔는데, 먼저 중국 도자기로 된 화분 가리개인지 병풍인지 속에 심어놓은 거대한 종려나무를 헤치고 지나서야 그리로 들어갈 수 있었다…… 수많은 램프가 마법을 부리고…… 이미 거의 밤이 다 된 겨울 오후의 어둠 속에서 더욱더 지속적이고, 더 불그스름하고, 더 인간적인 석양이 나타났다."

_ 마르셀 프루스트

《스왕네 집 쪽으로》(1913)

인명 찾아보기

ㄱ

가르보, 그레타(1905~90), 스웨덴 영화배우   10, 11, 189, 197, 200, 202
고야, 프란시스코 데(1746~1828), 에스파냐 화가   88, 89, 120, 121
고티에, 테오필(1811~72), 프랑스 작가   78, 125, 197
괴테, 요한 볼프강 폰(1749~1832), 독일 작가   16, 17, 48, 90, 92, 98, 128, 1290
구겐하임, 페기(1898~1979), 미국 예술후원자   125, 129
그라이너, 오토(1869~1916), 독일 화가   56, 57, 125

ㄴ

나보코프, 블라디미르(1899~1977), 러시아-미국 작가   240
네그리, 폴라(1894~1987), 폴란드 영화배우   118, 197~199
네르발, 제라르 드(1808~55), 프랑스 시인   143
뉴턴, 헬무트(1920~2004), 오스트레일리아 사진작가   249, 250, 254
니체, 프리드리히(1844~1900), 독일 작가, 철학자   171
닐센, 아스타(1881~1972), 덴마크 영화배우   196, 197, 203, 253

ㄷ

다빈치, 레오나르도(1452~1519), 이탈리아 화가   137, 139, 191
달리, 갈라(본명 엘레나 디아코노바, 1894~1982)   221, 222, 224
달리, 살바도르(1904~89), 에스파냐 화가   200, 221, 222, 224
도니제티, 가에타노(1797~1848), 이탈리아 작곡가   108
뒤리외, 틸라(1880~1971), 오스트리아 영화배우   52, 53, 193, 194
디트리히, 마를레네(1901~92), 독일 영화배우   199, 203, 204, 206, 215
딕스, 오토(1891~1969), 독일 화가   214, 215, 219

ㄹ

라이언, 수(1946~), 미국 영화배우   241, 242
라인하르트, 막스(1873~1943), 오스트리아 극연출가   193, 197
라파엘로(1443~1520), 이탈리아 화가   102, 106, 134
랄리크, 르네(1860~1945), 프랑스 금세공인   150, 158, 160
랑, 프리츠(1890~1976), 오스트리아 영화감독   202, 206, 209, 213, 233
랑스, 베티나(1952~), 프랑스 사진작가   254
램플링, 샤를로트(1945~), 영국 영화배우   246, 248, 249
러스킨, 존(1819~1900), 영국 예술비평가   137

레이, 만(본명 엠마누엘 라드니츠키, 1890~1976), 미국 사진작가	221, 223
레퍼뉴, 조지프 셰리던(1814~73), 아일랜드 작가	191, 192
렘피카, 타마라 드(1898~1980), 폴란드 화가	208, 216~218
로버트슨, 그레이엄(1867~1948), 영국 화가	153, 158
로세티, 단테 가브리엘(1828~82), 영국 화가·시인	8, 19~21, 42, 49, 134~137
로세티, 크리스티나 조지나(1830~94), 영국 시인	140
로엔슈타인, 다니엘 카스파어 폰(1635~83), 독일 극작가	77
로티, 피에르(1850~1923), 프랑스 작가	156
로흐너, 슈테판(1400?~1451), 독일 화가	101
롭스, 펠리시앙(1833~98), 벨기에 화가	142, 148, 172~174
루드비히 2세(1845~1986), 바이에른 왕	95, 96
루벤스, 페테르 파울(1577~1640), 플랑드르 화가	22, 44, 106
루비치, 에른스트(1892~1947), 오스트리아 영화감독	197
루이니, 베르나르디노(1480~1532), 이탈리아 화가	30
루이스, 매튜 그레고리(1775~1818), 영국 작가	113~116
릭샹, 장 앙드레(1846~1924), 프랑스 화가	80

ㅁ

마그리트, 르네(1898~1967), 벨기에 화가	220, 221, 224
마네, 에두아르(1832~83), 프랑스 화가	106~107, 151
만, 하인리히(1871~1950), 독일 작가	203
말, 루이(1932~95), 프랑스 영화감독	234
말러, 알마(1879~1964)	181
먼로, 마릴린(1926~62), 미국 영화배우	130, 202, 205
메리메, 프로스페르((1803~70), 프랑스 작가	116, 119, 122
메살리나, 발레리아(25~48), 로마 황제 클라우디우스의 세 번째 아내	81, 82
모로, 귀스타브(1826~98), 프랑스 화가	36, 37, 46, 56, 62, 65, 145, 155
모로, 잔(1928~), 프랑스 영화배우	236~240, 249
모리스, 윌리엄(1834~96), 영국 예술비평가	136, 137
모사, 구스타브 아돌프(1883~1971), 프랑스 화가	54, 56
뫼비우스, 파울 율리우스(1853~1907), 독일 병리학자	171
무르나우, 프리드리히 빌헬름(1888~1931), 독일 영화감독	202
무하, 알폰스(1860~1939), 체코-프랑스 화가	158~160
뭉크, 에드바르(1863~1944), 노르웨이 화가	10, 13, 168, 176~182

ㅂ

바그너, 리하르트(1813~83), 독일 작곡가	95, 97
바라, 테다(1885~1955), 미국 영화배우	195, 196

바르도, 브리지트(1934~), 프랑스 영화배우　　　　　　　　　　227, 233~236
바르베 도르비이, 쥘(1808~89), 프랑스 작가　　　　　　　　　174
바이닝거, 오토(1880~1903), 오스트리아 병리학자　　　　　　171
바이런 경, 조지 고든(1788~1824), 영국 시인　　　　　　　　113, 131
바콜, 로렌(1924~), 미국 영화배우　　　　　　　　　　　　　227~230
바토리, 에르제베트(1560~1614), 헝가리 여백작　　　　　　　191
발둥, 한스(그리엔 출생, 1485~1545), 독일 화가　　　　　　　86, 88
발튀스(1908~2001), 프랑스 화가　　　　　　　　　　　　　183, 185
버든, 제인(1839~1914), 라파엘전파의 뮤즈　　　　　　　　　134, 135
버호벤, 폴(1938~), 네덜란드 영화감독　　　　　　　　　　　245
번-존스, 에드워드(1833~98), 영국 화가　　　　　　　　　　134, 136~140
번-존스, 필립(1861~1926), 영국 화가　　　　　　　　　　　192
베게너, 파울(1874~1948), 독일 영화배우·감독　　　　　　　202, 213
베데킨트, 프랑크(1864~1918), 독일 극작가　　　　　　　　　166, 185
베르나르, 사라(1844~1923), 프랑스 연극배우　　　　　　　　11, 39, 150~161, 189, 196
베르버, 아니타(1899~1928), 독일 무용가·영화배우　　　　　210~216
베르크, 알반(1885~1936), 오스트리아 작곡가　　　　　　　　121
베케르, 구스타보 아돌포(1836~1870), 에스파냐 작가　　　　128
벨리니, 조반니(1430~1516), 베네치아 화가　　　　　　　　　100
보가트, 험프리(1899~1957), 미국 영화배우　　　　　　　　　228~230
보들레르, 샤를(1821~67), 프랑스 시인　　　　　　　　　　　130, 133, 140, 142~145, 165, 170
보부아르, 시몬 드(1908~86), 프랑스 작가·철학자　　　　　　234
보르자, 루크레치아(1480~1519), 이탈리아 후작부인　　　　　108~111
보티첼리, 산드로(1445-1510), 이탈리아 화가　　　　　　　　34, 104, 137
뵈클린, 아르놀트(1827~1901), 스위스 화가　　　　　　　　　59, 60
부뉴엘, 루이스(1900~83), 에스파냐 영화감독　　　　　　　　238, 243
뷔시에르, 가스통(1862~1928), 프랑스 화가·삽화가　　　　　85
브렌타노, 클레멘스(1770~1842), 독일 시인　　　　　　　　　127, 129, 130
브룩스, 루이즈(1906~85), 미국 영화배우　　　　　　　　　　188, 203, 204
비어즐리, 오브리(1872~98), 영국 삽화가　　　　　　　　　　37, 38, 97
비제, 조르주(1838~75), 프랑스 작곡가　　　　　　　　　　　119

ㅅ

사드 후작, 도나티앙 알퐁스(1740~1814), 프랑스 작가　　　116, 235, 249
사티, 에릭(1866~1925), 프랑스 작곡가　　　　　　　　　　　211
살리스-콘테사, 카를 빌헬름(1777~1825), 독일 작가　　　　119
샤토브리앙, 프랑수아 르네 드(1768~1848), 프랑스 작가　　116
생상스, 카미유(1835~1921), 프랑스 작곡가　　　　　　　　　121, 211

셔먼, 신디(1954~), 미국 예술가	252~254
세간티니, 조반니(1858~99), 이탈리아 화가	145~147
셰익스피어, 윌리엄(1564~1616), 영국 시인·극작가	77
셸리, 퍼시 비쉬(1792~1822), 영국 시인	113
소포클레스(기원전 496~406), 고대 그리스 극작가	64
쇼, 조지 버나드(1856~1950), 아일랜드 극작가	77, 192
쇼펜하우어, 아르투어(1788~1860), 독일 철학자	13, 169, 171, 182
슈니츨러, 아르투어(1862~1931), 오스트리아 작가	243
슈테른베르크, 요제프 폰(1894~1969), 오스트리아 영화감독	218
슈트라우스, 리하르트(1864~1949), 독일 작곡가	36, 39
슈투크, 프란츠 폰(1863~1928), 독일 화가	36, 53, 68~71, 164~167, 173
스완슨, 글로리아(1899~1983), 미국 영화배우	258
스윈번, 앨저넌 찰스(1837~1909), 영국 시인	44~45
스타이켄, 에드워드(1879~1973), 미국 사진작가	258
스탠위크, 바바라(1907~90), 미국 영화배우	229~230
스톤, 샤론(1958~), 미국 영화배우	235, 248
스트린드베리, 아우구스트(1849~1912), 스웨덴 극작가	173, 179, 181
시달, 엘리자베스 엘레노어(1829~62), 단테 가브리엘 로세티의 아내	134, 136

ㅇ

아미트, 쿠노(1868~1961), 스위스 화가	183, 184
아미티지, 에드워드(1817~96), 영국 화가	35
아이그너, 요제프(1850~1912), 독일 화가	96
아이스너, 로테(1896~1983), 독일 영화비평가	197
아이헨도르프, 요제프 폰(1788~1857), 독일 시인	97, 98, 122
아제니예프, 엘자(1867~1941), 오스트리아 작가	148~149
안토니우스, 마르쿠스(기원전 83~30), 로마 장군	76, 79
앨머-테디머, 로렌스(1836~1912), 영국 화가	72
앨런, 우디(1935~), 미국 영화감독	248
앵그르, 장-오귀스트 도미니크(1780~1867), 프랑스 화가	217
에버스, 한스 하인츠(1871~1943), 독일 작가	204
에른스트, 막스(1891~1976), 독일 화가	148, 219~222
엘뤼아르, 폴(1895~1952), 프랑스 작가	221
예스너, 레오폴드(1878~1945), 독일 연극·영화감독	203
오스트사넨, 야콥 코르넬리츠 반(1470?~1533), 플랑드르 화가	88~94
오종, 프랑수아(1967~), 프랑스 영화감독	239, 249
오펜바흐, 자크(1819~80), 프랑스 작곡가	120
오펜하임, 메레트(1913~85), 스위스 예술가	221, 223

옥타비아누스, 가이우스 옥타비우스(일명 아우구스투스, 기원전 63~기원후 14), 로마 황제 76
와일더, 빌리(1906~2002), 오스트리아-미국 영화감독 230
와일드, 오스카(1854~1900), 아일랜드 작가 31, 36, 38, 39, 70, 155, 156, 193, 259
울스턴크래프트-셸리, 메리(1797~1851), 영국 작가 113
워터하우스, 존 윌리엄(1849~1917), 영국 화가 50, 116
웨스트, 메이(1893~1980), 미국 영화배우 199, 201
유을, 다그니(1867~1901), 노르웨이 피아니스트 179
율츠, 완다(1903~84), 이탈리아 사진작가 255
입센, 헨리크(1828~1906), 노르웨이 극작가 181

ㅈ

제롬, 장-레옹(1824~1904), 프랑스 화가 123
젠틸레스키, 아르테미시아(1593~1653), 이탈리아 화가 26, 27
조르조네(1478~1510), 이탈리아 화가 27
졸라, 에밀(1840~1902), 프랑스 작가 106~107

ㅊ

챈들러, 레이먼드(1888~1955), 미국 작가 228, 248, 251

ㅋ

카라바조, 미켈란젤로 메리시(1571~1610), 이탈리아 화가 27, 34, 60, 104
카바넬, 알렉상드르(1823~89), 프랑스 화가 75
카스틸리오네 백작부인(1837~99) 256
카이사르, 가이우스 율리우스(기원전 100~44), 로마 황제 74, 77, 79
카엉, 클로드(1894~1954), 프랑스 사진작가 253
칼무스, 도라((1886~1980), 오스트리아 사진작가 211, 218
케인, 제임스 M. (1892~1977), 미국 작가 228, 232
코린트, 로비스(1858~1924), 독일 화가 36, 40
코코슈카, 오스카(1886~1980), 오스트리아 화가 181
콜리어, 존(1850~1934), 영국 화가 13, 97, 99, 165
쿠빈, 알프레드(1877~1959), 오스트리아 삽화가 147, 149, 174, 175
큐브릭, 스탠리(1928~99), 미국 영화감독 240, 243
크라나흐, 루카스(아버지) (1472~1553), 독일 화가 34, 102, 104, 105
크라이, 빌헬름(1828~89) 독일 화가 127
클림트, 구스타프(1862~1918), 오스트리아 화가 28, 29, 107, 162, 163
클링거, 막스(1857~1920), 독일 화가 12, 56, 148, 149
키츠, 존(1795~1821), 영국 시인 98, 116, 117
키르히너, 에른스트 루드비히(1880~1938), 독일 화가 182, 209

ㅌ

탄호이저(~1265년 이후?), 독일 시인	95, 96
테일러, 엘리자베스(1932~), 미국 영화배우	78, 79, 243
툴루즈-로트레크, 앙리 드(1864~1901), 프랑스 화가	106
트뤼포, 프랑수아(1932~84), 프랑스 영화감독	237, 239
티어니, 진(1920~91), 미국 영화배우	232
틴토레토(본명 야코보 로부스티, 1518~94), 베네치아 화가	104

ㅍ

팔마, 브라이언 드(1940~), 미국 영화감독	245, 251
팝스트, 게오르크 빌헬름(1885~1967), 오스트리아 영화감독	197, 202, 203
페이터, 월터(1839~94), 영국 예술비평가	137, 139
페트라르카, 프란세스코(1304~74), 이탈리아 시인	232
펠라당, 조제팽(1858~1918), 프랑스 작가이자 밀교 신봉자	142, 172
포, 에드가 앨런(1809~49), 미국 작가	125, 143
푸치니, 자코모(1858~1924), 이탈리아 작곡가	121
푸케, 프리드리히 드 라 모트(1777~1843), 독일 작가	126
퓌슬리, 요한 하인리히(1741~1825), 스위스 화가	112
프쉬비셰프스키, 스타니슬라브(1868~1927), 폴란드 작가	176, 179, 182
플레밍거, 오토(1905~86), 오스트리아-미국 영화감독	231
플로베르, 귀스타브(1821~80), 프랑스 작가	82~85, 165
프로이트, 지그문트(1856~1939), 오스트리아 정신분석학자	27, 64

ㅎ

하이네, 토마스 테오도르(1867~1948), 독일 화가	147~149
하이네, 하인리히(1797~1856), 독일 시인	65~69, 108, 124, 125, 129~131
해미트, 대실(1894~1961), 미국 작가	228
헤로데스 안티파스(기원전 20?~44), 갈릴리의 분봉왕	30~35, 41
헤이워드, 리타(1918~87), 미국 영화배우	226, 230, 231
헬름, 브리기테(1906~96), 독일 영화배우	206, 207
헵번, 오드리(1929~93), 영국 영화배우	257
호메로스(기원전 8세기), 고대 그리스 시인	47, 48
호프만, 에른스트 테오도르 아마데우스(1776~1822), 독일 작가	119, 126
혹스, 하워드(1896~1977), 미국 영화감독	130, 228
후스, 휘호 판 데르(1435?~82), 플랑드르 화가	18

참고 예술작품

문학사와 예술사

- 마리오 프라츠, 《사랑 죽음 그리고 악마. 검은 낭만주의》, 한저, 1960
- 바르바라 에센부르크, 《남녀 양성 간의 싸움. 1850~1930년대 예술의 새로운 신화》, 뒤몽, 1995
- 미하엘 깁슨, 《상징주의》, 타셴, 1996/2006
- 요아힘 나겔, 《초현실주의, 어떻게 이해할까?》, 미술문화, 2006

문학작품

- 매튜 그레고리 루이스, 《수도승》 (소설, 1796)
- 프랑수아 르네 드 샤토브리앙, 《순교자》 (소설, 1809)
- 프리드리히 드 라 모테 푸케, 《운디네》 (노벨레, 1811)
- 요제프 폰 아이헨도르프, 《대리석상》 (노벨레, 1819)
- 테오필 고티에, 〈클레오파트라의 밤〉 (단편소설, 1838), 〈죽은 연인〉 (단편소설, 1836)
- 프로스페르 메리메, 〈카르멘〉 (단편소설, 1845), 〈일르의 베누스〉 (단편소설, 1837)
- 에드가 앨런 포, 〈리지아〉 (단편소설, 1838)
- 샤를 보들레르, 《악의 꽃》 (시집, 1857)
- 구스타보 아돌포 베케르, 〈녹색 눈〉 (단편소설, 1871)
- 조지프 셰리던 레퍼뉴, 〈카르밀라〉 (단편소설, 1872)
- 귀스타브 플로베르, 《살람보》 (소설, 1863), 《성 안토니우스의 유혹》 (소설, 1873)
- 조리스-카를 위스망스, 《거꾸로》 (소설, 1884)
- 오스카 와일드, 《살로메》 (희곡, 1894)
- 프랑크 베데킨트, 《룰루》 (〈땅의 정령〉과 〈판도라의 상자〉, 희곡, 1913)

오페라

- 알베르트 로르칭, 〈운디네〉 (1845)
- 리하르트 바그너, 〈탄호이저와 바르트부르크의 가수 경연대회〉 (1845)
- 카미유 생상스, 〈삼손과 델릴라〉 (1877)
- 자크 오펜바흐, 〈호프만의 이야기〉 (1881)
- 자코모 푸치니, 〈마농 레스코〉 (1893)
- 리하르트 슈트라우스, 〈살로메〉 (1905)
- 알반 베르크, 〈룰루〉 (1937)

영화

- 판도라의 상자 (루이즈 브룩스 주연, 게오르크 빌헬름 팝스트 감독, 1929)
- 푸른 천사 (마를레네 디트리히 주연, 요제프 폰 슈테른베르크 감독, 1930)
- 이중 배상 (바바라 스탠위크 주연, 빌리 와일더 감독, 1944)
- 길다 (리타 헤이워드 주연, 찰스 비도 감독, 1946)
- 로라 (진 티어니 주연, 오토 플레밍거 감독, 1946)
- 거대한 잠 (로렌 바콜 주연, 하워드 혹스 감독, 1947)
- 그리고 신은 여자를 창조했다 (브리지트 바르도 주연, 로제 바딤 감독, 1958)
- 사형대의 엘리베이터 (잔 모로 주연, 루이 말 감독, 1958)
- 쥘과 짐 (잔 모로 주연, 프랑수아 트뤼포 감독, 1962)
- 롤리타 (수 라이언 주연, 스탠리 큐브릭 감독, 1962)
- 클레오파트라 (엘리자베스 테일러 주연, 조셉 맨키위즈 감독, 1963)
- 우리는 두 번 죽지 않는다 (샤를로트 램플링 주연, 자크 드레이 감독, 1985)
- 원초적 본능 (샤론 스톤 주연, 폴 버호벤 감독, 1992)
- 사랑의 추억 (샤를로트 램플링 주연, 프랑수와 오종 감독, 2000)
- 블랙 달리아 (힐러리 스웽크 주연, 브라이언 드 팔마 감독, 2006)

도판 저작권

akg-images 2, 6, 12, 18, 20, 26, 29, 30, 38, 40, 42, 49, 53, 69, 75, 80, 86, 89, 100, 103, 104, 107, 111, 112, 116, 121, 135, 139, 146, 157, 162, 168, 180, 183, 193, 195, 200, 201, 207, 208, 218, 223(오른쪽), 226, 232, 241, 257

Archivio Scala, Firenze 258

Artothek 71, 149, 167

The Bridgeman Art Library 14, 23, 32, 35, 50, 72, 85, 99, 141, 159, 223, 255

Cinetext 246

Volker DerIalh, Munchen 187

Deutsches Filminstitut/DIF, Frankfurt 188, 198, 204, 205, 206, 226, 229, 231, 235, 236, 241, 244

Deutsche Kinemathek 118

Osterr. NationaIbibliothek, Bildarchiv Austria, Wien 211

Reunion des Musees Nationaux, Paris 37

Tate Images, London 8

© Bayerische verwaltung der staatlichen Schlosser Garten und Seen 96

© Balthus 183

© Blauel/Gnamm 149

© Courtesy of the artist, Metro Pictures and Spruth Magers Berlin, London 252

© DACS 223

© 2009, DigitaI Image, The Museum of Modern Art, New York/scala, Florenz 258

© image @ The Metropolitan Museum of Art, New York 123

© Kunstmuseum Bern 184

© Man Ray Trust, Paris 223(오른쪽), 225

© Mucha Trust 159

© The Munch Museum / The Munch Ellingsen Group 10, 13, 168, 180

© Neumeister Photographie 96

© Private Collection / Piccadilly Gallery London 141

© Salvador DaIi, Fundacio Gala-salvador Dali 224

© Alfed Schiller 71

© Eberhard Spangenberg 175

© Tate, London 2009 8

© VG Bild-Kunst Bonn 2009 10, 12, 54, 149, 150, 159, 160, 168, 175, 180, 183, 208, 214, 218, 223, 225

Femme fatale : Faszinierende Frauen by Joachim Nagel
© 2009 by Chr.Belser Gesellschaft für Verlagsgeschäfte GmbH & Co. KG, Stuttgart, Germany
All rights reserved.

Korean translation copyright © 2012 by Yekyong Publishing Co.

This Korean edition is published by arrangement
with Chr.Belser Gesellschaft für Verlagsgeschäfte GmbH & Co. KG.

유혹하는 여성들

팜 파탈

지은이 | 요아힘 나겔
옮긴이 | 송소민
펴낸이 | 한병화
펴낸곳 | 도서출판 예경
편 집 | 신소희
디자인 | 스튜디오 미인
초판 인쇄 | 2012년 8월 25일
초판 발행 | 2012년 8월 31일
출판 등록 | 1980년 1월 30일 (제300-1980-3호)
주소 | 서울시 종로구 평창동 296-3 (새주소 : 서울시 종로구 평창 2길 3)
전화 | 02-396-3040~3   **팩스** | 02-396-3044
전자우편 | webmaster@yekyong.com
홈페이지 | http://www.yekyong.com
ISBN 978-89-7084-484-8(03600)

신저작권법에 의해 한국 내에서 보호를 받는 저작물이므로 무단전재와 복제를 금합니다.
책값은 뒤표지에 있습니다.

이 도서의 국립중앙도서관 출판시도서목록(CIP)은 e-CIP 홈페이지(http://www.nl.go.kr/eip)와
국가자료공동목록시스템(http://www.nl.go.kr/kolisnet)에서 이용하실 수 있습니다.
(CIP제어번호: CIP2012003539)